本书获得湖南师范大学"资源综合利用大学生创新创

U0598186

大学生创新训练 实用教程

主　编◎韩　广

副主编◎李承志　吕殿青
　　　　裴　禾　杨　文
　　　　周　亮

湖南师范大学出版社

图书在版编目（CIP）数据

大学生创新训练实用教程 / 韩广主编. —长沙：湖南师范大学出版社，2019.5

ISBN 978 - 7 - 5648 - 3506 - 4

Ⅰ.①大…　Ⅱ.①韩…　Ⅲ.①大学生—创业—高等学校—教材　Ⅳ.① G647.38

中国版本图书馆 CIP 数据核字（2019）第 051120 号

大学生创新训练实用教程

Daxuesheng Chuangxin Xunlian Shiyong Jiaocheng

韩　广　主编

◇组稿编辑：李　阳
◇责任编辑：李健宁　江洪波
◇责任校对：胡晓军　陶红日
◇出版发行：湖南师范大学出版社
　　　　　　地址/长沙市岳麓山　邮编/410081
　　　　　　电话/0731 - 88873071　88873070　传真/0731 - 88872636
　　　　　　网址/http：//press. hunnu. edu. cn
◇经销：新华书店
◇印刷：湖南雅嘉彩色印刷有限公司
◇开本：710mm×1000mm　1/16
◇印张：15.5
◇字数：280 千字
◇版次：2019 年 5 月第 1 版
◇印次：2019 年 5 月第 1 次印刷
◇书号：ISBN 978 - 7 - 5648 - 3506 - 4
◇定价：49.00 元

序 言

约翰·纽曼在《大学的理念》中指出："大学是传授普遍知识的场所，是一切知识和科学、事实和原理、探索和发现、实验和思索的高级保护力量。"对于大多数人来说，能否成才并有所成就，关键在于大学有效的知识保存、传授、传播、应用和创新，由此积累起足够的知识储备，形成牢固的技能，培养出灵活的头脑，树立起远大的理想，陶冶出高尚的品格和成熟的个性。

党的十九大报告提出，创新是引领发展的第一动力，是建设现代化经济体系的战略支撑。报告中 10 余次提到科技，50 余次强调创新。青年是社会上最富活力、最具创造性的群体，理应走在创新创造大潮的前列。大量研究表明，科技人才的最佳创新年龄集中在青年、中年阶段，25~45 岁是实现创造性突破的最佳年龄段，也称之为创造性表现的黄金期，峰值年龄为 37 岁。大学的学习与训练，是日后创新发力的根基和源泉。习近平总书记强调："广大青年一定要勇于创新创造。创新是民族进步的灵魂，是一个国家兴旺发达的不竭源泉，也是中华民族最深沉的民族禀赋，正所谓'苟日新，日日新，又日新'。"

当前，全球新一轮科技革命同中国特色社会主义进入新时代，我国经济由高速增长阶段转向高质量发展阶段，我们面临的最大机遇是依靠科技创新实现赶超，面临的最大挑战是创新能力能否适应新时代的要求。创新是新时代经济社会发展的要求与必然选择，是历史经验的积极借鉴，是主动而明智的战略抉择，而这方面的挑战也是非常巨大的，需要卓越的创造力来解决。唯创新者进，唯创新者强，唯创新者胜。创新意识与能力，无论是当前形势还是发展大势，都要求我们必须把创新摆在核心位置，不断强化青年的创新意识，推进理论、制度、科技、文化等各方面创新，让创新在全社会蔚然成风。

习近平同志指出："自主创新是开放环境下的创新，绝不能关起门来搞，而是要聚四海之气、借八方之力。"创新，往往不是单打独斗的场所，它更需要团队的协作与努力，通过多元化的配置、创新方式方法，能够使创新主体之间的合作顺利推进，相互磨砺，相互支撑，通过遵循特定的程序与方法，为培养技能和创新意识提供必要的保障。同时，创新还离不开适宜的平台与氛围，需要一个健康的社会环境来支撑创新发展，实现创新资源共享、共用，创新才可能实现。

韩广教授领衔的资源综合利用大学生创新创业教育中心，是一个优质的创新平台，为创新素质的提升提供了各种解决思路和训练方案。这本实用教程汇集了创新训练的领域选择与操作规范，提供了大量成功案例、经验教训与目标设计。正是在扎实的实践基础上，本书尽管所涉领域主要是资源综合利用方面的创新训练，但适用范围并不仅限于资源综合利用方面，对于环境污染防治、生态修复等相关专业领域同样具有非常实际的指导和借鉴作用。

发展是第一要务，人才是第一资源，创新是第一动力。韩广教授领衔的团队，以强烈的使命感，以宽广的理论视野、强烈的家国情怀、丰富的实践操作，准确把握科研大势，力图系统推进大学生创新训练事业，助力创新驱动的国家发展战略，可嘉、可赞、可为！

是为序。

周俊武

2018 年 12 月 18 日

前　言

俗话讲得好，"自古英雄出少年"。对于正常智力水平的我们而言，能否成才并做出突出成就，关键在于大学的有效训练与熏陶，由此积累起来足够的知识储备，形成牢固的技能，培养出灵活的头脑，树立起远大的理想，陶冶出高尚的品格和成熟的个性。

大量研究表明，科技人才的最佳创新年龄集中在青年和中年阶段，25～45 岁是实现创造性突破的最佳年龄段，也被称之为创造性表现的黄金期，峰值年龄为 37 岁。由此可见，大学的学习与训练，是日后创新发力的根基和源泉。大学阶段，一定要打牢基础，崭露头角。

创新意识与能力，除了地理区位与可用资源因素外，是一个地区、一个民族和一个国家生存与发展的原动力，在当今"地球村"时代，尤为突出。一方面，民族或地区间相互交往与交流极为频繁，对于应对共同的危机与挑战而言创新是必需的；而另一方面，相互间的对立与冲突也需要创新理念和思维方式，结合技术手段加以缓和与消弭，其深远的战略意义不言而喻。

同时我们也要看到，当今世界虽然社会经济高速发展，科技飞速进步，但其中的不确定因素也会越积越多，越来越突出，负面影响日益显现。比如全球性资源枯竭、环境退化与破坏、频繁的自然灾害，无不威胁着全人类的生存与发展。这些都需要我们去面对，想方设法加以化解。

因此，创新是人类社会可持续、健康发展的必然选择，是历史经验的积极借鉴，是主动而明智的战略抉择。然而，这方面的挑战也是非常巨大的，需要卓越的创造力来面对。

创新，往往不是单打独斗的场所，它更需要团队的协作与努力，相互磨砺，相互支撑，需要遵循特定的程序与训练，加以完善。程序与规范，既是保障成功和效率的前提，也是培养创新意识和创新技能的必经之路，如此才能最终实现既定目标。

的确，已有知识体系与理论、思维与行为习惯，在很大程度上制约着人们创新意识和创新能力的施展，但这不是知识和理论的过错，而是由于我们还没有进入更高层次、更高等级知识和理论的演化阶段，还没有完全进入理性的"理想王国"。

话又说回来，创新还需要一个适宜的平台，需要一个适宜的社会环境，在适宜的程序与规范、合作与交流、挫折与跃进熏陶与锤炼下，再结合个人的素质与天分，创新才能实现。湖南师范大学"资源综合利用大学生创新创业教育中心"就是这样一个平台，而这本实用教程就是这些程序与规范，以及相关的经验教训与目标的集成与汇总。

尽管本书的编者更多地侧重于资源综合利用方面的创新训练工作，所列举的实例也集中体现在这个方面，然而本书所面向的读者则不限于资源综合利用方面，对于环境污染防治、生态修复等相关专业领域，同样具有非常实际的指导和借鉴作用。

编者

目 录

第四章　**如何组织实施项目** / 087

第一章

何为创新

2014 年 9 月，李克强总理在天津召开的夏季达沃斯论坛上提出，要在 960 万平方公里土地上掀起"大众创业""草根创业"的新浪潮，形成"万众创新""人人创新"的新态势。"大众创业，万众创新"的号角激发了全民族的创新精神和创新基因，让人们在创造财富的过程中，更好地实现精神追求和自身价值。

当代大学生作为承载新思想与新技术的前沿群体、国家培养的高级专业人才，如何成为"大众创业，万众创新"的积极参与者，这需要大学生系统深入地理解何为创新、创新何来及如何创新，为将来成为社会的栋梁之才奠定坚实基础。

创新这一概念的起源，可追溯到 1912 年美籍经济学家熊彼特（Joseph Alois Schumpeter，1883 年 2 月 8 日—1950 年 1 月 8 日）的《经济发展概论》。熊彼特在其著作中提出，创新是指把一种新的生产要素和生产条件的"新结合"引入生产体系。它包括五种情况：

（1）引入一种新产品；

（2）引入一种新的生产方法；

（3）开辟一个新的市场；

（4）实行一种新的组织形式；

（5）获得原材料或半成品的一种新的供应来源。

由此可见，熊彼特的创新概念完全是属于经济学的范畴。

然而，随着科学技术的突飞猛进、人类创新意识和创新能力的不断提高，创新的范围已大大超出了熊彼特所理解的范畴，不再仅仅是指经济现象，而是已经渗透到了政治、军事、科技、文化和社会生活等各个领域。

在现代汉语词典中，创新的解释是"抛开旧的，创建新的"。因此，可以说凡是对人类文明进步有益的各种各样的新内容、新形式、新活动都是创新。

一般而言，创新是指创新主体综合性地应用知识、经验与新的信息，通过观念的调整与转变，引进与开发新事物而开展对人类文明进步有益的智力与体力活动。

第一节 | 如何理解创新

一、创新的内涵

（一）含义

任何一种创新活动，必须能够产生出一种前所未有的新成果，因而创新必须是新颖的，其中必须要有过去所没有的新的因素或成分。抄袭模仿、克隆复制都不是创新。

第一个敢吃螃蟹的行为是一种创新，而其后的跟吃者都是食客，不具备创新的特点和本质；农民年年种水稻，这不叫创新，而袁隆平培育出前所未有的杂交水稻，这就叫创新。

（二）创新思维的特点

创新离不开思维，创新思维是以创新为核心的思维活动。创新思维是运用原有的知识和经验进行创造性的重新组合，在头脑中产生新的思想和形象的思维活动。因此，创新思维必然是新颖的、独特的。

1. 创新活动中解决问题的方法必须是新颖的

在创新过程中，会碰到各种各样的问题与困难。对于一般的日常问题，运用某一方面的经验与技巧，能够得心应手地应付。然而，面临自己从没遇到过的事物或者问题的时候，所使用的方法就必须是新颖的。

2. 创新活动的物质产品也必须是新颖的

创新必须是独特的、与众不同的。创新就是要制造新的事物，创新活动的物质产品也必然具有新颖性。

实例 1-1

老鼠是人类的敌人，它会传染各种疾病、破坏堤坝、吃掉大量的粮食。当许多国家为过多的老鼠犯愁时，比利时的研究人员却已训练出一种能辨认炸药味道的非洲大老鼠，从而用来探测和排除地雷。经过训练的老鼠可以用来标明地雷区，当地雷区划定后，可让老鼠嗅出每个地雷的确切位置，然后在一旁等候食物奖赏。由于训练人员不需要很多的技术设备，其成本较低，可重复使用。因而，这种老鼠将成为最廉价的"探雷新星"。

训练老鼠成为最廉价的"探雷新星"这一举动就极具新颖性，突破了人们通常认为老鼠有害的观点，使老鼠成为探雷技术的一种新产品。

点评

从另一全新思维角度出发，将人人喊打的老鼠转变为实用的科技"新星"，这就是一种创新。就在你我的身边，同样的材料，只要转变不同的思维角度与维度，就会有所突破，实现创新。

二、创新的类型

创新的种类丰富多彩，不同种类的创新有着不同的特征，要想全面地把握各种创新活动的性质、特征以及它们之间的区别与联系，就必须对创新进行系统分类。根据不同的标准，可将创新分为不同的类型。

（一）根据创新成果是否具有首创性

可以将创新分为原始性创新、改进性创新两种。

1. 原始性创新

这是属于重大技术领域从无到有的开拓式创新情形。美国著名发明家贝尔发明的世界上第一部电话、美国宾夕法尼亚大学莫尔电机学院发明的第一台电子计算机、英国的贝尔德（John Logie Baird，1888 年 8 月 13 日—1946 年 6 月 8 日）发明世界第一台电视机以及我国的四大发明等，都是原始性创新，都对人类社会的文明进步产生了深远的影响。

原始性创新意味着在研究开发方面，特别是在基础研究和高技术研究领域取得前人所没有取得的发现或发明。原始性创新是最根本、最能体现智慧的创新，是一个民族对人类文明进步做出贡献的重要体现，更是一个国家竞争力的核心所在。

我国科学技术在原始性创新方面的不足，是有目共睹的，而且越来越突出。在产业领域，发明专利数还明显少于发达国家；在科研领域，国际科学大奖一直榜上无名，直到2015年屠呦呦获得诺贝尔生理学或医学奖，才填补了这一空白。

2. 改进性创新

是对原有的科学技术进行改进所产生的创新。

比如电视机的发展就是一个不断改进、不断更新换代的过程。首先是黑白电视，当时人们就已经觉得很神奇了，可没过多久，彩色电视机就问世了，实情实景、原汁原味，更加赏心悦目。这似乎已经很理想了，可人们还不满足，结果遥控的、丽音的、大屏幕的、数字电视……一次又一次地加以改进。将来呢，电视技术肯定不会停下更新的脚步，肯定还会以更新的面貌出现。同样，电话、电子计算机的发展也是如此。

改进性创新可分为原理的改进、材质的改进、结构的改进、生产技术的改进等类型。同原始性创新一样，改进性创新也是一种创造，它不仅可以带来巨大的经济效益，也可以带来巨大的社会效益。

（二）根据创新成果是否具有全球性影响

依此可将创新分为绝对创新和相对创新两种。

1. 绝对创新

是在全世界范围内实现首创的创新。

比如，我国的四大发明、爱因斯坦的相对论等，便是在全世界范围内实现的首创，都是非常成功的创造，属于绝对创新。一项成果是绝对创新，毫无疑问这意味着巨大的荣誉与创造，有时也往往与诱人的经济利益相关联，特别在知识产权保护意识越来越强的当下，这种联系就更为紧密。因而，相当多的知识产权保护问题都是发生在绝对创新的范围内。

实例 1-2 --▶

关于电话发明权之争就是一个典型例证。尽管目前公认的电话发明家是亚历山大·格拉汉姆·贝尔（1847 年 3 月 3 日—1922 年 8 月 2 日），但在电话发明的 100 多年的历史中，关于电话的发明权之争仍是一个众说纷纭的疑案。

从 19 世纪 50 年代起，有一批科学家受电报发明的启发，开始了用电传送声音的研究，在这批人中，有美国人贝尔、格雷、爱迪生，英国人法拉第，德国人李斯，法国人波塞尔，意大利人墨西等。其中，格雷发明的液体电话与贝尔发明的磁石电话，在送话器原理上别无二致，可惜最终由于格雷申请专利的时间比贝尔晚了几个小时，结果与"电话发明家"的桂冠无缘。为此，他们之间打了 10 多年的官司，最终以贝尔胜诉而宣告结束。而德国人却认为李斯才是电话发明的先驱，因为他早贝尔 15 年制造了电话。

不管怎样，100 多年来贝尔被公认为电话发明人。然而，就在人类进入 21 世纪后，媒体披露的一些鲜为人知的电话发明历史的细节，使得这个早已被认为是尘埃落定的事情又蒙上一层迷雾。2002 年 6 月 16 日，美国众议院通过表决，推翻了贝尔发明电话的历史，承认安东尼奥·梅乌奇是发明电话的第一人。而加拿大则愤愤不平地指责美国国会为了政治目的篡改历史，为了给美国一点颜色瞧瞧，加拿大众议院效仿美国国会，于 6 月 21 日正式通过决议，重申贝尔是电话的发明者。这种冲突主要原因在于贝尔晚年移居加拿大。

看来电话发明权之争一时还难以平息。电话发明权之争，争的便是全世界电话发明第一人的巨大荣誉。

☞ 点评

绝对创新需要知识产权的法律保护，而完善的知识产权保护法律法规有利于进一步促进创新的发展。在 21 世纪，逐渐完善的知识产权保护制度和崇尚创新的社会环境将会共同促进创新的蓬勃发展。

2. 相对创新

是不考虑其成果是否属于全世界范围内实现的原创性的创新。

在世界范围里，占相当大比例的是既无必要，又不可能去考核它们是否属于全世界范围内实现的原创问题。比如，一个厨师灵机一动构想出一道美味的菜谱，一个人想到了一个发财的新点子，一个学生用一种新的方法解答了一道数学题，一个作者编出一个闻所未闻的笑话，等等，这些算不算是全世界范围内实现的首创？因为人类社会时间之久远和空间之广大，一时很难考察清楚，有时也没必要考察清楚，因而称之为相对创新。

可见，相对创新就是不考虑外界环境，仅仅针对创造者原有的基础而完成的新突破，都属于创新的范围。相对创新的情况是普遍存在的，也就是说，只要是独立完成，实现了在原有基础上的发展就属于创新。

（三）根据成果是否属自己创造出来的、是否有自主知识产权

由此可将创新分为自主创新、模仿创新两类。

1. 自主创新

就是自己创造出来的有自主知识产权的创新。

自主创新并不是要求创造者（团队或企业）在研究开发上面面俱到、独立攻克每一个技术环节，而是其中的核心技术或主导技术由创造者（团队或企业）依靠自身力量，独立研究开发而获得的。

自主创新具有三个显著的特点：

（1）在核心技术上的自主突破；

（2）在关键技术上的领先开发；

（3）新市场的率先开拓。

实例1-3 --▷

我国的中文电子出版系统就是自主创新的典型案例。

在20世纪70年代，西方的印刷行业使用计算机以数字方式进行输出的照排系统，使得行业生产效率获得巨大提高。而当时我国印刷行业还停留在铅字排版凸版印刷时代，全国印刷能力远远不能满足社会经济发展的需要。为了满足这个需求，北京大学、潍坊计算机厂等联合攻关，克服汉字字体多、字数比西方字母多的难关，发明了规则与不规则笔画、轮廓加参数的汉字压缩方案，获得了欧洲专利，攻克了汉字电子照排系统的关键技术，推出了"华光"激光照排系统，为世界上最浩繁的文字告别铅字印刷开辟了通畅大道，对实现中国新闻出版印刷领域的现代化具有重大意义。它引起当代世界印刷界的惊叹，被誉为中国印刷技术的再次革命。

☞ **点评**

鲁迅先生曾经说："只有民族的，才是世界的。"创新的发展也是如此，激光照排系统在印刷输出方式方面取得引领世界的突破就印证了这一点，只有立足于民族特点的发明才能在世界创新领域占据一席之地。

2. 模仿创新

它与自主创新是两个相对的概念，模仿创新是指创新者（团队或企业）通过模仿原创者的创新构想和创新行为，吸收原创者成功的经验和失败的教训，购买或破译原创者的技术秘密，并在此基础上改进完善，进一步开发，生产出在性能、质量、价格方面富有竞争力的产品，与其他企业，包括原创进行竞争，以此确立自己的市场竞争地位，获取经济利益的一种创新活动。这一点对于科技创新同样适用。

（四）根据创新活动的不同领域

创新又可分为科技创新、制度创新、观念创新、文化创新、教育创新、理论创新、营销创新等，不一而足。

我们这里讨论的主要是科技创新、观念创新、理论创新，而且侧重于地球科学领域内的资源综合利用方面，不仅包括各类地表自然资源的综合利用，还包括废旧物质回收利用方面。

（五）根据创新发生的基本类型

德布林咨询公司（Deloitte 的下属公司）在总结最佳创新案例的基础上，设计出"创新的十种类型"框架，即盈利模式创新、网络创新、结构创新、流程创新、产品性能创新、产品系统创新、服务创新、渠道创新、品牌创新、顾客契合创新等。

三、创新的价值评估

一个创新者要使自己的创新成果富有生命力，就要慎重考虑发明创造的物品是否具有实用价值，是否能经受住市场的严峻考验。虽然理论创新可能长远意义更大，但评价起来很复杂，耗时也很长，在此不做深入讨论。

何种物品能获得市场呢？一般来说，要求该发明创造物品的使用价值超过其出售价格。使用价值一般从以下五个方面进行评估：

1. 该发明解决的问题是否迫切

"需要是创造之母。"事实表明，一项发明如果可解决人们迫切需要解决的问题，那么它的使用价值就比较高。

2. 是否容易使用

一项能够解决某些问题的发明，必须保证其本身用起来方便。一种东西越轻便、占地越小、容易操作，其使用价值就越大；否则，将会降低它的使用价值。比如，家用的手摇绞肉机，由于使用时需要经常清洗，十分麻烦，结果不少人都弃置，其使用价值就不大了。

3. 是否耐用、可靠

产品或技术的耐用和可靠，直接关系到使用价值。例如，三星品牌手机是极受消费者喜欢的一个手机品牌，但是 2016 年 Note 7 系列手机电池爆炸，使得消费者对该品牌的可靠性产生怀疑，手机的使用价值自然也就下降了。

4. 是否令人喜欢

外观美也是使用价值的一部分。实际上，很多物品都兼有装饰作用或观赏价值，这方面典型的产品是玩具产品。

外观美直接影响着产品的使用价值。

5. 原理和构造是否简单

原理和构造的简单与否是判断一项发明能不能获得成功的标准。

可能有人认为，一项发明的原理和构造越复杂，就说明它的水平越高，其实这是一种错觉和误解。在实际生活中，如果不限制实现方式的复杂性，几乎大多数发明都是能够达到既定目标的，然而达到这些目标的代价却可能远远超过合理的程度，因而毫无价值。

例如，为了使太阳炉能自动对准太阳所在的方向，人们可以设计一套自动跟踪系统。如果不限制该系统的复杂性和成本，这将是一件简单的事情——可以利用光敏电子元件和电机等驱动机构组成控制系统，来达到这一目的。但是，当我们将所需成本与所追求的效益的大小进行比较时，就会发现这是行不通的事情。

第二节 | 创新何来

创新是人的一种特殊意识活动、精神活动和智力活动，每个人的意识活动都离不开动机，创新活动与动机有着密切的关系。要进行创新就必须要有强烈的创新欲望和强烈的创造动机，这样才能激发创造力，才有可能驱动自我去探索新问题，产生新思路，取得创造发明的成果。一个人如果没有创造欲望和创造动机，就不可能去进行创造性思维和创新活动。

一、创新动机的类型

社会生活中产生的需要是多种多样的。同样，人们为了满足需要而从事发明创造的动机也是各不相同的。

根据动机的社会意义，大致可以分为意图性动机、社会性动机和内在性动机三大类。

（一）意图性动机

意图性动机是属于意图范畴的心理动力，它主要表现为个体对生存和发展条件的需要而去从事发明创造的动力。比如，对食物、水、空气和回避危害等方面的需要，为了获取个人经济上的利益或某种荣誉感，等等。

实例 1-4

罐头的发明，就是法国人尼古拉·阿佩尔（1749—1841）为了获得一笔巨额奖金而产生创新动机的。在 18 世纪末，世界贸易兴旺发达，长时间生活在船上的海员，因吃不上新鲜的蔬菜、水果等食物而患病，有的甚至患上严重威胁生命的败血症。为解决这一问题，法国拿破仑政府用 12000 法郎的巨额奖金，征求一种长期贮存食物的方法。很多人为了得奖，都投入了研究活动。

有个经营蜜饯食品的法国人阿佩尔，曾在酸菜厂、酒厂、糖果店和饭馆当过工人，后来成为一名厨师，他在贩卖果酱、葡萄酒等食品时，发现其中有些容易变坏，而有些却不易变坏。他偶然发现密封在玻璃容器里的食品如果经过适当加热，便不易变质，从中受到了很大的启发。于是，阿佩尔响应政府的悬赏，对食品保藏的方法进行专门研究，经过十年的艰苦努力，终于在 1804 年获得成功。这样，最早的罐头出现了，阿佩尔得到了法国政府的奖励，也受到了海员们的热烈欢迎。

点评

意图性动机在发明创造中是很常见的，因为确实有不少创造发明是为了个人获得经济上的利益、满足某种荣誉感或个人其他方面的需要而付出艰辛的努力。比如，随着社会经济的发展所带来的环境变化，人们为了适应恶化的环境，创造出 PM2.5 口罩、空气净化器、自来水过滤器等新兴产品。当然，这些创新成果在满足创造者个人欲望与需要的同时，也往往可以给社会带来一定的效益。

(二) 社会性动机

社会性动机是以人的社会需要为基础的动机，是创造者通过对社会的责任感、对人民的热爱而从事发明创造的心理动力。以这种动机为从事创造活动的创造者，很容易把对社会贡献的强烈感情转化为毫不动摇地从事发明创造活动的永不枯竭的动力。

实例1-5 ▶

清朝中期，当时著名医学家王清任（1768—1831）在行医实践中，发现我国古代一些医书对于人体内脏的描述有许多不正确之处，他决心通过各种方式对人体内脏结构进行研究。但按照当时的社会传统观念，如果对人开膛破肚，是大逆不道的事情，因而实施此事风险很大。

1797年，30岁的王清任行医来到滦州（现河北省唐山市）的稻地镇，正值当地流行麻疹，死去了很多孩子，穷人家买不起棺材，只能用草席一裹就把尸体扔在荒野里，有的被野兽拖来拖去就露出内脏。王清任认为这正是他观察内脏的好机会，于是每天天刚亮，趁还没有行人经过，他就来到荒野，细心地一边察看，一边画图。他一连花了10天的工夫把内脏的各个部分详细地画了下来。通过这次观察，他对人体结构有了比较完整的印象。

两年后，王清任在奉天（现辽宁省沈阳市）一带行医，听闻一位妇女因犯重罪被判剐刑（即凌迟，就是民间所说的"千刀万剐"）。王清任赶到刑场，利用这次机会观看了人体内脏。

经过42年的辛勤探索和实践，王清任终于完成了《医林改错》这部流芳百世的伟大著作。在这部书中，记载了许多过去医书中从未提到过的重要器官，还纠正了前人许多错误的说法。

👉 点评

在历史上如此艰难的背景下，无数医学家依靠着救死扶伤的奉献精神，前赴后继地投入对人体及疾病的研究当中，克服一切艰难困苦，创造了独具中国特色的中医学。

实例1-6 ▶

中国的"两弹一星"，是20世纪下半叶中华民族创建的辉煌伟业。

面对当时严峻的国际形势，中国为了抵制帝国主义的武力威胁和核讹诈、保卫国家安全、维护世界和平，在上世纪 50 年代中期，根据当时的国际形势，当时的中央领导集体果断地做出了独立自主研制"两弹一星"的战略决策。大批优秀的科技工作者，包括许多在国外已经有杰出成就的科学家，以身许国、义无反顾地投身到这一神圣而伟大的事业中来。他们和参与"两弹一星"研制工作的广大干部、工人、解放军指战员一起，在当时国家经济、技术基础薄弱和工作条件十分艰苦的情况下，自力更生，发奋图强，完全依靠自己的力量，用较短的时间，突破了原子弹、导弹和人造地球卫星等尖端技术，取得了举世瞩目的辉煌成就。

1999 年 9 月 18 日，在中华人民共和国成立五十周年之际，党中央、国务院、中央军委隆重表彰了为我国"两弹一星"事业做出突出贡献的 23 位科技专家，授予于敏、王大珩、王希季、朱光亚、孙家栋、任新民、吴自良、陈芳允、陈能宽、杨嘉墀、周光召、钱学森、屠守锷、黄纬禄、程开甲、彭桓武等人"两弹一星"功勋奖章，追授王淦昌、邓稼先、赵九章、姚桐斌、钱骥、钱三强、郭永怀"两弹一星"功勋奖章。这 23 位科技专家，是中华人民共和国的功臣，是老一辈科技工作者的杰出代表，是新一代科技工作者和创造者的光辉榜样。

👉 **点评**

面对严峻的国际形势以及百废待兴的国内形势，诸多科学家怀着为民族和国家做贡献的爱国情怀，义无反顾地投身尖端技术的研究中，实现了从无到有、从弱到强的强国之路，他们是值得我们当代人认真学习的楷模。

（三）内在性动机

内在性动机是在没有外在奖赏和压力的情况下，激发个体产生创新或创造行为的心理动力，它提供了一个促进学习和发展的自然力量。人们根据内在性动机，自主选择实施或坚持某一活动，或自己在一项特殊活动中的兴趣或爱好。

实例 1-7 ⋯⋯⋯⋯⋯⋯⋯⋯⋯⋯⋯⋯⋯⋯⋯⋯⋯⋯⋯

轮滑鞋的产生就是内在性动机作用的一个典型例子。

轮滑鞋的起源很具有趣味性。据说早在 1100 年，猎人们为了在冬天也能打猎，将骨头装在皮靴鞋底下，这算是溜冰鞋的最早样式。1760 年，一位伦敦乐器制造商乔赛夫·马林发明了一双配有轮子的溜冰鞋。溜冰穿的轮子很小，由金属制成。他穿着这双溜冰鞋参加了一个假面舞会，一边溜冰，一边拉小提琴。虽然他本人最终摔得七荤八素，但却开了轮滑鞋溜冰的先河。

1819 年，曼西尔·彼提博又发明了一种溜冰鞋，以木块做鞋底，木板下装轮子，轮子排成一线。但由于每个轮子大小不同，这种鞋只能向前溜。到了 1863 年，美国人詹姆士终于发明了一双轮子并排的四轮溜冰鞋，可以做转弯、前进和向后等动作，这就是现在使用最为广泛的轮滑鞋。

另外，还有一个关于旱冰鞋产生的小故事。英国有个叫吉姆的小职员，成天坐在办公室里抄写东西，常常累得腰酸背痛。他消除疲劳的最好办法，就是在工作之余去滑冰。冬季很容易就能在室外找个滑冰的地方，而在其他季节，吉姆就没有机会滑冰了。怎样才能在其他季节也能像冬季那样滑冰呢？对滑冰情有独钟的吉姆一直在思考这个问题。想来想去，他想到了脚上穿的鞋和能滑行的轮子。吉姆在脑海里把这两样东西的形象组合在一起，想象出了一种"能滑行的鞋"。经过反复设计和试验，他终于制成了四季都能用的"旱冰鞋"。

☞ 点评

轮滑鞋的发明是创新者为满足自我喜好的内在需求，抽出客观事物形象的一些组成部分或因素，根据实际需要做一定改变后，再将这些抽取出的部分或因素，构造成具有自己的结构、性质、功能与特征的特定事物形象，最终造就了一个行业及一种新的运动方式。

在进行创新活动时，创造者可以既满足自己的意图性动机或内在性动机，也可以兼顾社会性动机，使创新成果在满足个人经济利益或其他需求的同时，对社会的发展起到积极的促进作用。

二、创新主题的来源

在创新过程中，创新主题的选择直接关系着研究工作进展的快慢、取得成果的大小，甚至对整个研究的成败都具有举足轻重的战略意义。创新的目的就是探索未知的奥秘。就科学活动来说，就是要探索自然界未被认识的问题；就技术开发来说，就是研究尚未被开发的新技术。

面对如此广阔的领域和数不清的问题，如何选题便显得尤为关键。

1. 从生产实践提出的问题中选题

人类的生产实践每向前发展一步，都会提出一系列的自然科学和技术问题。解决生产实践中提出来的各种理论和技术问题，始终是创新的主要研究课题，这是创新课题的重要来源。

2. 从大众的疾苦提出的问题中选题

创新人员应该把发现科学问题和科研选题的着眼点，放在根据大众的疾苦所提出的急需解决的问题上，这具有极其重要的意义，在很大程度上也是一种为人民服务的高尚道德情操的体现。

3. 从自然科学发展提出的问题中选题

自然科学发展中常常出现新事实与旧理论存在冲突与矛盾，需要科学研究者重新审查已有的科学理论或科学假说，从而提出新的研究课题，开辟新的研究方向。而在自然科学试验中意外出现的问题是科技创新选题的良机，从中可以发现重大科学问题和选题，往往能做出重大的科学发现。

4. 从不同学科的启示联想中选题

人们在进行科学研究的过程中，不仅要注意本学科或技术领域的发展情况，并且还要了解相邻学科或技术领域以及其他学科或技术领域的发展情况，把受到不同学科或技术领域的启示联想的科学问题或技术问题选为研究课题，坚持研究下去，也常常能做出重要的科学发现或重大的技术发明。

5. 在不同学科的交叉点上发现问题和选题

科学发展史表明，在不同学科的交叉点上或知识的空白区域内进行考察，往往能够发现新的科学问题，而从中选择创造性的课题，常常硕果累累。

6. 从好奇心和留心意外发现的问题中选题

强烈的好奇心会使人善于从习以为常的事情或现象中，发现不寻常的现象，从而产生对其进行探索的欲望，并将其选定为科技创新的研究课题。研究的结果不但可以做出科学发现和技术发明，而且还可能开辟新的研究领域。

7. 从读书发现的科学问题中选题

从读书发现的科学问题中选题，也能够取得科学技术方面的创新。

具体如何进行选题详见第二章。

三、创新活动与环境

(一) 概述

纵观中国近代以来的发展史，中国为什么没有诞生自己的瓦特或者达尔文？

原因是多方面的，然而很重要的一个方面是由于当时特定的环境。我国当时处于根基牢固的封建社会，自然经济占统治地位，人们满足于男耕女织的传统生产方式，或者陶醉于渔歌互答的桃源生活，统治者昏庸无能，人民生活在贫困之中，这种环境没有谁需要蒸汽机，也没有什么条件去研究蒸汽机，当然更没有必要和可能派舰船去作环球航行进行地理大发现了，这个时期中国的科学技术远远落后于西方，也就是必然的结果。

相反，新中国成立后，原子弹、氢弹相继爆炸成功，牛胰岛素在世界上首先合成，一大批创新成果在华夏大地上争奇斗妍，国人的创新创造活力顿时恢复。改革开放以后，中国人的创造力又一次获得解放，杂交水稻、超导研究、核聚变反应、航天飞船等均走到了世界前列。可见，创新创造与环境的联系就是这样紧密。

创新活动受到创造过程中外部条件影响和制约表现在两方面。一方面是影响创造性思维品质的形成和能力的发展，如社会文化背景、传统观念、家庭与学校的教育方式等，它们对人的创新意识、自信心、独立性的形成，对思维方式和创新技法的掌握都会产生重大影响；另一方面是有可能制约已有创新潜力与能力的发挥。

例如，一个具有一定创新能力的人，尽管自己很努力，也很尽职，但由于客观条件的限制，发明创新却寥寥无几，甚至一事无成。然而一旦换了个环境，就如鱼得水，创造才能得到充分施展，革新发明成果接二连三地涌出，硕果累累。在这个巨大的变化中，诸如领导的信任与支持、新型的社会关系、浓厚的创新气氛以及其他物质条件等无疑起了重要作用。

（二）两者间关系

创新与环境的联系主要表现在以下几个方面：

1. 有利的环境因素对创新有着明显的促进作用

就像适宜的气候条件能为生物种群的发展带来繁荣一样，适宜的环境亦能极大地焕发创新者的创新能力。

2. 不利的环境因素会对创造者创造才能的发挥起着阻碍作用

实例 1-8 --- ▶

受传统文化的影响，我国古代对人体内脏的研究就曾经历了一个曲折的过程。要了解和研究人体内脏的结构，最好的办法就是对人体进行解剖，但是在封建社会里，传统观念中人认为身体发肤，受之父母，不能损伤，要对尸体开膛破肚，简直是大逆不道的事情，因此要想正确认识人体的内脏结构，就难上加难。

公元 5 世纪南北朝时期一个名叫唐赐的人，喝酒回家之后一口吐出 10 多条虫子，从此一病不起，临死的时候，他叮嘱妻子张氏和儿子唐副在他死后，把他的肚子剖开看看究竟是什么病。唐赐死后，妻子张氏按照吩咐剖开他的肚子验看，这一来可惹下了杀身之祸，官府竟将张氏与唐副抓起来判决他们"凌迟"（即将他们千刀万剐处死）。这种情形下，要想研究人体内脏结构是很困难的。

👉 **点评**

在我国漫长的封建社会环境里，要想真正获得关于人体内脏结构的知识，正确地指导人们的医疗实践，那是非常困难的。但是在如此艰难的条件下，前人仍然建立起了独树一帜的中医学。相对而言，当代物质、技术、政策等环境极其优越，创新活动何以不成功？

在欧洲的黑暗漫长的中世纪里，情况更是有过之而无不及。古罗马帝国曾经有过繁荣昌盛的景象，他们在建筑、农业、医学等方面取得了重大成就，在人类文明史上留下了光辉的一页。然而，当欧洲进入中世纪后，却是一个文明严重后退的时期。

3. 在逆境中奋进

古往今来，身处逆境却能挺身而起、自强不息、战胜逆境，从而做出重大发明创造的科学家有许许多多。

众所周知，居里夫人当时所处的环境是艰难的，从小家庭生活贫苦，求学的道路充满艰辛，搞科学实验时，既没有实验室和必要的实验器材，也没有足够的实验经费。然而这并没有动摇她对科学的追求，她以坚韧的毅力奋发图强，取得了重大的科研成果，发现了两种新的放射性元素，首创了放射学，为人类利用原子能开辟了道路，并两次获取了诺贝尔奖。

纵观历史长河，像居里夫人那样在逆境中奋勇拼搏的事例有许许多多，他们的成功之路告诉我们，一个人要想大有作为，面对逆境时绝对不能低头屈服，而是应该挺身而起，与逆境奋勇抗争。

面对错综复杂的环境因素，一个创造者就应该善于发掘和把握环境中的有利因素，对于环境因素中的那些不利部分，必须能够适应甚至加以改造，向不利的环境挑战。

第三节 | 如何创新

一、实例分析

橡胶的发现与改进就充分体现了创造者进行创新的主要环节与特征。

如今橡胶已成为现代生活中不可缺少的东西，如果突然没有了橡胶，汽车、自行车等地面交通工具就会成为废物，飞机会因没有橡胶轮胎而无法起飞与着陆，机器会因没有橡胶传送带、橡胶垫圈而不能运转……人由于失去了橡胶制品而感到种种不便。

硫化橡胶的发明却是一个充满艰辛的历程。

实例1-9

最早认识橡胶的算是美洲最古老的居民——印第安人。在海地岛上生长着一种橡胶树，岛上的印第安人在橡胶树上割个口子，乳白色的胶液就会一滴滴流淌下来，将这种胶汁晒干就可以做成会蹦会跳的橡胶圆球。有些印第安人还将脚浸在胶汁中，拔出脚后晾干就能在水中来回走而不湿脚，这可以称得上是雨靴的老祖宗。

1493年，哥伦布第二次航行到美洲的海地岛，回来时便把橡胶带回到欧洲。但是这种原始的橡胶有一种讨厌的"个性"：遇热像烛泪一样稀软，受冷又像石块一般坚硬。1823年，英国化学家麦金托什（Mackingtosh Charles，1868—1928）把胶汁涂在布上，做成了雨衣放在市场上出售，受到人们的喜爱。但这种雨衣夏天发黏，冬天像铠甲，尽管如此，它还是行销全球。1830年，由松节油和炭黑做添加剂制成了表面光滑的黑色橡胶制品在美国开始盛行，这种橡胶和织物制成的雨衣、车篷和屋顶更受人欢迎。可惜好景不长，到了赤日炎炎的夏季，娇气的橡胶衣服、屋顶、车篷都变成了一团团稀泥。1836年夏季更是酷热难当，《纽约时报》发文大声疾呼："让可恶的橡胶见鬼去吧！"由此橡胶工业一落千丈，名誉扫地。

这时，五金店老板查尔斯·古特伊（美国，1800—1860）开始从事改进橡胶的试验。他性格执著、顽强，无论做什么事情都要有始有终，不达目的决不罢休。从小学毕业后，他在一家铁器作坊当学徒，后来在纽黑文开了一家五金店。在橡胶工业濒临绝境时，他决心改进橡胶性能，使其真正成为可以实际应用的材料。通过加松节油和炭黑能改进橡胶的光滑度和颜色，他想到加入其他东西也一定能改进橡胶的物理特征。古特伊用擀面杖把橡胶擀成薄片，然后添加所有他能找到的东西，如盐、糖、沙子、墨水、蓖麻油甚至奶酪、肉汤等与橡胶混合在一起。他的五金店变成了"靴子店"，几百双靴子摆满了货架，每一双各是不同的配方，它们必须经过炎夏和寒冬的考验，对它们一一进行观察、比较。古特伊深信，只要坚持不懈、锲而不舍地坚持下去，必定能找到理想的配方，着迷的古特伊对生意完全丧失了兴趣，索性把五金店关门，一心扑在橡胶试验上。

没有收入，为了养家糊口和购买实验材料，古特伊只好四处告贷和变卖家里的东西，一家人陷入饥寒交迫之中。被生活煎熬的古特伊，于1837年春天卖掉了店铺和房屋，把妻儿送往农村，自己只身前往纽约，继续他未竟的事业。而等待他的仍然是一连串的失败。1838年，债主们把一文不名的古特伊投进了债务监狱。1839年1月古特伊的试验有了重大突破，他偶然把橡胶、氧化铅和硫黄放在一起加热并得到了类似皮革状的物质。这种物质不像通常的弹性橡胶会在较高的温度下分解。古特伊经过一系列改良，最终确信他所制备的这种物质不会在沸点以下的任何温度分解，终于在1844年取得了专利权。1851年古特伊参加了维多利亚女王主办的展览会，丰富多彩的橡胶制品赢得了举世瞩目的称赞。

☞ 点评

古特伊改进橡胶的经历告诉我们，创造者不仅要有一定的科学理论基础，同时还必须树立明确的创新目标，要有自觉地支配自己的行动，为实现目标而百折不挠的毅力，结合灵巧的动手能力和敏锐的观察力，这样才能成功，获取创造的成果。

二、创新者的个体素质

创新的主体是人，要进行创新活动，创新主体就必须具备相应的创新素质。创造者出类拔萃的能力结构，就是完成创新的重要条件。

创造者的能力结构主要包括以下方面：

1. 良好的个性品质

有对科学创造浓厚而强烈持久的兴趣，有坚韧不拔的意志，能经受住地狱般的考验而矢志不渝。

2. 敏锐的观察能力

必须能发现别人未曾发现的新课题，能够从纷繁复杂的现象中，捕捉到稍纵即逝的创造机遇。

3. 活跃的思维能力

能够在各种不同思路的碰撞结合中，生产出全新的构思。

4. 灵巧的实际动手能力

能够从事科学研究的实验操作，能够将自己独特的创造构思化为新颖的成果。

（一）创新意志

马克思说过："在科学上没有平坦的大路，只有那些在崎岖小路上攀登的不畏劳苦的人，才有希望达到光辉的顶点。"这句话同样适用于创新者，坚强的意志会使创新者创造出诸多奇迹。但是在意志薄弱者身上，不会出现"奇迹"。

创新是要创新者发现前人没有发现的规律，创造出前人没有创造出的新的事物，这个过程并非一帆风顺，常常会有许多意想不到的艰难险阻需要创新者去克服，这就需要创新者具有坚强的意志。坚强的意志是创新者必备的心理素质。

作曲家贝多芬一生屡遭磨难，双耳失聪，但他以顽强的意志，坚持拼搏奋斗，创造出气势宏伟的交响曲。上世纪 80 年代青年的楷模张海迪，三分之二的躯体没有知觉，但这位姑娘却以超人的意志，顽强的生命，奏响了气势磅礴的人生乐章，在艰难的拼搏中开拓出一条闪光的人生之路。

创新活动是高度复杂的意志活动，在创新过程中，意志表现出目的性、顽强性和自制性等特征。认识到意志的这些特征，我们就能够从下列方面来培养和锻炼自己的意志，发展自己优良的意志品质。

1. 创新意志必须具有明确的目标

人要对自己的行动目的有明确认识，才能按既定的目标去行动。要进行创新，首先就要明确自己创新的目的，并能自觉地支配自己的行动，实现预定的目标。

2. 保持精力充沛，坚韧不拔和意志的顽强性

科学的创新是一种较为艰苦的劳动，是探索前人没有走过的路，要创造以前没有生产过的成果。在创新过程中挫折与失败经常发生，只有意志顽强

的创新者才能保持坚定的决心与顽强奋斗的品质，在挫折与失败中不断进取，从而把失败引向成功。

3. 控制自己的情绪，约束自己的言行，磨炼自制力（耐性）

首先，在创新过程中遇到困难与挫折时，能够控制自己的情绪使之稳定，克服不利于创新的灰心、疲沓、依赖、任性、气馁等心理障碍；在创新取得进展和成功时，不被胜利冲昏头脑，而是警惕与戒备骄傲自大、盲目乐观的心态，应保持谨慎、勤勉作风，促进创新成果的扩大与完善。

其次，自制力可以是创新者在创新过程中，动员一切有利的积极心理因素，如集中注意力、专心致志、情绪饱满、思维活跃，促进和保证创新活动顺利进行的个人品质。也可以是个人在创新集体中以集体的要求来约束自己，增强组织性与纪律性，善于与人合作的能力。

第三，自制力的作用在创新失败的时候，表现更为突出，诸多著名科学家败不气馁，从失败中创造出奇迹，正是他们具有高超自制力的表现。

（二）观察能力

观察是创新活动过程中最基本、最常用的获取感性材料的一种方法，而观察能力则是善于全面、深入、正确地认知事物特征的能力。观察能力不仅包括人类感官的感知能力，也涵盖人类感官的延伸，即借助科学仪器的观察。

在进行观察时，人类感官的感知能力是有一定限度的。运动过快的物体，人的眼睛难以准确把握；运动过慢的物体，人的眼睛也感觉不到它的运动变化；过于遥远的物体，人的感官无法感知；就是眼前物体的微观结构，人眼也分辨不出来。科学仪器作为人的感官的延长，可以把人的感官不能直接观察的对象转化为可以观察的对象，从广度和深度上极大地增强了人类的观察能力。

要获得关于观察对象的准确信息，就必须进行科学的观察，遵循一定的原则：

（1）要坚持观察的客观性，防止观察的主观性。

采取实事求是的态度，按照客观事物或现象的本来面目去观察它、认识它，而不能用主观愿望代替科学事实。要达到这一目的，就要耐心地进行长期的、系统的、全面的、动态的观察，积累经验，把握技巧。

（2）要真正地认识事物，就必须把握、研究它的一切方面、一切联系，要观察事物的发展、变化和转化的全过程。

任何客观事物都有产生、存在、发展和转化（消亡）的历史过程，这一发展过程充满着各种矛盾，这一内在原因使得事物发展过程充满复杂性和曲折性。在观察时，要从实际出发，联系一定的时间、地点、条件和范围，对具体事物进行具体的观察。如果只抓住个别事例而不顾其他，就不能获得全面的、准确的和系统的信息资料。

（3）要保证观察对象的典型性，要求选取的对象一要具有代表性，二要具有简明性。相比于自然界千差万别、种类繁多的事物，人们能观察到的事物和现象是极其有限的。为获取较为全面的、系统的、准确的科技信息，至少在主要方面不出现片面性，就需要选取典型的观察对象。

在观察时，可以通过简化自然现象的方法，把无关紧要的可变因素尽可能地减少，使得研究对象成为典型的观察对象；还可以从自然界的某一类事物中选取具有代表性的种类，作为科学观察的典型对象，使人们能集中有限的精力对之进行有效的科学观察。

实例 1-10

改良蒸汽机的发明是发明家瓦特（英国，1739—1819）对日常现象进行科学观察的结果。在瓦特的故乡格林诺克的小镇上，某一天，小瓦特在厨房看祖母做饭，灶上坐着一壶开水在沸腾，壶盖啪啪啪地作响，不停地往上跳动，对这种司空见惯的现象，有谁留过心呢？

瓦特就留了心，观察了好半天，感到很奇怪，猜不透这是什么缘故，就问祖母说："什么东西让壶盖跳动呢？"

祖母回答说："水开了，就这样。"

瓦特没有满足，又追问："为什么水开了壶盖就跳动？是什么东西在推动它吗？"

可能是祖母太忙了，没有工夫答对他，便不耐烦地说："不知道。小孩子刨根问底地问这些有什么意思呢。"

瓦特在他祖母那里不但没有找到答案，反而受到了冤枉的批评，心里很不舒服，可他并不灰心。连续几天，每当做饭时，他就蹲在火炉旁边细心地观察着。起初，壶盖很安稳，隔了一会儿，水要开了，发出哗哗的响声。突然间，壶里的水蒸气冒出来，推动壶盖跳动了。蒸汽不住地往上冒，壶盖也不停地跳动着，好像里边藏着个魔术师在变戏法似的。瓦特高兴了，几乎叫出声来，他把壶盖揭开又盖上，盖上又揭开，反复验证。他还把杯子、调羹遮在水蒸气喷出的地方。瓦特终于弄清楚了，是水蒸气推动壶盖跳动，这水蒸气的力量还真不小呢。

水蒸气推动壶盖跳动的物理现象，不正是瓦特发明蒸汽机的认识源泉吗？1769 年，瓦特把蒸汽机改成为发动力较大的单动式发动机。后来又经过多次研究，于 1782 年，完成了新的蒸汽机的试制工作。机器上有了联动装置，把单式改为旋转运动，完善的蒸汽机发明成功了。

👉 **点评**

人类的社会活动离不开观察能力，而创新活动尤其离不开敏锐的观察能力，因为创新创造者只有具备敏锐的观察能力，才能发现别人未曾发现的新课题，明察出复杂现象中事物的本质特征，并从中获得灵感和启迪。

（三）创新思维

实例 1-11 ────────────────── ▶

有一个关于三兄弟分牛的民间故事。一位印度老人在弥留之际，把三个儿子叫到床前，对他们说："我就要去见真主了，辛苦一辈子只有 19 头牛，你们自己去分吧，老大分总数的 1/2，老二分总数的 1/4，老三分总数的 1/5。"话音才落，老人就咽气了。

按照印度的教规，牛被视为神灵，是不准宰杀的，并且先人的遗嘱更是必须遵从的。这可难坏了三兄弟，他们绞尽脑汁，请教了许多有才学的人，也没想出好办法，急得三兄弟整日唉声叹气。一天，有位老农牵着牛经过，看到三兄弟愁眉不展，旁边还圈着一群牛，便上前询问是怎么回事，三兄弟便把父亲立的遗嘱如实地告诉他。这位老人思索片刻说："这件事好办，我先借一头牛给你们，凑成 20 头，老大分 1/2 得 10 头，老二分 1/4 得 5 头，老三分 1/5 得 4 头，余下的一头再还给我。"

👉 **点评**

这位老农的分牛方法是巧妙新颖的，一个人人感到头痛的难题，在老农那里迎刃而解。一个人要培养自己的创新思维能力，就应该像这位老农一般，突破常规，大胆探索解决问题的新方法。这属于创新技巧中的"加法准则"。

在一般情况下，人们经常运用的思维方式是常规思维。常规思维的特点是常规性、单向性、逻辑性和单一性，这种思维方式对于处理日常工作、生活问题所产生的结果具有稳定性和可靠性等优点，但不利于创新。而创新思维多采用具有创见性、扩散性、集合性、逆向性、跨越性、形象性、超前性、想象性、综合性和非逻辑性等特点的思维方法，通过判断、推理、比较、分析、综合、抽象、归纳、概括、演绎等思维过程来实现创新。

1. 创新思维的培养

创新思维是取得事业成功的重要内在因素之一。因此，每个人都必须重视对自己进行创新思维的培养和强化。培养创新思维主要是要培养一个人的创新意识与创新想象力两个方面。

（1）创新意识的培养

这是创新心理素养问题，是属于后天培养的问题。具有创新意识是取得创新成果的必备条件。

首先，一定要下决心培养自己的创新意识，矢志不渝；

其次，学习创新的理论，从中不断地培养自己对创新的兴趣；

第三，逐步对创新进行思考与归纳概括，确立某一创新目标后，再做进一步创新探索。如此使自己逐步认识创新、理解创新，从理解创新到实践创新，并从实践创新到创新成功。

（2）创新想象力的培养

a. 培养创新想象力须具备的条件：

首先，创新者要处于积极的创新思维状态，有强烈的创新意识；

其次，创新者要具有丰富的知识和经验；

第三，创新者要具有创新灵感或感悟。

b. 善于捕捉灵感。

灵感是一种奇妙的富有创造性的心理过程。捕捉创新灵感的方法很多，主要有：

第一，在紧张的思考之后，有意识地转换工作环境和情绪状态；

第二，保持良好的精神状态和愉快的情绪状态；

第三，要随时随地注意将人脑中闪现的想法记录下来。

2. 在创新思维培养中应注意的问题

首先，创新思维的培养只能循序渐进，不能操之过急；

其次，创新思维在培养之前，必须把每一种创新思维的方法与理论掌握好；

第三，最重要的是创新者在思想上要树立起创新意识；

第四，最关键的是要在不断地参与创新活动实践中注重培养创新思维能力。

（四）动手能力

实例1-12 ···

在为表彰意大利航海家哥伦布发现新大陆而举办的宴会上，一些贵族宣称哥伦布能够发现新大陆完全属于偶然。对此，哥伦布没有辩驳，而是从宴席上拿起一个煮鸡蛋，对这些贵族说："诸位先生，你们能把这个鸡蛋立在桌子上吗？"那些贵族拿起鸡蛋左立右立，可怎么也立不起来，最后只好请哥伦布来示范。只见哥伦布把鸡蛋大头朝下轻轻在桌上一磕，鸡蛋就立了起来。贵族们当然很不服气，纷纷叫嚷这样简单的事他们也会做，哥伦布笑着说："问题正是你们这些聪明的人，谁也没有在我之前这样做！"

事实上，除了哥伦布的办法之外，使鸡蛋立起来的方法不仅是这一个，而且还有不少办法：

桌面放上大米等之类物质，把鸡蛋立在大米之上，一点困难都没有；

将三个鸡蛋扎成一束，然后一并立在桌面上；

在桌面上躺倒一堆鸡蛋，然后另取一个立在其间；

拿个鸡蛋架放在桌上，然后将鸡蛋放其上；

用手扶住鸡蛋，将它立在桌面上。

……

不仅如此，通过长期的练习，空手把鸡蛋无损地立在桌面上也不是一个传说。

点评

可见，要进行创新，做到前人未曾做到的事情，不仅需要有较高水平的观察能力、思维能力，同时也需要有较高的动手能力。认识与行动都是进行创新所必需的条件，缺少任何一个方面，都不能保证创新的成功。

现代技术的高速发展，更需要手脑并用的创新人才。那么应当怎样培养动手操作能力呢？

培养动手能力的基本途径就是大量练习。

第一，大胆练习。动手操作就是必须亲自动手进行实际操作，不能半途而废或浅尝辄止，不要怕犯错误，而不去干。犯错误并不可怕，怕的是知错不改，在实验中不应存在畏首畏尾的心理，应该胆大心细、智圆行方。同时，不要因为似乎微不足道就漠视之，不去练习和操作。

第二，掌握正确的练习方法与相关原理。大胆练习并不等于去蛮干，而是应掌握正确的练习方法和有关的原理，尽量避免盲目性。在开始练习之前，通过请他人指导并讲解正确的操作练习方法，进行示范，过程中练习者应认真观察并在头脑中留下正确而清晰的印象，这是极为关键的一步；在练习过程，应该避免形成不良习惯性动作；宜请他人帮助监督和指导，把不良毛病消灭在萌芽之中；同时，练习者应了解操作原理，不能只是重复他人的操作，缺乏自身理解的主动动手能力和创新能力，不要"知其然而不知其所以然"。

第三，及时了解练习的结果。了解练习结果，及时得到动作的反馈信息，是掌握技能和动手能力的重要条件。只有练习者懂得怎样做能得到正确的结果，明白怎样做会使操作失败，才能自主地学会操作，从而提高动手练习的质量，增强自信心和自觉性。

千里之行，始于足下。创新素质的培养也是一个循序渐进的过程，不论是活跃的思维能力、坚韧不拔的意志力、敏锐的观察能力，还是灵巧的操作动手能力，都是不能一蹴而就的，但通过长期的科学练习或训练都是可以习得的。

对于入门者而言，培养出创新素质的过程就是进行自我创新的过程，进而取得真正创新成果也就指日可待了。

本章概要

无论是思想、原理、方法、技术还是发现，只要对原有的事物或现象进行改进所产生的新的事物或现象都是创新。创新的产生需要创新主体去进行大胆的设想、科学的求证；而大胆设想、科学求证需要创新者具备一定的素质，包括良好的个性品质（兴趣、意志力、耐性等）、敏锐的观察能力、活跃的思维能力、灵巧的实际动手能力，这些素质均可通过长期科学的训练而习得与提升，为将自己独特的创造构思转化为新颖的成果奠定坚实基础。

推荐阅读

1. 徐保平，赵一，瑞麟，许庆元. 全世界优等生都在做的 1000 个思维游戏 [M]. 北京：中国时代经济出版社，2007.

[这是一本游戏册，通过十个思维游戏分块系统来训练人的形象思维、逻辑思维、立体思维、融合思维、另类思维等能力，寓教于乐，使训练者从

枯燥的知识灌输中解脱出来。]

2. 麦克·哈特. 影响人类历史进程的 100 名人排行榜 [M]. 赵梅，韦伟，姬虹，译. 海口：海南出版社，1992.

[这是一本纵论古今的历史书，在数千年的漫长历史中，在百科全书所记载的两万人里，只选出了 100 位最有影响的人，他们中有政治家、军事家、发明家、探险家、宗教领袖，还有科学家、文学家、艺术家，时间跨度之大，涉及范围之广，让人叹为观止。]

3. 赵幼仪. 趣谈发明方法 35 种 [M]. 北京：国防工业出版社，1994.

[本书立意新颖，图文并茂，通过对发明案例的剖析，生动有趣地介绍了发明创造的过程和方法、技巧，是初涉发明创造的朋友们了解发明创造的一本很好的入门书。]

温馨提示

任何一个伟大的科学发现或发明，都与科技人员强烈的创新意识和欲望、高尚的动机密切相关，都与其特殊的成长经历和思想发展历程密不可分。因此，立志和励志是成功必要的环节。建议大家经常阅读名人传记、科学发现和技术发明的专题报道，由此获得必要的启示，汲取难能可贵的智慧和力量。

第二章

如何选题

　　合理、科学选题，是大学生创新训练活动需要给予高度重视的关键环节之一。由于大多数参与创新训练的在校大学生普遍存在着专业基础薄弱、缺乏研究经验等问题，容易出现各类选题不当问题，如偏离创新训练主题、选题过大或过难、研究内容与选题不符、可行性不强、缺乏专业特色等。选题的质量高低对于创新训练活动是否能顺利开展会产生关键性影响，因此一定要重视选题过程，尽可能地提高选题的质量，避免或少走弯路，走错路。

　　本章的标题为"如何选题"，目的就是指导在校大学生学会合理、科学地选题，避免选题阶段的各种误区，并对资源综合利用创新训练的选题提出一些针对性的建议。

　　选题的基本方法可表述为：根据已学相关理论、方法、技术，结合国内外发展态势，针对社会经济发展中的具体问题，罗列、推敲、筛选具有创新性的内容，经反复论证凝练出科学问题，最后通过不断修改与润色而确定题目。那么具体而言，我们究竟应该如何做到科学合理地选题呢？

　　本章将重点讨论选题的基本原则和具体方法，分析一些容易出现的选题误区，以及选题方向与范例等内容。

第一节 ┃ 基本原则

一、强调兴趣，突出重点，鼓励创新，注重实效

（一）强调兴趣

参与创新训练活动是以个人或团队/小组研究兴趣为出发点的、非强制性的、以训练和启发创新意识与创新能力为主要目的的学研活动。选题应紧扣资源综合利用范畴，强调个人感兴趣的研究内容和方向。作为自发型学研活动，应充分发挥兴趣引导在调动活动主体主观能动性方面的优势，保持良好的学习与研究热情，尽量避免因选题不佳、违背兴趣、专业特色缺失而产生的负面效应。

（二）突出重点

选题应尽量避免过大过于宽泛的题目，需明确研究方向，找准研究对象及内容，突出研究重点，细化创新训练选题。在校大学生的自主学习和研究时间以及其他条件都十分有限，应从合理组织创新训练团队、合理选题等方面出发，确保创新训练选题研究的可行性。同时，也因为创新训练活动在选题及研究成果上没有自上而下的科研任务压力，因此选题及研究内容也无需苛求研究对象、方法体系和内容的全面性与完整性，可以只是系列研究中的某一小环节。特别是针对初次参与创新训练活动这类情况，选题越细越具体越好，应把握好研究重点及关键问题和技术，在有一定研究积累后方可扩大研究选题的内容及难度。

（三）鼓励创新

创新，既是大学生创新训练活动最终的理想目标，也是一种良好的愿望。

鼓励大学生参与创新活动，首要目的是启发大学生的创新思维和创新意识，并非在成果方面有特定的创新性要求，因此我们对于创新的要求首先是"鼓励"。

其次才是"要求"。创新有不同层次、不同类型、不同程度的创新，特别是在方法与技术层面的创新有相当的难度，人人都能参与并实现创新是不现实的。创新训练活动在初期阶段强调得更多的是首先要有训练，要有实验/实践活动，更多的是先强调参与，在此基础上再谋求创新的成果。要深化和

强调创新的理念，以创新为目标进行训练活动，不以创新为目标的选题，是不鼓励的。创新训练活动要优先支持那些更具创新性及创新潜力的选题。

（四）注重实效

创新要讲究实效性，不能脱离实际需求，不能为了创新而创新，不能硬性拼凑技术、方法及成果。一切应从社会的实际需求出发，结合自身的专业特长，从而合理选题。创新的首要特色就是具有前沿性，研究内容应针对在当下及一段时期内都具有一定社会经济价值，而不是马上就会被社会淘汰的东西。

选题的研究价值是筛选选题的一项重要参考因素，创新活动提倡"宁攀一座难以逾越的高山，也不趟一条平静小河"的理念。创新研究或训练需要有勇于尝试的牺牲精神，失败的经验也是有价值与实效性的。越是脱离了实效性原则，就越是违背了创新精神及创新目的，而且一般也不推荐此类选题。

二、深刻理解资源、综合利用的含义和本质

参与资源综合利用大学生创新训练，应深刻理解资源、综合利用的含义和本质，只有这样，才能正确合理地选题。

首先，我们要理解"资源"的含义。"资源"作为一个经济学名词是指一国或一定地区内拥有的物力、财力、人力等各种物质要素的总称。一般分为自然资源和社会资源两大类。前者如阳光、空气、水、土地、森林、草原、动物、矿藏等，后者包括人力资源、信息资源以及经过劳动创造的各种物质和精神财富等。

而本书要论述的"资源"将主要以自然资源为主，也涵盖部分其他物质性资源及信息类资源，而非人力等社会资源。本书主要面向的对象为理工科专业的大学生，而非文科类、经济学类等专业的大学生群体。我们所研究、探讨的资源在时空尺度上是不受限制的，可以是宏观的、全球的，也可以是微观的、局地的、细微的；可以是地球的，也可以是外太空的；可以是现在的，也可以是未来的。因此在选题过程中，具体研究对象不受特定的时空因素限制，只要是涵盖在以上对于资源含义表述范围之内的事物皆可作为选题的研究对象。

其次，我们再来理解"综合利用"的含义。综合利用是相对于物质的基本应用、传统应用、单一应用而言的。典型的综合利用就是指对自然资源、原材料效能的多方面利用，或制成多种产品，以及利用工业三废（废渣、废气、废液）制造和提取多种产品。本书讨论范围之内的综合利用，就是针对

以自然资源为主的物质资源的多方面综合性利用，而创新则覆盖了我们对于创新的内涵和本质属性范围之内的所有创新方式。

三、从创新的内涵和本质属性出发确定研究方向和内容

所谓创新，是指创新主体综合性地应用知识、理论、方法、经验与新的信息，通过观念的调整与转变，开展创造或研发对人类文明进步有益的探究性活动。创新，既可以是对现存事物进行某种新型改造，也可以是创造新的事物及新技术、新产品、新观念等。

（一）鼓励各种层面创新

那么，对于创新活动所涉及的研究方向本身的选择是非常宽泛的，选题应尽量选择具备创新潜力的研究方向及选题，不偏离"资源综合利用"的主题方向。既可以是特定学科方向的选题，也鼓励交叉学科方向选题；既尊重传统研究方式下的研究选题，更鼓励有创新思维的研究选题；既可以是对现存事物的创新性改造类选题，也提倡创造新事物类的选题。建议同学们从自身专业特长出发进行选题，但不反对学生从事非本专业方向的创新研究，更鼓励以团队分工合作的方式实现专业的交叉与组合。总之，一切符合创新理念的创新训练活动，都是值得支持与鼓励的。

（二）资源综合利用创新训练活动

资源综合利用创新训练活动，鼓励自主创新和合作创新。从创新的学科分类中，主要属于自然科学创新，而非社会科学创新。从创新的程度上说，即可以是全新型创新，也可以是改进型创新。根据创新的不同领域分类，包括知识创新、技术创新等方面，而非教育创新、文化创新、管理创新、经营创新、金融创新、制度创新等类型。选题宜以自然资源为主要研究对象，从综合利用的角度出发，结合一定的创新性要求进行。

第二节 ｜ 具体方法

一、在日常生活、工作和学习中勤于思考，发现、搜集科学问题

（一）端正科学态度

一直以来，有一些负面观点占据社会舆论主流，认为中国人虽勤工精技，

但不善于发现科学问题，缺乏科学创新能力。即便这样的观点存在片面性，但它还是从一定程度上反映了国人自古以来对待科学问题的思想缺欠。尤其体现在第一次和第二次工业革命阶段，中国人在对待科学的态度和获得的科学成果方面都彻底输给了西方世界，于是酿成了中国长达一个多世纪的落后以及所遭受的惨痛屈辱。

所以，我们要引以为戒，重视对待科学的态度，主动弥补在科学探索方面的不足。日常生活、工作和学习过程中，不但要做好各类工作，处理好各项事务，也要勤于思考，主动发现、搜集科学问题，凝练科学问题。科学研究不是少数科学家的专利，而是整个国家各个阶层所有民众都拥有的"权利"乃至"义务"。大学生作为国家科技创新体系的新芽与希望，更应该端正科学态度，坚定信心。要知道，所有成功的科学家，都是从细致认真的观察与思考开始的。

（二）勤于观察与思考

观察与思考有助于创新性研究，有助于打破传统固有观念和书本知识的束缚，萌发创新性思维与火花。精力旺盛、思维活跃应该是大学生的天然优势。相对于常年从事特定专业领域研究的学者来说，年轻人的观察角度、思维方式可塑性更强，在创新性研究方面更具优势，更应该充分挖掘和开发其潜力，强力发挥其优势。

年轻就应该大胆，年轻就应该狂想，年轻就应该勤于思考，多去实践，勇于创新。人类历史绝大部分重大科技进步都是来源于缜密观察与思考。也许普通人与牛顿的区别就在于同样一个苹果有不同的观察与思考方式，而客观世界仍有无数的事物和现象需要我们认真观察与思考，因此取得成功的机会也几乎是无限的。

（三）收集科学问题

科学研究不同于其他实践活动的主要特点是，在观察事物时更重视研究事物的本质及内在规律，深入系统地去归纳总结客观现象与过程，并利用实践来检验真理，然后再用获得的经验知识或新理论指导实践。其中研究的主体对象，往往被凝练成一个个的科学问题。

一般科学研究工作都是围绕着特定的科学问题展开，收集科学问题、假定科学问题、印证科学问题、实践科学问题都可算是探究科学问题的实践，它的核心是围绕科学问题进行实践，从提出问题到研究问题，再到解决问题，体现了科学研究的目的与意义，最终都是服务于解决问题，解决目前人类可能暂时无法解决的问题，或者是将过去处理得并不完美的问题处理得更好。而一切科学研究的开端，都是从提出问题开始。成功的研究者绝不可能在其研究领域内只提出一个问题。爱因斯坦晚年非常苦恼，常对人抱怨"我头脑中无论如何都弄不出来问题了"，由此可见找到或凝练出科学问题的极端重要性。

经验告诉我们，进行任何一项研究，往往是研究越深入，提出的问题就越多。只有投入更多，更接近问题本质的人才能提出更多的实质性问题，反之，那些只懂得皮毛之人是无法提出太多有价值的科学问题的。因此，收集科学问题、提出科学问题的思维，应该是贯穿整个研究过程，由始至终要一直坚持的，而不应只是在研究开始阶段重视。

二、通过阅读专业文献，了解和把握最新动态

思路开放、灵活、精力旺盛，是大学生的优势，而文献阅读方面往往是大多数大学生的劣势所在。大学生普遍因为接触专业知识时间短，缺乏专业研究经验，没有研究型论文写作经验，因而缺乏专业文献收集和阅读的经验与习惯。因为在文献阅读方面有明显的缺陷，因而造成了在创新性研究选题阶段不能充分地把握相关研究方向的最新动态，从而影响选题的质量。因此，充分地进行专业文献阅读是十分必要的。

阅读专业文献不是简单的在线搜索相关文献内容，而应注意科学、正确地进行文献检索和阅读、分析、概括、总结。

（一）文献检索

在文献检索方面应注意以下问题：

1. 文献的时效性

应尽量阅读3～5年内新近出版的文献，尤其一些前沿热门研究领域，一定要收集与研读最新的专业文献。

2. 文献的来源及质量水平

文献来源主要是专业学术文献资源，如中国知网、万方、维普，外文的EI、SCI 源刊等，应谨慎阅读和使用网络和一些公共检索资源的内容，如百度、Wiki 等一些所谓百科类网站。

3. 文献的全面性

文献检索要有一定数量积累，既要有相当数量的国内文献，也应该有适量的国外文献。创新研究的选题阶段，阅读20 至50 篇左右的专业文献是最

起码的要求。

下面将为大家介绍国内外主要的文献检索资源。

①SCI。它是美国《科学引文索引》的英文简称，其全称为 Science Citation Index，创刊于 1961 年，它是根据现代情报学家尤金·加菲尔德（Eugene Garfield）1953 年提出的引文思想而创立的。时至今日加菲尔德仍是 SCI 主编之一。SCI 是由 ISI（Institute for Scientific Information，美国科学情报研究所）出版。

SCI 是一个国际性索引或检索数据库，包括自然科学、生物、医学、农业、技术和行为科学等，主要侧重基础科学。所选用的刊物来源于 94 个类，40 多个国家，50 多种文字，这些国家主要有美国、英国、荷兰、德国、俄罗斯、法国、日本、加拿大等，也收录一定数量的中国刊物。

网站地址：http：//www. isiknowledge. com

http：//apps. webofknowledge. com

②EI。创刊于 1884 年，是美国工程信息公司（Engineering information Inc.）出版的著名工程技术类综合性检索工具。所收录文献几乎涉及工程技术各个领域，例如动力、电工、电子、自动控制、矿冶、金属工艺、机械制造、土建、水利等。

网站地址：http：//www. engineeringvillage. com

③ISTP。创刊于 1978 年，由美国科学情报研究所编辑出版。该索引收录生命科学、物理与化学科学、农业、生物和环境科学、工程技术和应用科学等学科的会议文献，包括一般性会议、座谈会、研究会、讨论会等。其中工程技术与应用科学类文献约占 35%，其他涉及的学科基本与 SCI 相同。

④CSCI（《中国科学引文索引》（China Science Citation Index））。由中国科学院文献情报中心于 1995 年创刊发行。该索引收录包括数学、力学、物理、化学、地理、天文、地球科学、生物、医药卫生、农林、工程技术、航空航天、环境科学以及综合学科等。

以上主要为自然科学类索引。

⑤社会科学类索引。

SSCI，即社会科学引文索引（Social Sciences Citation Index）。

CSSCI，中国社会科学引文数据库（Chinese Social Science Citation Index）。

目前国内有 7 大核心期刊（或来源期刊）遴选体系：北京大学图书馆的

"中文核心期刊"、南京大学的"中文社会科学引文索引（CSSCI）来源期刊"、中国科学技术信息研究所的"中国科技论文统计源期刊"（又称"中国科技核心期刊"）、中国社会科学院文献信息中心的"中国人文社会科学核心期刊"、中国科学院文献情报中心的"中国科学引文数据库（CSCD）来源期刊"、中国人文社会科学学报学会的"中国人文社科学报核心期刊"以及万方数据股份有限公司正在建设中的"中国核心期刊遴选数据库"。

⑥CNKI（中国知网）。是中国知识基础设施（China National Knowledge Infrastructure，NKI）的英文缩写，由世界银行于 1998 年提出。CNKI 工程是以实现全社会知识资源传播共享与增值利用为目标的信息化建设项目，由清华大学、清华同方发起，始建于 1999 年 6 月。CNKI 是国内中文学术文献检索的主要平台。

网站地址：http：//www. cnki. com. cn

⑦维普网。建立于 2000 年，其所依赖的《中文科技期刊数据库》，是中国最大的数字期刊数据库。

网站地址：http：//www. cqvip. com

除此之外，像超星之类的电子图书数据库也必须去检索，若没有电子全文时，还要想办法去相关图书馆借阅纸本图书。

（二）阅读技巧

（1）从文献阅读的顺序来说，一般应先推敲题目，阅读文献摘要，判断此文献是否和自己研究选题方向相关；然后再看看参考文献是否大部分是近年的，年代太过久远可选择性阅读，但也不排斥有些经典文献出版年代比较久远一些，但却是必读的文献；最后再看目录或引言，确定是否有必要进一步阅读及阅读的内容和次序。

（2）泛读与精读相结合，合理有效地解决好面与点的关系。

（3）做好读书笔记，对阅读内容要有一定归纳与总结，记录所获启示与领悟，并对其进行有效管理。不要看完文献就将其丢在一边不管，适当温习读书笔记是绝对必要的。

（4）重视对外文文献的阅读，主动锻炼外文文献的检索和阅读能力，开阔国际视野，借此有助于获得国外最前沿的研究动态信息，避免闭门造车，由此提高研究的层次与水平。

对文献进行科学整理与保存也很重要，建议可使用一些专门的文献管理软件辅助进行文献管理，同时也可以助力日后论文的写作。从保护视力的角度考虑，阅读或保存适度数量的纸质文献是必要的。

（三）前沿性理论、方法、技术的尝试

对于前沿性的理论、方法和技术进行尝试，主要是强调其前沿性，其次强调理论联系实际的重要性。充分的实践尝试，有助于对新理论、方法、技术的全面理解，有助于增强研究的自信心，明确研究目标，抓住研究关键点和难点。较全面地掌握备选研究方向前沿性理论、方法、技术的人，才能真正具备相关方向的研究和创新能力。

思想落后、技术陈旧，何以创新？纸上谈兵人人都会，掌握好了目前的方法、技术才有能力去谈创新。目前，大学生大部分都缺乏研究经验，缺乏研究积累，选题过程容易走入很多误区。充分地学习和实践最前沿的理论、方法、技术是避免选题走弯路的必要过程。有些同学在寝室床铺上拍脑袋思索了很久的问题，殊不知可能在专业研究领域早已过时，或是社会当前应用早已跨越了其所思考的问题和范畴。在没有充分的学习和实践当前前沿性的理论、方法、技术前，切不可盲目定论自己选题的价值和意义。

（四）专业教师的讲解与引导

大学生创新训练活动虽是鼓励以学生自身为活动主体，充分调动大学生的主观能动性来开展创新活动。但是在选题及之后的训练活动各阶段，还是要求学生与专业教师进行充分的交流。根据以往的经验，绝大多数未与教师进行充分交流的学生选题往往都存在问题，而充分的前期调研以及与教师的充分交流是提高选题质量最有效最直接的手段。

第三节 | 选题常见典型问题

一、偏题与跑题

首先，资源综合利用大学生创新训练目标非常明确，从"资源""综合利用""创新"这三个方面入手尽力满足项目选题要求。

第二，大学生创新训练活动虽是重过程轻成果，但选题也不应过度违背训练主题。

第三，资源综合利用方面的创新和当前社会生活需求密不可分，可研究

的对象类型丰富多样，社会价值突出，符合国民经济建设、环境保护、资源利用等各方面需求。

典型偏题题目：特朗普为何要让美国退出《巴黎协定》。

正确选题范例：长沙城市化与水资源环境交互耦合作用研究。

二、专业特色不突出

选题应尽量符合自身专业特色和特长，化学、生物、地理等相关专业都有本专业的特长，不管是什么专业，在资源综合利用领域都能筛选推敲出合适的选题。抛弃自身专业特长，而选择非自身专业选题，是不明智的选择。除非能充分保证跨专业选题的科学性和可行性，一般不建议在选题时偏离自身专业方向太远。

但是我们也提倡多学科多专业交叉选题，合理组织研究队伍，发挥不同专业同学的特长，在选题上体现出不同学科间的交叉与融合。此类选题是值得提倡和鼓励的。

三、大题小做

换句话说，同学们选题容易犯"虎头蛇尾"、求大求全而能力不逮的毛病。实际上，创新研究不是"人有多大胆就地有多高产"的事情。由于时间、能力、条件有限，因此选题一定要保证研究的可行性，切不可超出自己的知识和能力限度。

部分同学在选题时盲目设计研究内容及主题，超出了自身的各项基础条件允许的范围，构思出在时间上、技术上都无法企及完成的选题，这种情况一定要避免。同学们要对自身的情况和各项条件都有清醒的认识，对研究的内容特别是重点与难点有一定的把握，对项目的需求和自身的条件有客观的评价，对时间进度安排有细致的预先计划。

对于好高骛远、不切实际夸大的选题应尽早修正。平心而论，大学生创新训练相比各类研究工作，属于个体条件相对较差的情况，本身就不适宜于选择难度过大、内容太广的题目。因此，选题原则上应是越小越准确越好。起步不是要步子迈得大，而是应该把步子迈得稳和准。

另一方面，还应该避免因为题目的表达问题而产生的选题过大情况。有的同学对研究对象认知不清，对概念的定义把握不准，所设计的研究内容可能只是一个较小范畴的东西，结果因为表达准确性方面的问题，经常容易在选题时夸大了研究的范畴，错误地形成了过大的选题。这就要求我们要切实搞清楚自己的研究主体，科学准确地表达其核心内容，明确自身研究的定位和优势，从而准确定题，避免选题过大。

典型不当选题：发光材料的应用研究。

正确选题范例：变价稀土硅酸盐发光材料的绿色合成及其应用研究。

四、缺乏实用价值

（一）研究成果未体现研究价值

每个人的资源或精力有限，应该集中投入到有价值的研究当中去。缺乏现实意义和研究价值的选题，本身就是对于资源的浪费。研究都会取得一定的成果，仅是或多或少的问题。积沙才能成塔，研究成果不在乎多少。多做有价值的研究，形成一定积累后，便会实现从量变达到质变。对于自身选题是否有研究价值，就要靠充分的前期研究进行正确认知和判断。

（二）短期价值重于长远价值

有些研究项目无疑有明显的短期价值，成果拿出来就能用，用起来就有社会价值，这类研究我们当然不能忽视。还有一些研究近期是无法体现其价值的，特别是一些基础研究，其衍生成果可能人类暂时还无法利用，但不能忽视其潜在意义。在校生更多地着眼于当下的社会实践，更多地重视应用层面的、短期性质的研究，而忽视基础理论性的、长远性质的研究。我们认为两者都不应忽视，而科学研究更重视前瞻性。

（三）忽视否定性研究成果

虽然我们强调选题的研究价值，但这并不代表一定要有肯定性的成果才算是有价值的研究。科学、正确地否定了某些理论、方法、技术，也是有价值的研究成果。通过训练实践获得真知才是我们的目的，透彻地认知事物的正面和反面所有特征，都是有价值有意义的。因此，同学们选题有时候也可以适当考虑从逆向思维，从事物的反面与负面出发进行定题，同样可以形成有研究价值的选题。

五、时效性不清晰

不管是文献的阅读还是项目的设计与定题，都应该注意时效性。创新的特点就是前沿性、开创性、时效性。若是参考文献陈旧、选题过时，研究本身的意义就不大了。

而创新性研究更讲究前瞻性，研究视野可以适当扩大，可放宽到未来一定的可预期范围，从而进行选题。我们国家的遥感技术应用研究，大部分都是在对应卫星还没有上天的若干年之前，就已经进行了大量的应用研究。如我国的北斗卫星虽然现在还没有实现全球组网广泛民用，但是并不阻碍我们提前进行其应用研究。当前面对网络化、智能化、云技术、人工智能等技术飞速发展的形势，我们提前选择一些前瞻性问题研究，会更容易实现研究创新的目的。这方面是创新训练选题中一类优势性选题方向。因此，请在选题时保证必要的时效性，可适当地挖掘一定前瞻性选题。

这里仅是列举了部分常见的选题典型问题，不再赘述。综合以上对于选题误区的阐述，我们在创新训练选题过程中，应该选择符合创新训练主题，突出自身专业特长，选择适当的研究难度，准确把握研究内容，讲究研究的现实意义，保证研究的时效性，从而实现科学合理的选题。

六、实施的可行性差

研究的可行性论证是研究工作前期的必要环节。在基本明确研究方法和总体技术路线后，就要充分考虑整个研究是否可行。特别是一些重点、难点、关键性问题，应专项论证其可行性。如从事资源环境类研究时所需的大量数据，是支撑项目可行性的基本条件，若数据都无法获取，那么项目则不具备可行性。缺乏数据支撑的项目选题，基本不具备可行性，则应放弃该选题。

因此，研究的可行性我们又可以分为研究思路实施的可行性、技术方法操作的可行性、调查研究实施的可行性、数据获取的可行性等各方面的可行性。

七、对选题的后期修正重视不够

另外，创新训练选题也不是一成不变、不可修改的。题是死的，人是活的，研究在不断推进，我们的认知也在不断完善。在选题初期难免存在对所涉及问题认识不清，不够全面等问题。尽管通过一定程度的研究后，我们逐步完善了对研究内容的认知，但仍可能存在着到研究后期才能精准把握研究选题实质的情形。因此，这类情况在后期进行项目选题修正是允许的。但不建议研究后期对研究主体内容及定题进行大的修改。如果出现重大修改，实质上等同于另外选题。如若另外选题，就应从项目申请的开题部分重新开始。研究必须有一定恒心与毅力，不能碰到问题就只会拐弯，甚至回头。解决问题才是进行创新研究的重要目的，一味回避问题，其研究质量将大打折扣。

如果研究后期必须要对选题作适当修正，应有足够的说服力，说明选题的修正并不是为了回避原有问题而进行的无奈选择，而应是对研究问题深入探索后获得的更深刻更准确的认知。

第四节 | 选题方向及范例

资源综合利用大学生创新训练项目的选题方向类型多样，如新材料类、新技术类、材料和技术改进类、资源再利用类、资源综合利用类、资源环境保护类、前瞻性选题类、创新性选题类、创新辅助类等。因出发点、角度不同，以上各分类间不可避免的会有一定的重复，不过不影响我们要研讨表达的内容。

以下为 2016 年度湖南师范大学国家级大学生创新创业训练计划项目的名单：

表 2-1　2016 年地方高校国家级大学生创新创业训练计划项目名单（湖南师范大学）

序号	项目名称	所属一级学科
1	变价稀土硅酸盐发光材料的绿色合成及其应用研究	化学
2	新型储能材料——离子液体相变材料的研究	化学
3	WPCB 改性螯合材料的制备及其吸附性能的研究	化学
4	快速加热-制冷微型生化实验装置的研制	化学
5	新型吖啶类化学发光试剂的合成	化学
6	便携式救生器材的研发	化学工程
7	基于 WIFI 的智能家居系统的设计与实现	计算机科学技术
8	生物质燃料的能源工业分析	电子与通信技术
9	面向新型多网融合的射频接收电路设计方法及电路实现	电子与通信技术
10	面向师范教育的机器人通用控制平台	电子与通信技术
11	MAVS 在青鱼天然免疫中的功能机制研究	生物学
12	HOLE 在 ERK 信号通路的作用对肿瘤发生的影响	生物学
13	长沙市中心城区职住关系实证研究——基于大数据方法	地球科学
14	长沙城市化与水资源环境交互耦合作用研究	地球科学
15	自驱动人体行走助力设备的研发	机械工程
16	堆垛式立体车库设计及模型样机研发	机械工程
17	国产电影繁荣助推相关第三产业发展的研究与实践	经济学

以上获得国家级立项项目的选题基本都是有代表性的较优质选题，可为大家进行选题提供一些参考。其中化学化工与地球科学类选题，基本符合资源综合利用的选题方向，尽管有些题目本身未体现出来，但其研究内容、方法、目标等不同程度地反映着资源、综合利用的内涵。

下面我们分别就这些选题方向进行阐述和示范举例。

一、新材料类选题

新材料是最具创新性特色的研究方向，其本身也可以有多方面分支。

（一）新材料的创造

新型材料研究，一直是社会的热点与前沿。这里我们专指创造新型材料，这种材料是过去没有的，其研究前沿性强、难度大，不是一般在校大学生有条件和能力可以实现的，但也并非完全不可能实现。如新型复合材料领域，我们不能直接否认在校大学生的创新研究能力，说不定下一个新型材料就是在某高校大学生的手上诞生出来。

研制新材料，势必要进行大量的实验，此类研究选题有相当的难度和风险性。虽不一定能在短时间内获得成果，但我们更重视研究的过程及其感悟，即便是无数次的失败也会有其研究价值。实践是检验真理的唯一方法，失败都会是成功之母，我们鼓励在校大学生勇于进行这方面尝试和挑战。

（二）新材料的基础性研究

并不是一定要发明创造了新材料才算是新材料类的研究，任何研究的成功都离不开大量基础理论、科学方法方面研究，包括数学、物理、化学等基础理论及方法研究，这些都是支持材料创新的核心技术。因此，为新材料的诞生进行的任何有意义的基础性研究，都是可以归于这个类别的研究。实际上我们大量新材料的诞生，都是首先有了对应的理论研究，其后再通过大量实验，才产生了新材料成果。而理论研究、方法研究、技术研究等基础性研究，才是新材料诞生的关键所在。只是该类研究起点高、难度大，一般不适宜在校大学生进行基础科学研究，建议同学们可侧重于实践性、应用性强的方向进行选题，基础性研究应在与专业教师充分交流后进行决断。

（三）产生新利用价值的材料

我们把过去没有有效利用的物质，创新性地研发出其利用价值的研究，也可以放在新材料研究的范畴。如在新能源领域，过去人们不把油页岩作为有效能源加以利用，但是通过技术改造和创新，美国在这方面一马当先。在新能源领域还有大量已存在的物质材料，我们不能排除其未来进入可利用能源行列的可能性，如反物质等。因此，这个方向也是有很大的研究空间和前景的。

新能源、新食品、新药品、新健康农业能源，以及其他各种类型的新材料，其实都可以把它们放到这个范畴，很多新东西并不一定是从无到有的创造，而是已有事物新用途的开发。此类创新选题比新材料的创造类起点难度要低，可行性更强，可选题范围更广，是大学生创新训练项目较适合的研究选题类型。

（四）新发明创造

新发明创造的选题范围较之新材料的创造要更广，如近年在垃圾分类回收、循环再利用等领域涌现出很多实用性强的发明创造。这些发明创造可以是一个垃圾箱，也可以是一个快递包装。利用新发明创造可以有效解决生产与生活中的一些实际问题，如资源利用过程中的浪费、污染等问题。

社会生产与生活各方各面都存在创造的可能性和需求。新发明创造类选题也是较适合在校大学进行创新训练的选题类型，同学们可充分发挥主观创意思维，结合资源综合利用的需求进行研究选题。

（五）新材料的继续研究与应用

任何材料特别是新材料，我们不可能一开始对它就有全面的认识和了解，同样也不存在完美的应用。新材料一旦发明出来的，并不代表我们就要停止对它的研究，反而我们应该更重视对它的研究。进一步了解新材料的特性、炼制方法、应用方法等，都有广阔的研究需求和前景。很多东西我们研究了一辈子，可能都没有真正理解和了解它的本质。在新材料类研究中，这一类后续性研究和应用型研究是相对而言创新性最小，起点最低，难度最低的。因此，对于在校大学生来说，此类研究从可行性方面考虑是较为适宜的选择。建议化学、物理类专业学生，可在选题过程多考虑此类研究方向。

从学科角度分析，新材料类选题较适宜于化学化工类专业选择，可选择的余地较大，而地学类、资源环境类专业在新发明创造和相关研究的应用方面进行选题较为合适。

二、新技术类选题

新技术有别于技术改进，它要求提出全新的技术方法，颠覆传统的技术方法，创造性地探索全新的技术方法。与资源综合利用相关的技术类型众多，下面我们仅对若干相关新技术进行示例性解析。

（一）节能新技术

节能新技术，市场需求大，商业化程度高，主要体现在对于能源的高效利用方面。一方面是如何提高能源的利用效益，另一方面则是如何降低能源的消耗，这些都是我们关心的问题。能源的概念小于资源的概念，因而所有资源利用的问题都可以成为创新训练的选题。这里仅仅是把资源中的能源单独提出来，强调其高效节约的新技术。此类创新选题有较强的社会实用价值，同学们也不应过于约束于传统能源领域，在新能源领域、农业生物能源等领域都可以有所探索。

（二）环保新技术

环境保护是当下社会普遍重视和关心的问题，新的环保技术不断在被人类挖掘并应用。案例举不胜举，如近期社会关心的化学团聚除尘技术等防治雾霾相关技术，环保的需求已经渗透到了我们生产生活各个方面。我国目前依旧有很多产业和生产生活模式存在各类环境负面影响问题，新环保技术的创新有利于颠覆性地彻底解决一些环保难题。新环保技术社会价值大，社会需求大，涉及面广，大到雾霾的治理，小到垃圾的回收，新技术有普遍的研发需求，值得大家多多关注。

（三）材料的新工艺和新技术

主要体现在材料制作工艺等提高材料质量的新技术，如利用新的提炼技术提高材料的纯度，利用新的组合技术提高材料的强度，利用新的分解技术提高材料的转化率，等等。材料物质类型不变，而是通过材料工艺不断创新，从而实现材料质量及其利用水平的提高。此类选题有一定创新性，对实验与实践的要求较多，适合大学生创新训练需求，是较合适的选题类型。

（四）资源调查新技术

全面、准确、科学的资源调查，是充分了解特定资源状况，正确挖掘资源潜力，合理、科学地规划资源综合利用的重要前提。如以现代测绘技术为代表的卫星遥感技术、无人机技术等资源调查新技术，近年来都在蓬勃发展。任何提高资源调查的效率和精度的新技术，都对未来资源的科学利用提供了最为重要的数据条件及技术支持。目前，相关技术的前沿研究还包括有大数据、数据挖掘等方面的新技术，它们在资源调查方面也有相当大的应用前景，值得大家做深入探讨。

（五）资源分析新技术

资源的合理利用，不是凭空产生的设计与规划，而是通过充分的分析研究后进行的科学统筹设计。分析技术是解析问题的关键技术，只有科学、先进的分析技术，才能让我们找到正确的答案及对策方法，它是指导我们实现资源合理利用的科学方法。所有的资源都离不开对其开展科学分析，如土地资源、水资源、能源、人力资源等，没有科学分析何谈正确认知？何谈科学利用？

新的分析技术，不仅有可能使人类对于特定的事物能够有颠覆性的认知，还能帮助人类实现对事物未来发展进行科学的预测，这些技术都能极大地为资源合理利用的目的而服务。目前，前沿研究技术众多，如小波分析、人工神经网络、元胞自动机、多智能体等，特别是在人工智能相关方面的新技术研究近年来蓬勃发展。这也同时存在两方面可以做的工作，一方面是技术创新，研发新的技术，为资源分析服务；另一方面是把新技术引入目前的资源分析研究中。不管是做哪方面选题，都符合大学生创新训练选题范围，值得大家尝试。

以上只是列举了部分相关新技术类型，新技术本身具备的创新性特点就决定了未来必然还会有更多的新技术种类涌现。而大量的未来新技术都完全有可能被合理地在资源综合利用领域进行应用。

新技术类选题适合各类专业学生进行选题。建议同学们抓住自身的专业特色和技术特长进行选题。

三、材料和技术改进类选题

材料和技术的改进类，是相对于创新类而言的。改进意味着已有基本成型的材料和技术条件，是在已有基础上进行适当的改进而提高材料性能和技术水平的研究工作。科学技术发展永无止境，事物没有绝对的完美，那么对于事物的改进过程也可以是无穷无尽的。改进也是属于创新的一部分，改进程度可大可小，只要是有益的改进就都有价值。相比原始创新类工作，改进类研究工作难度往往要小得多，因此可行性也会更强。改进类的创新研究工作更适合在校大学生参与，而且我们绝大多数的创新研究工作，实质都是以改进为主。汽车不是每天都在被发明，但肯定每天都在被改进。技术和材料改进的社会需求是巨大的，在资源综合利用领域同样也是。改进技术流程，我们就能够提高工作效率；改进勘测方法，我们就能发现更多的矿产资源；

改进仪器设备，我们就可能减少能源消耗。不管是材料还是技术，等待我们改进的地方举不胜举。

改进类的创新非常契合在校大学生的自身条件和创新训练需求，应鼓励大学生多进行这方面的尝试。此类选题也符合各类专业，无论是化学化工类、生科类，还是地学类、资源环境类的学生，都可以尝试此类创新训练选题。

四、资源再利用类选题

（一）何为资源再利用

"资源再利用"侧重于一物多用，要将已利用过的资源超出其原有利用范畴，进一步挖掘其潜力，从而实现其利用价值的提升以及再次利用。如生物能源残渣、废旧物质等，过去我们将其视为只能被填埋的废物，而今通过一定的再生利用技术，很多资源都可以实现其再利用，增加其自身价值，简而言之，就是要变废为宝。

做此类研究，首先可以抓住一些"废"的对象，如秸秆、煤渣、各类生活垃圾等，然后再来研讨如何将它们变成"宝"。再次利用不能只是简单的堆砌式利用，而应该挖掘"废物"特定的实用价值，使其具备更高品质的利用效益，甚至是实现多次循环的再利用。

（二）资源再利用类

资源再利用类选题也十分广泛，特别在当下人类社会生产生活产生了各种大量废弃物的时代背景下，其中有再利用前景的也不少。在校大学生可通过细致的观察相关事物，思考其再利用方式以及可行性。此类选题适用于各类专业学生，资源再利用技术往往是研究的重点，建议有一定相关条件的同学可考虑选择这类选题，而缺乏技术特色的此类选题容易出现应用层次水平过低的问题。所以，对于资源再利用方面的研究内容，也需要相关人员进行充分的前期调查研究，了解社会前沿技术及利用水平状况，再做选题设计。

（三）常见问题

资源回收技术、资源再生技术，也可视作此类选题。很多在校生较关注于资源回收领域，但申报书的内容却反映出学生虽对此领域感兴趣，但大都存在对于社会现状及资源回收市场情况了解不够充分的问题。想得多做得少，调查研究不充分。于是出现坐井观天、夸夸其谈的选题。

五、资源综合利用类选题

这里所谓"资源综合利用"在不同的领域会有不同的解释与理解。一方面，它侧重综合性需求，需要研讨的资源及相关事物不是单一对象，而是要实现多种资源类型的综合合理利用。需要综合出新颖，综合出效益，1 加 1 要能大于 2，甚至是 0 加 0 要等于 2。典型的社会应用如现今推行的生态农业技术，通过人工设计生态工程，协调环境与发展之间、资源利用与保护之间的矛盾，形成生态上与经济上两个良性循环，以及经济、生态、社会三大效益的统一。生态农业有显著的综合性特点，它强调发挥农业生态系统的整体功能。以大农业为出发点，按"整体、协调、循环、再生"的原则，全面规划，调整和优化农业结构，使农、林、牧、副、渔各业和农村一、二、三产业综合发展，并使各业之间互相支持，相得益彰，提高综合生产能力。

另一方面，它侧重表达资源开发利用过程中对于非主体资源、其他共生或伴生资源或废弃物的合理利用问题。如在矿产资源开采过程中对共生、伴生矿等进行综合开发与合理利用，对生产过程中产生的废渣、废水（液）、废气、余热余压等进行回收和合理利用，对社会生产和消费过程中产生的各种废物进行回收和再生利用。资源的再利用本身可以放在资源综合利用范畴之内。因本章前面已将资源再利用单独作为一类选题类型讨论，这里我们就只针对"综合性"资源利用类型进行讨论。

多种资源及环境的综合与交叉，造就了巨大的价值提升空间，研究前景广阔，社会需求巨大。同学们应打破旧有观念，可尝试在跨专业跨方向的资源方面寻找综合利用价值提升的新方法、新技术和新领域。

此类选题也适用于各类专业的同学，建议选题注重"综合性"特点，充分挖掘、利用潜力，不要只单从经济效益出发，还可从生态环境等各方面综合效益出发，从而进行创新训练选题。

六、环境保护类选题

一切以环境保护为目的和服务的选题，都可算是此类选题。千万不可错误认为，创新训练以资源利用为题，就与环境保护无关。开发利用与保护虽存在客观的两面性、矛盾性。但我们在研讨过程中是绝对不能孤立地只谈其中某一方面，而割舍另一方面。也就是说，我们不能只谈开发利用，不谈保护，也不能只谈保护，不谈开发利用。两者相互制约，相辅相成，这就需要我们进行综合考量，科学处理两者关系。

因此，我们在选题时，既可以考虑在某方面资源利用时的环境保护问题，也可以是研讨在切实的环境保护需求下，如何更合理实现资源利用的问题。出发点虽不同，但目的一致，都是为了实现资源利用与生态环境保护的协调发展。

此类选题既适合环境类专业学生选择，也适用于生物、化学、地理等相关专业。选题和研究过程中应注意开发利用和环境保护之间的协调发展问题，切不可孤立地只研究其中某一方面。环境保护类选题既可以是某类微观事物所涉及的环境保护问题，如电池、废液等；也可以是宏观一些的问题，如水环境、大气环境等。相对而言，建议同学们选择较微观一些的选题，可尽量考虑难度相对较小，可行性更强的选题。

七、前瞻类选题

前瞻类选题的特点是研究背景超越当前的科技条件，以未来可预见的、比当前更先进的科技环境及条件为前提，进行有提前性质的研究。现今社会暂时还没有达到的技术基础条件，并不代表我们就不能提前对其进行研究。如我国的辽宁舰航母还没有正式服役，我们就提前多年进行了舰载机航母起降的多方面研究和训练；人工智能机器人虽暂时还没有全面进入人类生活，但我们必须提前做好各项应对的措施。这些都是具有前瞻性的研究，很多前瞻性的研究都具有明显实用意义，是十分必要的。前瞻性的研究往往具备突出的创新性研究价值，近期社会收益不明显，但未来长远意义重大。在资源综合利用领域，我们又可以分解为前瞻性资源、前瞻性技术应用两个研究方向。

（一）前瞻性资源

以有一定前瞻性的资源为前提进行的研究，如深海资源、月球火星等外星外太空资源。很多资源当前已经客观存在，人类只是暂时无法实现对其利用，并不代表人类未来不会实现对其的应用。因此，提前对相关资源及其利用进行研究，同样有一定的研究价值。

再如可燃冰资源，过去人类开采和利用难度大，成本高，但目前正逐步走向可开采可利用，并逐步降低成本的阶段。而我们对于可燃冰的研究，是在还未完全确定各项可行性之前，便以前瞻的态度开始展开各方面研究和探索工作了。

再如月球资源，是指月球上可被人类利用的天然物质。经科学考证，月球上可供人类开发利用的主要资源有：

（1）月球土壤。不需加工，可直接用作防护材料。

（2）月球土壤中的各种元素。如月球土壤含氧元素 40%，从中可提取用作火箭推进剂的氧，也可补给轨道上的飞船或合成水供人使用。含硅量为 30%，可用于太阳能电池。此外，月球土壤中还蕴藏着 20% ~ 30% 的铁、锰、钴、钛、铬、镍、铝、镁，以及 5% 的氢等 100 多种矿物资源。

（3）月球天然玻璃。经物理处理后可制成高强度的结构用复合材料。目前美国等国家正在进行月球资源的利用实验。美国航天委员会提出的"开拓天疆"的报告中指出，利用月球资源应从月球玻璃、金属铁这类不需化学分离的物质开始。

（二）前瞻性技术应用

技术在不断更新与发展，很多技术是可预见的，如计算机技术、网络信息技术、模式识别技术、人工智能技术等。有些问题，现在的计算机可能暂时还处理不了或处理效率低，但是我们可预期在一定时间内随着计算机技术的进一步提高，未来计算机就完全可能具备相关技术条件，就能够快速地处理那些目前暂时处理不了的问题。技术就是先进的工具和武器，我们在不断改进它们，我们在很多方面对这些工具和武器早就有了应用的需求，只是碍于这些工具还未完成，我们暂时无法对其应用。但这并不妨碍我们提前研究未来如何应用好这些技术，因而提前开展应用研究有很强的必要性。在未来这些新的技术成熟时，研究的原有主要难点与矛盾就会转移，即前瞻性研究有利于提前将研究重点转移到未来的难点与矛盾问题。同时，提前的应用研究，也有利于技术研究本身的优化。因此，前瞻性的技术应用研究是有多重价值和意义的。如量子计算机、量子通信技术的应用，当前电子计算机解决不了的一些问题，未来量子计算机就能解决；当前各种通信技术不能解决的一些问题，比如通信安全问题，未来量子通信技术就能更好地解决。

不管是前瞻性的资源研究还是技术应用研究，都是创新训练合适的选题范畴，这类研究都有突出的创新性特色，并且不受目前条件太多制约，参与者可以大胆假设，小心求证。前瞻性选题也适用于各个不同专业领域的大学生进行选题尝试，在选题过程中应避免太过长远性或不切实际的假想，最好是选择五至十年以内的前瞻性研究。

八、创新类选题

创新类选题强调的是打破传统观念，突破固有限制，创新地提出与以往常规选题有显著区别的新型选题。创新性选题因此又具备了较强的不确定性特点，很多创新性选题是我们无法预见的。这里我们提倡大胆革新，反对教条主义和模式化，专家、教师和其他前人的经验需要借鉴，但不能盲目认同和服从。专家、教师一样会犯错误，要勇于指正错误，突破限制，积极创新。

比如共享单车的成功案例，如果是在多年前作为一个学生提出这样的设想，并与教师交流时，教师可能会以社会环境不适宜、缺乏政策支持、条件不成熟、没有可行性等理由否定这样的学生创意。而2016年多个共享单车项目的多轮融资和成功运营，充分证明了在校大学生在创新创业方面的潜力，也证明了好的创新创意是完全可以打破传统、常规经验的。好的创意就有可能说服教师，有可能击败专家，有可能打破传统，就有可能遇到伯乐，甚至有可能开创出新的研究领域。

在我们看来大学生参与创新训练项目，实践创新思维、发扬创新精神是首要的任务。因此，有创新性特色的选题是最值得鼓励和推崇的。资源综合利用领域一样可以有大量突破创新，想人之不敢想，做人之不敢做。敢为人先是时代赋予年轻一代创新型人才的使命与要求。同样，指导教师也应该自我反省，因为专业指导既可以是对学生的科学引导，也可能是对学生思想的束缚。在创新训练选题过程中，师生都可以有自己的想法与表达，不应该形成相互间的束缚，更应该实现相互间思维的解绑与互相理解。不要轻易否定任何事物的可行性，实践才是验证它的最好方法。

对于这里论及的创新类选题，不便过多列举。创新的、颠覆性的研究内容本身就可能是前人没有总结归纳过的新东西。重视创新，敢于突破，我们甚至可以打破专业的局限性进行选题。

九、创新辅助类选题

这一类型的选题，定位是技术条件相对较弱的团队选用。个人或团队如果暂时无法实现技术层面的创新研究，就不必强行选择创新性强、难度大的创新项目。可以选择一些辅助型的研究选题，如基础数据调查工作、宣传推广工作等。只要是对创新工作有益的任何选题，都应该给予适当支持。

(一) 数据调查处理

数据是一切研究工作的重要基础，往往占据整个研究工作的绝大部分工作量，同样也是创新性研究不可或缺的部分。在团队创新实力有限的情况下，专注于数据的调查收集以及处理，为创新工作服务，同样具有一定的意义。我们也应该鼓励此类科研基础类工作，不是每个人都有机会成为伟大的科学家，但是每个成功的科学家背后，必定会有一个理想的支持团队，有专门致力于数据搜集、处理、分析研究的人员。没有良好的数据支撑，何谈科学的创新。

创新训练项目中此类选题还应该把握住服务于创新工作的目的，如果选题研究成果都是对创新工作没有多大意义，那就远离了创新训练的定题需求，也就是偏题了。所以说同样是做数据方面工作，扣住了创新需求就可以算是有效选题，没扣住创新需求就是偏题。

(二) 宣传推广类工作

宣传推广等工作我们同样也不能忽视其现实意义，如垃圾分类与回收等问题，技术问题可能退居到了次要矛盾，反而市民群众的意识问题才是垃圾分类与回收的主要矛盾所在。而要解决这些问题，宣传推广工作是不可忽视的重要手段。因此，宣传推广工作对创新及其应用推广一样有其不可磨灭的作用，可适当选择此类选题。

相比其他所有选题类型，辅助类选题难度较小，起点最低，也没有太多的专业限制，符合各类专业大学生的能力范围。毕竟所有辅助类选题解决的不是研究工作的核心问题，同时也缺乏创新性特色，因此不建议过多的在此方向进行选题，其他类型选题研究方向所含的辅助性内容也不宜过多。

通过本章以上内容的介绍，我们了解了资源综合利用创新训练项目的选题基本原则、具体方法、应避免的一些误区和若干选题方向的范例。对于项目选题，最好是从开始阶段就有准确的、合理的、固定的定题，但也不排除在立项开题报告阶段通过与专家、教师们的交流，对项目选题进行相应修改。甚至可能在项目开展过程的中后期，出现对选题的修改需求。

一般情况下，不应该对原有选题进行颠覆性修改，否则应重新进行项目申请并开题。因而只允许在合理范围之内修改选题，如原有选题表述还不够精准，通过项目活动开展到一定程度后，对研究对象内容及核心有了更清晰更准确的认知，而发现其与原有定题在表述上有一定的区别，这种程度的选题修正是合理的，也是允许的。

创新训练项目选题步骤，应该是首先完成初步方向性选题，然后通过师生交流、前期调研等过程，进一步明确定题，并书写立项申请书，准备开题报告。通过正式立项后，再有序开展项目研究工作。项目申请书的填写，和项目选题一样是不容忽视的内容。本书后面的章节将给大家详细讲解有关如何填报项目申请书等方面的内容。

第五节 | 专业教师的讲解与引导

创新训练活动离不开专业教师的讲解与引导。本章专门阐述该方面的内容，突出其重要性。

我们发现，以往学生参与创新训练活动，经常会出现忽视与教师交流的情况。强调与专业教师的交流，并不一定意味着选题需完全依靠或遵循教师的要求及建议去做。在选题阶段，因为不但要学会选什么题，还要知道为什么如此选题，同时还需了解选题的研究价值、可行性及主要技术方法等各方面内容。专业教师毫无疑问在专业知识与理论及经验方面，能给学生提供较大的帮助。

一、教师的指导与选题

（一）建议多参考教师的指导意见

教师的选题专业性强、准确性强、效率高，可避免学生自主选题极易出现的各种不合理情况。但仅由教师选题，扼杀了学生的主观能动性，限制了学生自主创新的源泉与动力，并非选题过程的最优选方案。对于选题毫无头绪的学生，可先听取教师对于研究方向、方法等方面的建议，然后再尝试自行选题。

（二）不能完全依赖教师

学生也不能只做执行者，不做思考者。不应当从选题到填报申请书，再到具体研究的所有方面都完全依赖教师，学生自己毕竟是创新训练活动的主体，而不是教师为主体的科研项目，过于依赖教师则失去了学生创新训练活动本身的意义。

二、学生自主定题

（一）不建议学生完全自主定题

学生完全自主选题，因缺乏经验，专业水平有限，容易出现各类偏差。相较于研究生来说，本科生在这方面有很大的差距，能独立完成课题的本科生凤毛麟角，尤其是初次尝试参与研究性创新性工作的学生，选题质量难以有效保障。因此，不建议学生完全独立自主选题。

（二）鼓励学生独立创新

不建议自主选题并不代表要完全否定学生自主选题，反而应鼓励在选题初期学生发挥自身的能动性和独立创新能力。换而言之，一个新概念的产生，也许教师也会因为自身局限性出现错误的判断，最优秀的学生及其研究选题往往能够体现在某方面特殊的素质。敢于打破常规，颠覆传统，挑战教师，不管最终结果如何，这类学生的长远发展都是值得期待的。

同时，学生独立定题，也不代表就要杜绝和教师交流，教师或多或少能对学生的创新研究提供有益的帮助，学生不应排斥。

三、师生交流定题

合理的选题方式，应是师生间频繁进行交流，教师多做方向性指导和建议，学生多思考，发挥主观能动性，再进行合理选题。从初步选题，到明确选题以及研究的主要内容，再到书写开题报告等环节，学生都应该多与指导教师进行沟通与交流。这个过程将是整个研究过程中最重要的环节。往往缺乏这个过程的学生选题，选题质量难以保证，研究成果差强人意。凡是师生间就选题及开题报告有过多次反复充分交流的选题，选题质量必然明显提高。绝大部分已立项学生创新研究训练项目，在选题阶段学生与指导教师之间都有非常良好的互动与沟通。教师认真讲解与引导，学生虚心学习与研究，是迈向成功的坚实基石。

四、师生交流的内容

师生交流内容应就选题的背景、意义、前沿、关键技术、重点与难点、可行性、预期成果等方面都有充分的交流，而不能仅限于选题本身而已。通过师生间的交流，对大学生科学合理地完成项目申请书的填报，有较全面完整的指导意义。

在师生交流过程中，学生应重视对自身选题的提前学习和了解，多查阅相关文献，掌握国内外研究背景及现状，多走出宿舍，尽量尝试去一线调研社会具体现状，不能总是"一张白纸"去找教师。

在选题交流过程中，教师应高度重视，保持足够的耐心，多鼓励少批评学生，以引导为主，系统性地、循序渐进地指导学生完成选题，正确填报项目申请书。一份高质量的项目申请书，师生交流后修改十次以上都不为多。此阶段学生学习的不单单是选题本身的知识内容，更重要的是要学会如何做研究，包括科学选题、如何查阅文献资料、如何写申请书等材料、如何自我学习、如何开展研究活动、如何总结成果、如何写学术论文等。一个理想的选题阶段的师生交流过程，学生将要学习到很多方面的内容，会有很大收获。

本章概要

本章以如何选题为题，主要讨论了创新训练项目选题的基本原则、选题的具体方法、选题的一些误区和选题方向的范例，还重点谈到了专业教师的讲解与引导问题。专门一章讲选题，凸显了选题在整个创新研究过程的重要性，正如我们常说的那样，"好的开端就是成功的一半"。

总而言之，选题过程切忌盲目仓促，应多观察、思考和发现问题，进行充分的前期研究，多学习和实践前沿的理论方法技术，多阅读相关文献，师生间充分进行交流和讨论，从而合理选题。

推荐阅读

1. 梁森山. 中国创客教育蓝皮书［M］. 北京：人民邮电出版社，2016.

［本书解答了什么是创客教育、创客教育从哪里来，创客教育怎么做三个问题，是一本创客教育教学活动的实践指南，为读者提供了丰富的创客教育观点、创客教育课程与活动项目、校园创客空间案例以及相关资源。相信这些信息能为全国各地关注和参与创客教育的教育管理部门、一线教育工作者提供有益的参考与帮助，对大学生本身无疑也是很有裨益的，其中不乏难能可贵的启示和引导。］

2. TED：Ideas worth spreading（https：//www. ted. com/）

［TED，是 technology、entertainment、design 的缩写，即技术、娱乐、设计的含义。它是美国的一家私有非营利机构组织的 TED 大会的简称。这个会

议的宗旨是"值得传播的创意"。但凡有机会来到 TED 大会现场作演讲的人，均有非同寻常的经历，他们要么是某一领域的佼佼者，要么是某一新兴领域的开创人，要么是做出了某些足以给社会带来改观的创举。国内外的各大视频网站都能收看到 TED 的演讲视频。它对选题有极大的启迪作用。]

3. 李孟楼. 科学研究方法 [M] . 北京：中国农业出版社，2009.

[本书对科学研究的全过程进行了论述，系统地介绍了科学研究的理论、方法与技术，吸纳和反映了当前科学研究方法论的最新成果。其中很多地方涉及了科学选题问题。]

温馨提示

在很大程度上说，确立一个高质量的选题，就等于成功了一半，而高质量的选题，往往出自广阔的视野和深刻的洞察力。国际视野和高水平期刊与书籍，是其绝对的捷径。因此，不断提高外语学习和应用水平就显得非常关键了。

在此给大家提三点建议：

第一，无论现有外语水平如何，要坚持经常阅读本专业高水平国际学术期刊，努力做到锲而不舍。久而久之，你会发现自己的外语水平已提升到相当高的水准。

第二，要在词汇、语法和习惯表达方面细心揣摩，条分缕析，循序渐进。一个词汇，可以按照字典的释义，不断改变其含义、词性，以契合其文中实际意义；一个句子，要按照语法规则深入分析，切实弄清各成分的语法作用，否则无法理解疑难句子；一个句子，一段文字之所以看不懂，很多时候是因为不了解习惯表达形式，专业文献在这方面更为突出，切不可像学数理化那样去推导其实际含义，因为语言是一种习惯而不是公式。

第三，要习惯于阅读和理解出于修辞和句子结构均衡的需要，将主语的一部分后置的情况，如形容词性、状语性短语后置于表语或宾语之后的情况。好多疑难句子难理解，都是因为这一点没把握住而造成的。

第三章

如何填报项目申报书

项目申报书中需要清晰阐明申报项目的研究背景、研究意义、研究现状、研究目标、研究内容、技术路线/研究思路、研究方法、研究方案、关键技术、创新之处、工作基础、可行性分析、预期成果和经费预算等内容，是项目申请中非常重要的核心环节。一份优秀的申报书能够体现申请者严密的科学逻辑、清晰的研究思路、独特的创新思维、扎实的文笔功底，让人耳目一新。

项目申请者需要根据自己的专业和兴趣，善于寻找与发现生产生活中的实际问题，以解决问题为导向，查阅相关参考文献，确定解决问题的症结所在，根据问题的症结，设计项目研究目标、内容、思路、方法与技术，突出项目的创新和与众不同，了解进行科学研究的过程，储备专业知识，组建研究团队，通力合作，共同完成项目的申请和研究。

以项目申请为方式，以申报书为载体，旨在培养大学生的创新、创造性思维，培养大学生的科学思维与能力，为未来储备具有创新潜力的优秀科技人才。

第一节 | 项目申报书的构成和基本要求

一、申报书的构成

项目申报书是项目申请的关键部分，涵盖项目的所有信息。一般而言，项目申报书由项目基本信息、项目内容信息、相关推荐意见三项构成（详见书末附录1：项目申报书模板）。

第一项是项目基本信息，一般体现在项目申报书的封面和首页。封面，包括项目名称、项目负责人信息（姓名、学院、专业年级）、指导教师信息（姓名、职称）、项目年限、项目经费。首页即项目基本信息，包括项目名称、所属学科、经费金额、起止时间、项目团队人员信息（姓名、专业、年级、学号）、项目负责人信息（姓名、学院、专业年级、联系方式、电子邮箱）、指导教师信息（姓名、学院、职称、联系方式、电子邮箱、研究方向）等，往往以表格形式出现。

第二项是项目内容信息，这部分是项目申报书中最重要和最核心的部分，也是项目申请的关键评审部分，直接关系到项目能否申报成功。它一般包括项目立项依据（项目研究背景和国内外研究现状）、项目研究目的、研究内容、技术路线、研究方法、研究方案、解决的关键技术/问题、项目的特色和创新之处、前期基础、可行性分析、计划安排、预期成果和经费预算。具体如何填写详见本章第二节。

第三项是针对项目的相关推荐意见，主要为指导教师意见、学院推荐意见和学校推荐意见，不需要申报者填写。指导教师意见是指导教师根据申报书中项目内容信息部分，就项目的研究内容、研究意义、技术思路、创新点及可行性、研究基础等方面填写具体意见，突出项目创新性。学院和学校推荐意见是根据相应的专家评审结果填写，确定是否同意推荐该项目。在项目申报书构成中第二项（项目内容信息）是最重要最关键的，也是评审专家最关注的，因此项目申报者应把重点放在第二部分。

二、申报要求

仔细阅读《资源综合利用大学生创新项目申报指南》，明确资源综合利用大学生创新项目的要求。项目申报要满足项目选题、项目申报对象、项目申报者专业基础、项目人员数量、项目申报年限、项目实施条件、项目多学科融合、项目创新性、项目实际应用等方面基本要求。

（1）项目申报要以探索或解决资源综合利用中的实际问题为出发点，围绕日常生活、教学科研、工农业生产、城市建设、生态环境整治等方面发现和存在问题展开，选题应新颖、思路清晰，目标明确，具有创新性和应用性。

（2）项目申报者学有余力，有较强的创新思维和独立思考能力，具有资源环境等方面扎实的专业基础，对科学研究和创造发明有浓厚的兴趣。

（3）项目负责人具有较强的组织能力和良好的团结协作精神，具有资源调查与实验操作的能力，项目组成员一般不超过5人。

（4）申报对象为湖南师范大学普通高等教育全日制在校本科生，鼓励跨专业、跨院系合作与协作。

（5）具备实施项目的实验室、实验仪器设备和专业指导教师等基本条件。

（6）项目执行时限一般为1~2年，执行时限必须确定在毕业前截止。

（7）学生根据自己的兴趣爱好，结合资源利用的多学科研究前沿和社会发展需求，自主确立研究项目。鼓励跨学科申报，实现多学科融合，培养学生创新能力。

（8）项目有助于解决资源综合利用中的实际问题，有助于促进大学生自主创业的实现。

上述项目申报的基本要求是项目申报的基本资格，这些信息会体现在申报书的封面与首页的信息表格中，按照相关信息填写，具体见本章附录申报书模板。

在本部分的填写中，项目名称的含义和目标要十分明确，以期能够获知项目的研究内容和创新点，明确获知项目的学术价值或应用价值和需要解决的问题，这样才符合项目申报的选题新颖、创新应用的要求。起止时间一般为1年或2年，截止时间一定在项目负责人毕业之前。申请经费要根据各类大学生创新项目的申报指南来确定金额，不要超过最大金额，一般大学生创新项目分为四个级别：国家级、省级、校级和学院级，经费是依次递减，国家级金额1万~2万，省级0.6万~1.2万，校级0.5万，学院级0.2万~0.5万，这样才能符合经费合理的要求。项目负责人和团队人员的专业最好与项目研究相关，指导教师的研究方向与项目研究联系紧密，这样才符合专业基础要求，更有助于项目的完成。

第二节 | 分栏目按要求填写项目申报书

一、项目申报书的填报内容

国家自然科学基金是全国最有影响力、最权威的自然科学研究申报的项目，是进行科学研究的典范，特别注重创新性，而大学生创新项目申报书实际上可以说是国家自然科学基金申报书的微小缩影。参考国家自然科学基金申报书样本，资源综合利用大学生创新项目申报书包括研究背景与意义、国内外动态、研究目标与内容、技术路线与研究方法、创新点与关键技术、已有工作基础、进度安排、预期成果和经费预算等九个部分，其中研究目标与内容、技术路线与研究方法、创新点与关键技术是项目的核心。

（一）研究背景及意义

研究背景即提出问题，阐述研究该项目的原因，一般包括理论背景和现实需要。在研究背景中主要阐述项目选题的原因，项目的相关研究目前存在的问题，本项目计划研究的工作与解决的问题。研究意义是研究项目的价值所在，一般包括理论意义、现实意义。根据项目选题，从理论或实践两个方面阐述清楚该项目的研究意义，一方面为理论意义，项目的成果在该学科的理论具有哪些价值，可能取得哪些成果，丰富发展哪些理论，能够提供哪些科学依据；另一方面为现实意义，项目的成果能够解决哪些实际问题，能够在哪些方面得以应用，或提供哪些技术和方法。下面实例是根据本人的科学研究，获得国家自然科学青年基金的资助项目。

实例 3－1

"胀缩土壤水分运动过程与机理研究"项目的研究背景及意义

①中国是世界上膨胀土分布最广的国家之一，主要遍布在西南、中南、华北和东北各大区，在南方分布更为广泛。②膨胀土具有超固结性、胀缩性和裂隙性，是一种典型的非饱和土，吸水膨胀，失水收缩，使得地基变形、建筑物不均匀沉降，特别是在降雨入渗情况下土体饱和度提高，边坡非饱和区基质吸力降低，土体抗剪强度下降，导致滑坡、边坡失稳等地质灾害的发

生，无疑会对工程建筑、公路建设、地下工程等造成极大的危害，已成为岩土工程的"癌症"。③对于黏粒含量高的土壤，无论是扰动土还是原状土在干湿交替过程中其含水量和土壤容积都在发生变化，湿润时膨胀，干燥时收缩，导致土壤孔隙改变，严重影响土壤水分动力学参数的准确性和模拟模型的可靠性。④目前由于膨胀土的特殊性和降雨入渗问题的复杂性都忽视这种变化，这必然会严重影响降雨入渗水分变化，造成土体变形，也难以准确预测地质灾害的发生，与实际情况也产生较大的差别。

⑤胀缩土壤水分运动过程与机理研究针对土壤物理和农田水利领域中长期被人们忽视的土壤容积胀缩变化和非饱和土降雨入渗渗流问题的难点和热点问题，通过人工降雨试验研究水文循环过程中土壤容积随含水量的变化而发生的胀缩变化；以已建的变容重土壤水分运动方程和实验数据为基础，在土壤水分运动过程中考虑土壤容积的变化，获得胀缩土壤的水分入渗、蒸发性能，建立胀缩土壤的水分运动方程，预报胀缩土壤的水分运动过程，从而进一步从理论基础和胀缩变形因素方面来揭示土壤胀缩的机理。⑥本研究能解决胀缩土壤系统中的长期存在的容重变化这一关键性问题，有助于提高土壤水分利用率和合理调控土壤中的物质循环，进一步丰富和完善土壤水分运动理论体系，理论上将揭示胀缩土的动力水文过程和土壤胀缩变形的发生机理，实践上指导滑坡、边坡失稳的预测预控，在学科上拓展土壤物理学的研究内容可能形成新的学科交叉与生长点。

实例3-1分为两段，简要阐明项目申请的研究背景及研究意义。第①~④句为研究背景，提出项目研究存在的问题。第①句说明膨胀土广泛分布，具有普遍性，第②句说明胀缩土的变化特征，特别是降雨入渗下产生的工程问题，第③句说明黏土在胀缩时产生的改变和影响，第④句说明第②~③句的问题造成的影响及其与实际情况的差别。第⑤~⑥句为项目的研究意义，其中第⑤句说明项目针对的难点或热点问题以及项目的研究工作，第⑥句首先说明解决胀缩土壤中容重变化的关键问题，从理论发展、实践应用和学科发展阐述所产生的意义。

点评

该项目的研究背景意义相对简单明确，精简概括，一目了然，突出问题和对未来研究的影响。用四句话从普遍性、存在问题、造成的影响和实际差别说明项目的背景与问题，用两句话阐明研究难点和产生的理论、实践意义。

对于大学生创新训练项目而言，选题小而新，更多关注于实际应用性，因此研究背景可以直接指出现实中存在的问题，研究意义要侧重于实际应用价值和社会现实意义。对于哲学社科类项目，往往项目选题针对现实问题提出，更多具有实际的现实意义。例如哲学社科类的大学生创新性实验项目"老龄化背景下长沙市社区适老性研究"为养老社区的基础设施、周围环境等配套建设提供参考，对城市尊老的思想风气有良好引导作用。

对于自然科学类项目，自然地理和环境科学类往往能够为相关研究提供一定的理论意义，化工、环境工程类（化学材料、生产工艺、污染治理）项目更多侧重于实践应用及其推广，更多侧重于实际意义。例如自然地理类的国家级大学生创新性实验项目"长沙城市化与水资源环境交互耦合作用研究"阐明水资源环境与城市化互动耦合的内涵，揭示长沙城市化与水资源环境耦合度的时序变化规律及互动耦合机制，建立水资源环境保护与长沙城市化协调发展的保障措施体系，为长沙在城市化发展过程中调整城市功能、合理配置水资源、保护水环境等方面提供理论依据和实际管理应用。例如化工类的大学生创新项目"基于豆渣制备木材胶黏剂的研究"和"废旧 PS 包装膜和牙刷的再生和改性"都是针对化工胶黏剂和 TPEE 等添加剂的改进，在材料改进和工艺推广具有应用实践价值。

（二）国内外研究动态

1. 概述

国内外动态是国内外研究现状，即目前与申请项目有关研究的状况、进展。了解国内外研究现状，主要是为了让学生了解相关领域理论研究前沿，从而开拓思路，在他人成果的基础上展开更加深入的研究，避免不必要的重复劳动。一般而言，撰写国内外研究现状需要阅读相关研究的代表性的主要文献，综合数十篇或数百篇原始文献的信息并进行升华。通过阅读与项目相关的国内外前沿文献，全面系统地了解和掌握本项目的研究现状、发展趋势和待解决的问题。通过阅读文献在较短时间掌握某一研究的新发现、新原理和新技术等，能够积累资料，总结别人的经验与教训，最大限度利用前人成果，有利于进行项目选题、合理设计研究内容和技术方案。

在撰写国内外动态之前，首先要先收集和查阅与申请项目选题有关的学术论文（期刊论文和学位论文）和学术专著，并将其中的主要观点归类整理，并从中选择最具有代表性的论文。在撰写时，对这些主要观点进行概要阐述，阐明哪些作者在哪些年份在哪些区域运用哪些方法研究哪些问题，得出了哪些结论，对我们有何意义与启示。

更重要的是，根据国内外研究现状来评述研究的不足之处，即还有哪方面没有涉及，是否有研究空白，或者研究不深入，还有哪些理论问题没有解决，或者在研究方法上还有什么缺陷，需要进一步研究。

2. 主要步骤

撰写国内外研究现状的步骤为：

第一步：检索文献资料。通过湖南师范大学图书馆的湖南省高校资源或国家知识基础设施（China National Knowledge Infrastructure，CNKI）即《中国知识资源总库》系列数据库、维普中文科技期刊全文数据库和万方数据库等，输入项目的关键词在期刊、学位论文等进行中文和外文相关文献搜索，通过阅读搜索到相关文献的摘要，确定该文献是否与申报项目相关，下载相关文献。

第二步：整理和总结文献。对于检索到的文献，首先按照文献研究内容进行分类，根据期刊级别（一级学报类级别最高，文献质量和价值较高）和与申报项目的紧密关系，从中挑选出具有代表性、科学性和可靠性的文献进行阅读。与项目选题联系密切、最新的、影响因子较高的期刊论文进行精读，相对次要的论文细读理解即可，参考价值低、质量一般的粗读，大致了解，根据阅读的参考文献进行整理总结。

第三步：撰写国内外动态。先根据文献中的研究问题内容进行分类整理，确定研究现状的综述内容，一般采用纵向、横向和纵横结合式的三类撰写方法。

纵向写法是主要围绕某一专题，按照事物发展的先后顺序或专题本身发展层次，对历史演变、目前状况和发展趋势做纵向描述，强调时间的进展性和专题的动态发展，重点描述已经解决哪些问题、取得哪些成果，存在哪些问题，今后发展趋势如何等，但并不是孤立地按照时间罗列事实，而是把内容的发展层次交代清楚，它能够很好地按照时间走势展示项目的发展动向。

横向写法的时间跨度较短，对某一项目在国际和国内各方面的状况做一总结描述，通过横向对比，既可以分辨出各种观点、见解、方法和成果的利弊，也可以看出国际、国内的水平差距。

综合式写法是可以同时采用纵式和横式写法，写历史发展时用纵向写法，目前情况时用横向写法，能够广泛综合文献资料，系统认识项目的发展方向。

无论是哪一种写法，都阐明有哪些论文或专著、哪位作者、有什么观点。同时对文献中的优点与不足进行评述，这是国内外研究现状中最核心的部分，反映申请者查阅多少文献资料，是否掌握相关研究进展和前沿，能否确切清楚相关研究的不足。

第四步：文献综合总结与评述。在阐述和评述主要文献的观点之后，一定要进行一个文献综述总结。简要总结出这些文献的优点，指出存在的问题，特别是指出该申报项目研究与以往文献有何新意，有何不同与进步。

第五步：列出撰写国内外研究动态所参考的相关文献。文献顺序一般而言按照撰写时引用的参考文献先后顺序排列，格式按照作者 – 论文名称 – 期刊名称 – 发表年份 – 卷期 – 页码的规范撰写。而大学生创新项目只需列出参考的主要文献，一般为 20～30 篇左右即可。

3. 需要注意的地方

（1）注意不要把研究现状写成事物本身发展现状，特别是不能简单地按照论文的时间顺序阐述每一篇论文文献的观点，像记流水账一样，这在撰写国内外现状中最忌讳。一般而言要根据查阅论文文献的观点和内容分门别类进行阐述。

（2）要反映最新研究成果，这就需要收集到至少近 3 年内的相关研究的最新文献。

（3）字数要适当，如果简单写一小段，说明申请者没有查阅多少文献资料，不能掌握与项目有关的研究进展；如果写得过长，虽然反映申请者查阅大量文献资料和掌握研究进展，但往往会存在对所有的文献观点进行阐述，很难挑选出主要的代表性的论文观点，易犯平铺直叙、重复繁琐和重点不突出的毛病，一般建议 3000～8000 字比较适宜。

实例 3 - 2

"胀缩土壤水分运动过程与机理研究" 项目的国内外研究动态

①在降雨、入渗、径流、水分再分布与蒸发条件下，土壤经历了由干到湿、再由湿到干的交替过程，土壤含水量和容重都在发生变化。土壤湿润时可接近饱和含水量，土壤发生较大的膨胀，封闭孔隙；土壤干燥时，其表面收缩产生裂缝，改变了土壤的容积，严重影响土壤水分的运动过程。特别是黏粒含量高的土壤和降雨入渗条件，土壤的胀缩变形明显，边坡失稳等地质灾害频发。国内外学者从土壤胀缩的力学特性到土壤收缩特征模型，从室内实验、野外测量到工程应用逐步开展土壤胀缩变形和边坡稳定性的研究。

②国外学者（Davidson，1956；Fox，1963；Parker and Kaster，1977；McGarry and Malafant，1987；Kozak，1992）从60年代以来就从土壤的力学、物理、化学性质如膨胀指标、弹性指标、黏粒含量、活性指标、初始与最后含水量、缩限、收缩速率、液限、线性收缩、塑限、吸湿水含量等来预测土壤的容积变化和胀缩性级别的判断，寻求评价膨胀土胀缩性能的最佳指标验。在工程实践中，膨胀土表现出胀缩性、崩解性、多裂隙性、超固结性以及强度衰减性的工程特点，导致建筑物基础升降、建筑物及地面开裂变形甚至破坏的现象，这引起我国学者对膨胀土的胀缩变形的关注。我国学者（林玉山、凌泽民，1998；谭罗荣，1997；王月清，1993；张惠英、胡卸文，1992；张惠英、田金花，1990；曾秋鸾，2000，苏健，2007）研究了膨胀土胀缩变形的影响因素：土体本身性质、含水量的变化和荷载。土体本身性质包括黏土矿物类型、含量、结晶程度和亲水性，土体结构，胶结特性，密度，成因等；含水量的变化主要有降水量、蒸发力、植被、裂隙、地下水位、渗透系数、热源等。土壤的胀缩性主要取决于矿物成分与水的相互作用。土壤本身的性质，尤其是亲水性黏土矿物（蒙脱石和伊利石）的含量是决定其胀缩特性的基础，而含水量的变化是导致土壤发生胀缩变形的根本因素。特别是对于黏土而言，黏土矿物的成分和含量、黏粒含量是影响其胀缩变形的重要因素。在工程实践中外力因素对土壤胀缩起着最关键最重要的作用，特别是降雨、蒸发、坡度及植被等因素，但目前这些影响因素和胀缩指标还只是定性的结果，更多侧重于岩体和稳定性（姚海林、陈守义等，2001；张卓等，2006；杨永红等，2007），本研究将针对此进行深入研究，建立它们之间的定量关系并寻找一些临界指标。

③土壤容积的变化与土壤含水量有密切的关系，一般用土壤收缩特征（比容积－容重的倒数与重量含水量的关系）来描述土壤的胀缩变化，并赋予其特定的物理意义，广泛用于评价土壤结构质量，相应建立了一系列的土壤收缩特征曲线模型。如运用三直线模型（McGarry and Malafant，1987）、Logistic 模型（Nelder，1961，1962）、土壤容积变化通用方程（Giraldez et al，1983）、KM 模型（Kim et al，1992）来研究裸地、耕地以及黏土的收缩特征，从含水量值来预测土壤的收缩变形。我国研究者（邵明安，2003）利用三直线模型研究了土壤水分特征曲线测定过程中的土壤收缩特征，表明该模型能较好地描述有压条件下土壤的收缩特性。这些模型虽然都不同程度地刻画了土壤收缩机理及其物理意义，也具有一定的代表性和参考价值，但未将

土壤收缩特征融入到土壤水分运动中，动力特性的分析还有待深入。90 年代以来田间的研究也仅限于运用简单的经验方程来描述与预测土壤干燥、下陷和裂隙的收缩特征（BronswiJK，1989，1990，1991），尚未考虑水分在胀缩土壤（产生收缩裂隙）中的运动过程与机理。胀缩土动力水文过程需在传统的土壤水力特征基础上考虑土壤的收缩状况才有可能更好地描述降雨入渗条件下土壤水分实际运动。

④在动力水文降雨–入渗–径流–水分再分布–蒸发过程中，降雨入渗对土壤的胀缩变化的影响最大，甚至起着最根本的作用，降雨入渗条件下的土壤水分模拟就成为土力学、岩石力学和工程地质学领域研究膨胀土的难点和热点问题。降雨时土壤含水量增加，黏聚力和基质吸力降低，整体上降低土体的抗剪强度，造成边坡失稳、滑坡等灾害。特别是降雨入渗边坡稳定的研究引起众多研究者的关注，而抗剪强度下降、边坡失稳更多取决土壤中的含水量和基质吸力的变化以及所导致的土壤膨胀和收缩产生的复杂问题。工程应用中的大多数边坡降雨入渗模型是以水头作为控制变量建立模型，不能直观地反映含水量和吸力的关系，随后有研究者引入土壤水动力学理论，考虑含水量和吸力的土–水特征曲线模拟降雨入渗情况下的渗流场分布。陈守义（1997）用非饱和土壤水分运动的研究方法求解给定入渗与蒸发边界条件下边坡土体的瞬态含水率分布，并假定非饱和土体抗剪强度与饱和度之间存在一定的函数关系，采用简化的简布方法求解边坡的安全系数。吴宏伟（1997）使用二维渗流问题有限元分析程序模拟了降雨情况下的暂态渗流场，将计算得到的暂态孔隙水压力分布用于斜坡的极限平衡分析。李兆平、张弥等（2001）以体积含水率作为因变量，建立了求解降雨入渗过程中土体瞬态含水率的数值方法。求解出特定降雨条件下土体瞬态含水率，并实测了土体的水分特征曲线，应用非饱和土的抗剪理论，建立了非饱和土边坡稳定性分析的方法。黄润秋（2002）等研究了非饱和渗流下基质吸力对边坡稳定性的影响。高润德（2002）等研究了土体渗透性、坡顶垂直裂缝、土体抗剪强度对边坡稳定性的影响。刘小文等（2006）研究降雨入渗对土坡稳定性影响。徐晗等采用渗流场和应力场耦合的计算方法，考虑降雨边界条件、渗透系数于基质吸力之间的关系以及修正的 Mohr-Coulomb 破坏法则，进行了降雨入渗非饱和土坡变形的有限元模拟研究。近年来，有研究者（詹良通、吴宏伟等，2003；周中，傅鹤林等（2006，2007））开始对非饱和膨胀土和土石混

合土边坡进行了人工降雨模拟试验和原位综合监测，得到如下成果：降雨使浅层土体中的孔隙水压力和含水量大幅度增大，膨胀土由于吸水软化和基质吸力减小而造成抗剪强度下降；应力测量表明降雨入渗造成水平应力和竖向应力的比值接近极限值，从而使得土体有可能沿裂隙面局部破坏，最终可引起渐进式滑坡。到目前为止对降雨入渗滑坡和稳定性的分析的关键所在是如何准确求得边坡土体水分分布场，只要边坡土体含水量分布场求解准确，稳定性分析的结果就能够满足工程要求。然而目前降雨入渗模型都还是以传统的土壤水分运动 Richards 方程为基本理论，水动力学参数大多数采用土壤物理领域最广泛的使用的 Van Genuchten-Mualem 模型、Brooks-Corey-Burdine 模型，没有考虑土壤胀缩的影响以及在动力水文过程中的复杂边界，势必影响土体含水量分布的精确性，从而影响稳定性分析和工程地质灾害的预测预报。

⑤对于降雨、入渗、径流、土壤水分运动以及水分再分布与蒸发过程而言，传统水文学和土壤物理学研究土壤水分运动，假定土壤在干湿过程中土壤容积不变，以 Darcy—Richards 方程为基础进行定量分析。胀缩土壤由于土壤容重的变化，土壤水分动力学特性必然会受到影响，土壤水分运动参数不再是简单的一条曲线，土壤水分运动方程也不再遵循 Darcy 定律和 Richards 方程。然而在过去的研究中由于胀缩变化的复杂性等原因，通常都视水分运动参数测定过程中容重不变，这势必与实际情况有较大的差别。早有研究发现土壤水分特征曲线测定中重壤土 20 巴吸力所对应的容重高达 $2.0\ \mathrm{g\cdot cm^{-3}}$（离心机法）（邵明安，1985，2000），采用压力膜法测定土壤水分特征曲线时土壤的容重变化在 $1.0\ \mathrm{g\cdot cm^{-3}} \sim 1.8\ \mathrm{g\cdot cm^{-3}}$ 之间（邵明安等，2003）。土壤物理领域中众多的以土壤质地、分形理论和试验数据建立的典型土壤水分特征曲线模型没有考虑土壤的胀缩变化，不再适用于胀缩土壤的水分循环运动。各种饱和导水率模型 Van Genuchten-Mualem 模型、Brooks-Corey-Burdine 模型和土壤水分再分布等测定和间接方法都是以恒定容重作为基础，尚未考虑容重的变化仍是其美中不足。Smile（1997）将水分和土体的分析都以连续方程和达西定律为基础，推求了膨胀土的一维水流运动的 Richards 型方程，使得从含水量剖面估计膨胀土的田间水分和溶质运移具有更大的可能性，较以前的研究有重大进展。吕殿青、邵明安（2003，2004）建立了容重随土壤吸力变化的幂函数经验模型来预测土壤水分特征曲线测定中的容重变化，从微观上基本探明土壤的胀缩变化，随后（2007，2008）建立了土壤含水量、

容重与吸力三变量的土壤水分特征模型以及相应的土壤水分运动参数曲面模式，并推导了变容重土壤水分运动的一般方程，即：

$$\theta_m \frac{\partial \rho_b}{\partial t} + \rho_b \frac{\partial \theta_m}{\partial t} = \frac{\partial}{\partial x}\left[\rho_b D(\theta_m,\rho_b)\frac{\partial \theta_m}{\partial_x} + \theta_m D(\theta_m,\rho_b)\frac{\partial \rho_b}{\partial_x}\right] +$$

$$\frac{\partial}{\partial_z}\left[\rho_b D(\theta_m,\rho_b)\frac{\partial \theta_m}{\partial_z} + \theta_m(\theta_m,\rho_b)\frac{\partial \rho_b}{\partial_z}\right] - \frac{\partial K(\theta_m,\rho_b)}{\partial_z} \tag{1}$$

这将改变传统的土壤水分运动方程，胀缩土壤的水分运动参数应该是由土壤水势、含水量、容重三变量确定的曲面。胀缩土壤的降雨—入渗—径流—水分再分布—蒸发的水分运动过程不再仅仅是土壤水势、含水量两者的变化关系，而应该是土壤水分入渗、蒸发速率与土体平均容重、含水量三者的关系。胀缩土壤的水分运动方程若用水势、含水量、容重三变量所确定的非 Richards 方程来描述更合理。

⑥国内的研究大多主要集中在恒定容重下的土壤水分运动参数和降雨入渗诱发滑坡的胀缩因素和力学性质的研究，国外的研究主要集中在恒定容重下土壤的水分运动参数模型和土壤收缩特征（含水量和土壤容积变化的关系）及力学胀缩因素。本课题就是针对胀缩土壤水分运动过程中的长期存在的容积变化问题，拟在构建胀缩土壤水分运动的基本理论框架的基础上，利用特定的实验装置进行胀缩土壤的降雨、入渗、径流、水分再分布、蒸发过程，揭示胀缩土壤水分运动过程和机理，进一步验证胀缩土壤的水分运动理论框架并进行可能的修正，形成预报胀缩土壤水分运动过程的模型，从而完善土壤水分运动理论并为实际应用提供科学依据。

本申请项目的国内外动态采用纵横向相结合写法。首先根据相关研究问题进行分类，分为4类研究问题的横向写法，在每一个研究问题时有的将相同的研究结果归类仍采用横向写法，有的根据发展按照时间顺序采用纵向写法，最后进行文献和项目研究工作的简要总结。第①段简要阐述土壤在水循环过程和胀缩过程的变化和国内外学者进行的研究内容。第②～⑤段分别从土壤胀缩的力学特性、土壤胀缩模型、工程实践中的降雨入渗下胀缩土壤的水分运动、考虑容重变化的土壤水分运动参数与方程四个方面进行文献综述，简明扼要阐述清楚所作的研究结果，并指明其不足，这样层次分明，评述结合。第⑥段简要总结国内、国外各自的以往相关的研究重点和本项目的工作。

👉 **点评**

项目的国内外研究动态言简意赅，文字简练，归类清晰，分类横向，发展纵向，纵横结合，首尾呼应，总结精炼，评价优点，指明不足，评述合理，针对问题，阐明工作。

对于大学生创新项目，哲学社科类项目建议先采用横向写法分类相关研究问题，每一个研究问题再采用纵向写法，说明其发展历程和状况。自然科学类可能采用横向写法和纵横结合法更为适宜。例如自然科学类的申报项目"长沙城市化与水资源环境交互耦合作用"撰写国内外动态时根据研究问题按照城市化对水资源环境的影响、水资源对城市化的制约作用、城市化与水资源的相互关系的三个内容分类，采用横向写法进行文献综述。例如哲学社科类的"老龄化背景下长沙市社区适老性研究"撰写国内外动态时按照养老模式、适老性归类总结。

（三）研究内容

研究内容是项目的核心部分，对项目至关重要，通过研究内容可以判断是否符合项目选题，是否恰当，是否有新意，也是项目能否立项的关键。研究内容是指具体做什么，即 what to do。一般而言，对于大学生创新项目，研究内容不超过 4 项，首先将项目分解为几个需要进行的研究工作，每一项首先用简单的一句话概述做什么，每一项下面用 3 ~ 6 句话阐述具体做什么，简明扼要，清楚明确，紧扣标题。在撰写研究内容时不要太繁琐，简明扼要地表达清楚所要研究的工作。大学生创新项目研究内容不能太多，否则在有限的时间内很难完成，可完成性差。

实例 3 - 3

"胀缩土壤水分运动过程与机理研究"项目的研究内容

（1）降雨—入渗—径流—土壤水分再分布—蒸发过程中胀缩土壤水分运动特征

以黏土（红壤）和壤土（黄绵土）为供试土样，采用特制的实验装置，通过人工降雨实验研究不同初始含水量下黏土（其容重变化较大）和壤土（其容重变化较小）的降雨—入渗—径流—土壤水分再分布—蒸发过程，探索入渗、径流、水分再分布、蒸发量和速率与土体平均容重、黏粒含量等的关系。

（2）胀缩土壤水分运动方程的建立

以土壤水分特征曲面和导水率曲面模型为基础，推求胀缩土壤的非 Rich-ards 水分运动方程。利用实验资料，对胀缩土壤水分运动方程进行检验；通过分析和修正，形成胀缩土壤水分运动的基本理论。

（3）胀缩土壤水分运动方程的检验和数值模拟

利用降雨—入渗—径流—土壤水分再分布—蒸发过程中土壤水分运动实验资料对所建立的模型进行检验与完善，并对胀缩土壤水分运动进行数值模拟。

（4）土壤胀缩变化的形成机理

综合分析土壤的胀缩性指标和矿物成分与胀缩土壤的水分运动过程的关系，探求胀缩土壤水分运动的可能机理。

本项目的研究内容分为水文循环过程中胀缩土壤水分运动特征、胀缩土壤水分运动方程、方程的检验和数值模拟和胀缩形成机理四个方面，内容从特征—方程—模拟—机理层层递进，每个内容用 2～4 行文字简要叙述，明确采用的方法、特征指标、模型基础，紧扣项目选题。

☞ **点评**

四项研究内容精炼，层次分明，方法明确，言语简洁，使人一目了然。

实例 3-4 ---------------------------------------◉

"长沙城市化与水资源环境交互耦合作用研究"项目的研究内容

（1）剖析水资源环境与长沙城市化互动耦合内涵及互动机制

在阐明水资源环境与长沙城市化变化特征的基础上，从互动关系上，揭示水资源环境对长沙城市化发展的主要约束因素和长沙城市化发展对水资源环境的主要胁迫因素。

（2）分析水资源环境与长沙城市化互动耦合程度及时序规律性

剖析水资源环境综合水平与城市化综合水平的相关程度，揭示水资源环境与长沙城市化的耦合度程度及耦合协调度的时序变化规律（低水平耦合阶段、颉颃阶段、磨合阶段、高水平耦合阶段、良性共振耦合）。

（3）建立水资源环境保护与长沙城市化协调发展的保障措施

从水资源环境与长沙城市化的互动耦合理论基础和调控机制出发，提出水资源环境保护与长沙城市化协调发展的保障措施体系。

本项目的研究内容分为水资源环境与长沙城市化的互动耦合内涵和机制、互动耦合程度及时序变化、协调发展保障措施的 3 个方面，逐层递进、层次分明，从内涵机制过渡到耦合程度变化再提升到保障措施，从理论到应用实践，每个内容用 2～3 行文字简要表达，将长沙城市化与水资源环境交互耦合的作用清晰体现出来，与项目选题紧密联系。

点评

三个方面研究内容精炼，紧扣主题，层层递进，表述清晰。

（四）研究方案及可行性分析

研究方案是围绕着研究内容而撰写的，即 how to do，是研究内容的具体实施过程，具体包括技术路线、研究方法、实验设计或手段和关键技术等。采取的研究方案能够确保研究内容的完成和研究目标的实现。

1. 技术路线

技术路线是指申请者对要实现项目所达到研究目标准备采取的技术手段、具体步骤及解决关键性问题的方法等在内的研究途径，也是完成项目研究内容的研究思路图。技术路线应尽可能详尽，每一步骤的关键点要阐述清楚并具有可操作性。技术路线通常采用流程图或示意图说明，再结合必要的解释。合理的技术路线可保证顺利地实现既定目标。技术路线的合理性并不是技术路线的复杂性。在不同项目中，技术路线有可能是项目的研究思路，即按照提出问题—解决问题—应用实践来组织，也有可能是生产工艺流程或步骤。

实例 3－5

"长沙城市化与水资源环境交互耦合作用研究"项目的技术路线

该项目的技术路线是采用示意图的形式来表达的研究思路，从左到右依次是项目进行研究工作的逻辑顺序。首先从基本内涵和相关资料数据入手。接下来构建长沙城市化与水资源环境两者的指标体系，建立两者互动响应模型，揭示两者的约束要素。然后建立两者耦合度协调发展模型，运用模型分析时序变化规律。最后根据两者的互动响应要素和耦合协调发展变化构建长沙城市化与水资源环境协调发展的保障措施体系。

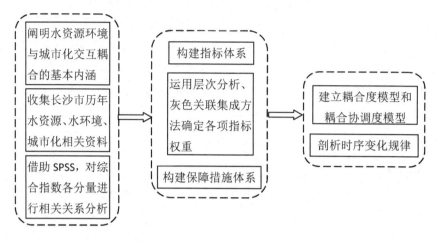

"长沙城市化与水资源环境交互耦合作用研究"项目的技术路线

👉 **点评**

技术路线即是研究思路，采用图示方式简洁明了，逻辑分明，较清楚阐明该项目研究的工作和方法，但是该技术路线需要更加具体化，详细表述清楚项目的研究步骤和方法。

实例 3-6 ·····························◎

"基于豆渣制备木材胶黏剂的研究"项目的技术路线

豆渣（约 40g）→机械搅拌→胶样初产物＋碱混合改良液（4g/6g/8g/10g/12g）→再混合→均涂胶黏剂→木材组坯→静置 24h 陈化 30min＋1.6MPa 预压 30min＋2.7Mpa 下 110℃热压→材料胶合强度测定

该项目是基于废物豆渣生产木材胶黏剂的发明，因此其技术路线实际上是制作木材胶黏剂的过程，通过流程图的形式表示出废物豆渣制备木材胶黏剂的生产工艺过程。

👉 **点评**

技术路线即是生产工艺流程，流程图示清晰明确，了解生产工艺的步骤和方法，适用于材料、物质的生产制造或各种反应的项目。

2. 研究方法

研究方法是指在研究中发现新现象、新事物，或提出新理论、新观点，揭示事物内在规律的工具和手段。这是运用智慧进行科学思维的技巧，一般包括文献调查法、观察法、野外与室内试验法、社会调查法、专家咨询法、行为研究法、历史研究法、概念分析法、比较研究法、统计分析法、数学模型或模拟法等。

一般而言根据申报项目所属的学科类别分为哲学社科类和自然科学类，不同类的项目所采用的研究方法有所不同。通常哲学社科类别的申报项目选用文献调查法、社会调查法、专家咨询法、比较研究法、各类统计分析法、实证研究法等，如城乡规划类、人文地理类、旅游类、土地资源类。而自然科学类的申报项目选择野外与室内试验法、数学模型与模拟法、统计分析法、经验公式法、系统论方法和观察法等，如自然地理类、环境科学类、化工类、物理类、地理信息类、气象水文类、生态类、工程类。

（1）哲学社科类申报项目比较常用的研究方法，是社会调查法和统计分析法。

社会调查法是一套观察社会现象、测量社会现象的工具和一套分析运用社会现象数据的科学方法，根据申报项目选题阐明调查的区域人群、调查的方式、调查的方法、调查的内容。统计分析法指通过对研究对象的规模、速度、范围、程度等数量关系的分析研究，认识和揭示事物间的相互关系、变化规律和发展趋势，借以达到对事物的正确解释和预测的一种研究方法。统计分析方法往往是借助于一定的程序软件来完成，目前常用的有 SPSS 统计软件和地统计软件，可以进行事物的状态分析、因素分析、联系分析、趋势分析、决策分析和多层次分析。分析方法也很多，常用的主要有成分分析法、层次分析法、主成分分析法、趋势分析法、聚类分析法、指标评价法。

实例 3-7 --►

"老龄化背景下长沙市社区适老性研究"项目的研究方法

本项目采用社会调查法、层次分析统计法和比较分析法的三种研究方法。其一，社会调查法，即根据适老性评价指标设计调查问卷（调查方式与方法）在商品房小区、安置小区及经济适用房、单位制小区三个类型的典型的阳光 100 小区等 8 个社区（调查的区域人群）进行空间环境及社会环境适老性（调查内容）的调研。其二，层次分析法，即运用 AHP 层次分析法对调研获取的基础数据加权处理，构建了 6 个二级指标、21 个三级指标的社区适老性评价指标体系。其三，比较分析法，分别从社区安全性、出行便捷性、环境舒适度、社区交往性、社区服务度五个层面对远郊区、近城区、中心城区三个圈层的适老性进行对比分析，获得长沙市社区适老性空间分异状况。

这里简要阐述了三种研究方法，并说明每种方法的用途和功能。

（2）自然科学类申报项目中，常用的研究方法是野外实验法、室内实验法、数学模型与模拟法、统计分析法。

野外实验法是在野外天然小区设计实验方案，利用实验仪器设备观测实验过程的方法，如降雨侵蚀实验、各种生态小区实验、农业灌溉实验、工程地质实验、水文测验实验、水土污染治理实验、风沙地貌实验等。

室内实验法是通过室内实验装置利用实验仪器观测分析实验的过程的方法，如土柱入渗实验、花盆作物种植实验、模拟降雨侵蚀实验、土柱溶质运移实验、化学过程实验、化学反应实验、生产工艺流程实验、动力模拟实验等。

数学模型与模拟法是利用相关学科理论构建一系列的数学模型或数学模拟模型，来模拟或反映实际中各类事物发生发展运动的过程或相互关系，如水资源动力仿真模型、水土污染运移模型、模糊数学模型、随机统计模型、化学物质运移模型等。

实例 3-8

"长沙城市化与水资源环境交互耦合作用研究"项目的研究方法

该项目运用统计分析方法和数学模型方法。其一，统计分析方法，运用层次分析、熵权、灰色关联集成方法确定水资源环境综合指数与长沙城市化综合指数的指标体系的权重。其二，数学模型法，项目借鉴物理学中的容量耦合概念及容量耦合系数模型，根据研究需要模仿建立水资源环境与长沙城市化耦合度函数模型；项目借助 SPSS 统计分析软件，对城市化综合发展水平各分量和水资源环境综合指数各分量进行相关关系分析，计算相关系数及其 P 值，建立水资源环境系统与长沙城市化系统的互动响应度模型。

在该项目申报书中详细阐述了层次分析法的指标和过程、水资源环境系统与长沙城市化系统的互动响应度模型和耦合协调模型的建立过程。

申报项目"基于豆渣制备木材胶黏剂的研究"采用室内实验法，即进行"无甲醛大豆胶的制备"和"胶合板制备"的室内的生产工艺流程实验，并介绍木材胶合强度的测定方法。申报项目"废旧 PS 包装膜和牙刷的再生和改性"也采用室内实验法，即进行"废旧 PS 改性剂"的生产工艺流程，并介绍废旧 PS 成分判断的核磁共振氢谱法和改性剂的制备方法。

在撰写研究方法时，首先宏观简要说明项目所采用的各种研究方法，然后详细说明各种研究方法的具体指标、模型和步骤，除此以外对于自然科学类中野外与室内试验法还要详细说明实验过程中各项指标的详细测试方法，阐明所使用的仪器设备、测试过程、详细测试指标和测试规范。

3. 实验设计或手段

在自然科学类申报项目中往往会有实验方案设计，根据研究内容来设计具体的野外试验或室内试验流程的具体实施过程。申报项目"基于豆渣制备木材胶黏剂的研究"必须进行"无甲醛大豆胶的制备"和"胶合板制备"的生产工艺实验设计。申报项目"废旧 PS 包装膜和牙刷的再生和改性"必须进行"废旧 PS 改性剂"制作的实验设计。当申报项目采用野外或室内试验研究方法时，在撰写时先写实验设计，再详细写研究方法。当申报项目是哲学社科类，往往不需要写实验设计，仅仅详细撰写研究方法。

实例 3 – 9

"胀缩土壤水分运动过程与机理研究"项目的实验设计

实验1：扰动土人工降雨试验。

该实验以黏土（湖南红壤）和壤土（陕北黄绵土）为供试土样，将在中国科学院水土保持研究所黄土高原土壤侵蚀与旱地农业国家重点实验室人工降雨大厅进行。采用侧喷式自动模拟降雨系统，利用特制的小型蒸渗仪（移动式且设集流装置）进行降雨—入渗—径流—土壤中水分运动—水分再分布—蒸发过程试验，降雨量用自动雨量计测定，径流通过蒸渗仪下端集流装置定时采集径流样测定，土壤表面下陷用微地貌激光扫描仪来测定，埋设张力计测定基质势，TDR 监测土壤水分变化，称重设备或水分平衡法确定蒸发量；实验结束时取样，烘干法测定土壤重量含水量，蜡封法测定土壤容重，获得降雨—入渗—径流—水分再分布—蒸发条件下土壤的容重变化和水分变化特征。设置 3 个重复试验。

实验2：原状土人工降雨实验。本实验在中国科学院水土保持研究所国家重点实验室人工降雨大厅进行，以壤土（陕北黄绵土）作为供试土样。采用特制的实验装置取原状土，然后进行降雨—入渗—径流—土壤中水分运动—水分再分布—蒸发过程试验，在实验过程中测定内容与实验 1 相同，本实验的主要目的是获得与扰动土人工降雨试验平行的实验资料以便与扰动土的测定结果进行比较分析，从而阐明土体结构对人工降雨条件下胀缩土降雨—入渗—径流—土壤中水分运动—水分再分布—蒸发过程的可能影响。

实验3：田间降雨入渗实验。本实验在中国科学院桃源生态实验站径流小区进行，土壤为红壤。利用测流设备和张力计、TDR、人工降雨器、沉降标（测定土体膨胀）等仪器在田间条件下进行天然和人工降雨条件下胀缩土降雨入渗—径流—水分再分布—蒸发实验，降雨量用自动雨量计测定，径流通过集水池定时收集径流样测定，埋设张力计测定土壤基质势，埋设TDR探头测定不同深度处的含水量，布设沉降标测定整个土体的容积变化，同时用钻头在附近取样测定不同深度处的含水量，获得降雨入渗过程中的水分和容重变化，本实验的主要目的是获得与扰动土（红壤）人工降雨试验平行的实验资料，比较同一胀缩土在室内和野外条件下其水循环过程中土壤容积变化的相似性和差异性（可能差异性是主要的），使室内严格条件下实验研究揭示的有关机制与实际应用有较好的内在联系。

本项目研究采用室内扰动土、原状土人工降雨试验和田间降雨入渗实验，因此进行了三个实验的方案设计，说明设计具体方案、实验实施过程、采用的实验测试仪器、测试的指标、实验目的。

👉 **点评**

实验方案具体，目标明确，过程详细，测试的仪器与指标配套，设计科学，三个实验紧密联系。

4. 可行性分析

可行性分析是对完成项目研究方案所需要的条件情况的可操作性说明。一般从3个方面进行阐述，一为研究方案是否设计合理、是否完善、是否具有可操作性；二为研究条件是否具备，阐明拥有的实验条件，能够完成哪些研究工作；三为研究工作基础情况，阐明目前针对项目所做的工作和申请者的研究基础。

实例3-10 -

"胀缩土壤水分运动过程与机理研究"项目的可行性分析

①本研究针对目前国内外土壤水分动力学研究方面存在的问题进行探索，研究内容之间既具有相对的独立性，综合起来可构成一个较为完整的体系。

本项目的研究问题集中在胀缩土壤水分运动的基本理论，在研究过程中关注国内外的最新研究动态，及时修正和改进研究方案，可望达到预期的研究目标。

②本研究采用的方法及技术路线都经过了一些前期探索和验证，已建立了土壤水分特征曲面模型和变容重土壤的水分运动方程，从微观角度上基本探明室内扰动土壤容重变化，为胀缩土壤的动力水文过程提供参考。在已建得变容重土壤水分运动方程的基础上利用人工降雨模拟试验对其进行修正、验证，为建立考虑胀缩变化的动力水文过程的数值模拟模型提供极大的可能。

③项目组成员以青年人为主，具有土壤学、水文学、环境科学多学科的专业知识，思维活跃，精力充沛，具有较强的实验动手能力和一定的理论基础，具有良好的工作积累和科研素质和能力，能够保障本研究工作的顺利完成。本研究工作有资源环境实验室、中国科学院水土保持研究所黄土高原与土壤侵蚀国家重点实验室以及中国科学院桃源生态实验站提供 TDR、人工降雨设备、红壤坡地径流小区等主要测量设备和试验场，可保障本研究工作所需的实验条件。

④上述条件和基础将从实验、方法、队伍、设施等方面为本项目的研究提供了保障，为完成本项目的研究工作提供了条件，因而取得较大的进展是可能的。

第①段有针对性地说明项目研究内容的完整性和突破性，第②段简要阐述了为该项目已做的前期研究工作，第③段有针对性地说明项目队伍的专业基础和工作积累以及可提供项目的实验场地和实验仪器条件，第④段综述哪些方面为项目完成提供可行性保障。

对于大学生创新项目而言，因前期工作成果极少，应主要从研究内容的合理性、创意性、所在单位提供的软硬件条件、项目成员的专业背景和掌握的研究方法来进行可行性论证。

（五）创新点

创新点是申报项目的核心和生命，创新点是在项目中相比以前的前人研究最与众不同的地方、进步或改变的地方，可以是材料、方法、研究内容、思想或思维的创新或改进，切记不能把研究区域不同作为创新点。一般而言对于大学生创新项目，根据研究内容和研究方案，相比以前的研究提升凝练创新点，列出一点即可。

实例 3-11

"胀缩黏土的动力水文过程与影响因素" 项目的创新点

项目将建立胀缩土壤的水分运动方程。胀缩土壤的水分运动参数不再是一条曲线，而是一个曲面，其方程不再仅以含水量为因变量，而是容重和含水量两个因变量共同决定的偏微分方程，与通常的土壤水分运动的 Richards 方程相比，它更能反映田间土壤的实际运动，对完善土壤水分运动理论和探索膨胀土的水分运动机理具有科学意义，有利于拓展土壤物理研究的领域。

项目拟在降雨入渗过程中研究膨胀土壤的水分运动机制，将其水分运动过程与土壤水动力学特性和胀缩特征相互融合来揭示胀缩土壤的水分运动机理，这对促进非饱和土力学和非饱和土壤水动力学交叉并可能拓展新的研究领域是有益的。

本项目从研究内容、研究方案与前人研究的区别中凝练出来，内容归纳为两点：

第一点为胀缩土壤水分运动参数由线变面，方程考虑容积变化，由一个变量变为两个变量控制；

第二点将水分运动与胀缩特征变化结合来揭示其机理。

实例 3-12

"长沙城市化与水资源环境交互耦合作用研究" 项目的创新点

多视角解决问题的方式：本项目研究将从水资源环境系统与城市化系统间互动反馈关系的视角出发，揭示水资源环境与城市化两大系统间的交互耦合机制；基于耦合协调度、耦合度的双重模型，从综合的角度揭示长沙城市化与水资源环境间的整体"功效"与协同效应；从水资源环境保护和长沙城市化发展双向措施优化角度，建立水资源环境保护和长沙城市化协调发展的保障措施体系。

本项目的创新在于研究视角和解决问题的多样化，研究视角是城市化和水资源环境的两大系统，解决问题方式是两者的互动响应和耦合协调。

实例 3–13

"基于豆渣制备木材胶黏剂的研究"项目的创新点

制备胶黏剂所用的原材料不是以往的大豆粉、脱脂奶粉，而是成本更低廉的豆渣；

胶黏剂的制备突破了无法去除甲醛类物质、黏度以及耐水性的强度的局限，是无醛类和二类胶合强度的胶黏剂。

本项目的创新在于制作的原材料不同和制备方法中某个指标的突破。

（六）已有工作基础（前期准备工作）和工作条件

已有工作基础是指与申请项目相关的研究工作积累和已取得研究工作成绩，包括理论、实验、思想、方法等方面的已有基础，也包括国内外动态的了解和把握。对于大学生创新项目而言，一般从 3 个方面来阐述，一是文献的查阅和对国内外动态的了解状况，二是研究方法的了解状况，三是自身所做的与项目相关的前期工作，诸如社会调查问卷、初步的研究结果、实验测试方法、自身的专业基础等。除此之外，还可以提及与指导教师的相互探讨、交流情况。

工作条件是指完成项目所需的硬件条件，包括已具备的实验条件，尚缺少的实验条件和拟解决的途径，包括利用其他实验室或研究基地的计划与落实情况。

实例 3–14

"长沙城市化与水资源环境交互耦合作用研究"
项目的工作基础和工作条件

①收集了 85 篇国内外文献资料，基本了解城市化与水资源环境的相互影响的相关研究，了解长沙市城市化的发展历程以及其水资源水环境的变化，大致了解政府对城市水资源的相关调控政策及保障措施。

②在专任教师的指导下，比较熟悉 SPSS 统计软件，学会层次分析法和灰色关联分析法两种研究方法，了解耦合协调模型的建立过程，在研究方法上进行前期探索。

③项目成员来自地理科学专业，有良好的自然地理学和数理统计基础，曾参加"金点子"创新大赛，曾有科研作品获得校"创 e 杯"调研大赛三等

奖，也曾主持 2 项科研项目，具有一定的独立思考的科研能力和创新的科研素质，已经在查阅《湖南省统计年鉴》《长沙统计年鉴》《湖南省水资源公报》《长沙市水资源公报》《湖南省人口普查资料》《湖南省 2010 年第六次全国人口普查主要数据公报》《湖南省 2015 年国民经济和社会发展统计公报》《湖南省环境状况公报》等，获得长沙城市化和水资源环境的部分基础数据，为项目研究提供必需的部分数据资料。

④湖南师范大学资环学院资料室拥有城市化和水资源相关研究的专著和期刊，也有《湖南省统计年鉴》《长沙统计年鉴》《湖南省 2015 年国民经济和社会发展统计公报》等政府统计的数据，能够为本项目研究的数据来源提供一定的支撑保障。

第①句说明文献查阅数量以及对文献研究成果的掌握情况，第②句说明了项目成员对研究方法的前期使用状况，第③句说明项目组成员的专业背景和科研背景以及项目研究的基础数据的获取来源与情况，第④句说明本单位能为项目研究提供的图书资料和数据的条件。

如果项目采用的室内外实验的研究方法，那么研究方法的工作基础时要详细说明对试验方法的基本规范和仪器使用的过程的了解状况，在工作条件时详细说明单位具有项目研究使用的哪些仪器设备以及这些设备的功能。另外如果项目组成员已经进行初步工作，并取得初步结果，则在自身所做的与项目相关的前期工作中阐述自己做的工作以及获得的初步结论。

实例 3-15

"基于豆渣制备木材胶黏剂的研究" 项目的工作基础和工作条件

①收集豆渣加工、胶黏剂制备相关的国内文献资料，了解了木材胶黏剂的制作基本过程与方法。

②在专任教师的指导下，确定项目研究内容和研究方案，基本弄清木材胶黏剂的工艺流程，学会使用胶合强度测定仪，在项目室内实验方法进行前期探索。

③项目成员来自化学工程专业，学习了一学年的化学专业课程，对基础化学知识及化学实验有了较全面的掌握，具备一定的化学实验的动手能力。

④湖南师范大学化工学院拥有国家级实验教学示范中心、化学化工实验

教学中心和"资源精细化与先进材料"湖南省高校重点实验室，本科学生实验用房面积 3660 平方米，具有 2000 多台化学仪器，能够为项目研究提供完善的实验保障。

第①句说明文献查阅数量以及对文献研究成果的掌握情况，第②句说明了项目成员和专任教师的交流状况，对室内试验的工艺和仪器的使用状况，第③句说明项目组成员的专业背景，第④句说明本单位能为项目研究提供的实验条件。

（七）进度安排

进度安排是根据项目的研究内容、研究难度、精力情况确定的时间安排。大学生创新项目一般而言进行 1～2 年计划进度安排，如果是 1 年计划，至少进行 2 个时段的进度安排，如果是 2 年计划，将第一年和第二年所需要做的研究工作阐述清楚，至少进行 4 个时段的工作安排更合理。

实例 3－16

"长沙城市化与水资源环境交互耦合作用研究"项目的进度安排

①2016 年 1 月—2016 年 6 月，收集项目所需要的数据资料，进行整理计算，建立量化指标体系。

②2016 年 7 月—2016 年 12 月，构建水资源环境系统与长沙城市化系统两者之间的互动响应度模型，揭示水资源环境与长沙城市化互动耦合内涵及互动机制，确定两者相互的约束因素，投稿论文 1 篇。

③2017 年 1 月—2017 年 6 月，模仿建立水资源环境与长沙城市化耦合度和耦合协调模型，确定不同时间长沙城市化与水资源环境协调发展类别，投稿论文 1 篇。

④2017 年 7 月—2017 年 12 月，提出水资源环境保护与长沙城市化协调发展的保障措施体系，撰写项目结题研究报告。

（八）预期成果

预期成果是在一定的年限内根据项目研究方案实施后能够取得的研究结果及其表现形式。大学生创新项目的预期成果按照 3 个方面来撰写，一是项目取得的研究结果，二为研究成果的表现形式，一般为一份规范的研究报告，三是可能发表的学术论文的数量。

实例 3 –17 --

"长沙城市化与水资源环境交互耦合作用研究"项目的预期成果

①弄清楚水资源环境系统与长沙城市化系统间互动耦合机制，确定两者相互之间的主要约束因素。

②建立水资源环境与长沙城市化的耦合协调发展模型，根据模型判别不同耦合阶段的长沙城市化与水资源环境两系统的协调发展类型。

③建立水资源环境保护与长沙城市化协调发展的一系列保障措施体系。

④一份项目的研究报告。

⑤可能发表学术论文 1～2 篇。

第①～③句是该项目取得的预期的研究成果，第④句说明成果以研究报告形式体现，第⑤句可能公开发表论文的要求。

（九）经费预算

经费预算是为完成项目所需要的详细的财务支出计划，包括直接经费和间接经费两大类，这里主要说明直接经费。

直接经费是指在项目研究开发过程中的与之直接相关的费用，包括设备费、材料费、测试化验加工费、燃油动力费、差旅/会议/国际合作与交流费、出版/文献/信息传播费/知识产权事务费、劳务费、专家咨询费和其他支出等9项，是经费预算中最重要的部分，支出比例较大。

（1）设备费，是指在项目研究过程中购置或试制专用仪器设备，对现有仪器设备进行升级改造，以及租赁外单位仪器设备而发生的费用。

（2）材料费，是指在项目研究过程中消耗的各种原材料、辅助材料、低值易耗品等的采购及运输、装卸、整理等费用。

（3）测试化验加工费，是指项目研究过程中支付给外单位（包括依托单位内部独立经济核算单位）的检验、测试、化验及加工等费用。

（4）燃油动力费，是指在项目研究过程中相关大型仪器设备、专用科学装置等运行发生的可以单独计量或合理分摊的水、电、气、燃料消耗费用。

（5）差旅费/会议费/国际合作交流费，是分别指在项目研究过程中开展科学实验（试验）、科学考察、业务调研、学术交流等所发生的外埠差旅费、市内交通费用等；在项目研究过程本单位举办的学术研讨、咨询以及协调项目研究工作等活动而发生的会议费用；在项目研究过程中项目研究人员出国及赴港澳台、外国专家来华及港澳台专家来内地工作的费用。

（6）出版/文献/信息传播/知识产权事务费，是指在项目研究过程中，需要支付的出版费、资料费、专用软件购买费、文献检索费、专业通信费、专利申请及其他知识产权事务等费用。

（7）劳务费，是指在项目研究过程中支付给项目组成员中没有工资性收入的在校研究生、博士后、访问学者以及项目聘用的研究人员、科研辅助人员的劳务费用，以及聘用人员的社会保险补助费用。

（8）专家咨询费，是指在项目研究过程中支付给临时聘请的咨询专家的费用。其他支出是指在项目研究过程中发生的除上述费用之外、却属项目研究必须支出的其他费用。

对于大学生创新项目而言，由于立项经费非常有限，经费预算没有间接费用，只有直接费用。直接费用仅涉及设备费、材料费、测试化验加工费、差旅费、出版/文献/信息传播费/知识产权事务费、专家咨询费和其他支出。因此具体而言经费预算为完成项目所需要的小型仪器设备，化学试剂、水样、土样等材料，可能较少需要依靠其他单位完成的测试费用，进行调查、取样等的交通费、住宿费以及出差补助费用，文献检索、数据信息购买、打印复印和论文版面费，向行业专家咨询费用等。根据实际情况进行简单的支出计划预算，按照各项如实填写，以表格的形式来表示经费预算情况。

实例 3 –18

"长沙城市化与水资源环境交互耦合作用研究"的经费预算

经费预算表		
科目	金额（万元）	备注（计算依据与说明）
文献费	0.1	外文文献检索费
打印复印费	0.3	文献论文、研究报告复印打印费
版面费	0.4	2000 元/篇，$2 \times 2000 = 4000$ 元
数据信息费	0.2	基础数据信息购买，如水资源资料
差旅费	0.14	到湖南省水利厅、长沙市规划局调研所需要车费
会务费	0.16	参加学术会议 2 人次，800 元/次/人 $\times 2 = 1600$ 元
材料费	0.2	打印纸、硒鼓等耗材
合计	1.5	

该项目的经费支出主要是文献/出版/信息费、差旅费、会务费、消耗材

料等。

实例 3-19 -- ▶

"基于豆渣制备木材胶黏剂的研究"的经费预算

经费预算表		
科目	金额（万元）	备注（计算依据与说明）
仪器费	0.15	机械搅拌器 1 台
大豆（材料）	0.15	300kg 用量，5 元/kg×300kg＝1500 元
杨木单板（材料）	0.64	$200m^2 × 32 元/m^2 = 6400 元$
十二烷基硫酸钠（材料）	0.02	8kg×25 元/kg＝200 元
微生物转谷氨酰胺酶（材料）	0.24	8kg×300 元/kg＝2400 元
氢氧化钠（材料）	0.2	8kg×25 元/kg＝200 元
耗材（材料）	0.1	打印纸、硒鼓等耗材
合计	1.5	

由于该项目主要进行室内的化学实验，经费支出主要是材料费，即原材料、化学试剂等。

对于哲学社科类项目，大多需要社会调查和政府部门的一些统计数据，则经费更多支出于社会调查的差旅费（车费、住宿及补助）、文献、数据信息费等。对于自然科学类，如果数据来源于政府统计或政府相关部门的监测，那么经费更多支出于文献、数据信息、差旅费等，如人文地理类、水文环境类、地理信息类；如果项目需要进行野外采样和野外试验观测，那么经费更多支出于小型仪器费、野外采样和观测的差旅费（车费、住宿及补助）和材料费，如自然地理类；如果项目需要进行室内试验，经费更多支出是小型仪器费、材料费（原材料、化学试剂），如果需要使用其他单位的仪器可能还需测试费，如化工类、环境类。

二、填写草稿并反复推敲

根据准备的 9 项内容填写项目申报书，按照要求把申报书的框架搭起来，然后反复修改，逐步完善，不断地进行文字语句、文字修辞、层次逻辑上的斟酌推敲，特别是对研究内容、研究方案、创新点要进行反复审阅修改，最后校对完成定稿。

对于大学生创新项目而言，时间短，经费少，学生专业基础较薄，更关注于学生的新想法，所以根据自身的专业兴趣和关注的问题，并与指导教师相互讨论，遴选项目主题，选题要小而新，切合实际。《基于豆渣制备木材胶黏剂的研究》《废旧 PS 包装膜和牙刷的再生和改性》的选题小而具体，切合实际应用，符合学生化学专业的基础，但名称上不能够明显体现出时代新意，应在新意立意上再次斟酌。如《基于豆渣制备木材胶黏剂的研究》更改为《基于废物豆渣制备无害化木材胶黏剂的研究》，则凸显出项目的废物利用和无害化的新意，与以往有很大区别，紧扣项目的创新点，这样项目主题立意更高，创新点明显，具有时代的实际意义。

比如在撰写项目的研究动态时，要能够把握前沿动态和评述适当，需要阅读大量的文献，遴选出代表性强和能够反映研究重要进程的文献，用准确而精练的语言总结出文献的研究成果、贡献、不足，这需要反复精读代表性文献，还能从文献中获得项目研究的灵感。《胀缩土壤水分运动过程与机理研究》的研究动态本人阅读 100 多篇文献，从中选出 40 余篇重要文献精读 2～3 遍，再从重要文献选出最新文献（2003—2007）和有内容突破的文献再次精读，领会文献的含义，在草稿的基础上不断精读重要文献的精髓，逐字逐句修改，对文献成果总结后再次修改首尾段，首段不断修改去提炼出文献的研究工作内容分类，尾段不断修改提炼文献的贡献与不足，项目研究弥补缺陷，使项目立意有新意。不断逐句推敲，由第一稿 2000 字扩充到第 2 稿的 8000 多字，再次提炼内容和文字推敲斟酌，最后第 4 稿的 3000 多字，文字精练简洁，相对总结较全面，囊括主要的研究进展，使得项目立意较高，立项依据充分。因此在草稿基础上要反复修改，一次比一次更完善，且文字一定要表达明确流畅。

撰写好技术路线初稿后，要在不断修改提炼研究内容、研究方法和实验方案的过程中，根据修改的情况不断修改技术路线，把粗糙的技术路线进一步扩展和具体化，逐渐修改为思路清晰的完整技术路线，能够使得通过技术路线就能清楚明白项目的整个研究过程和思路，因此反反复复多次修改技术路线很重要。在撰写项目创新点时，对于大学生创新项目只要有 1 个即可，不超过 2 个，但一定新意凸显，这是项目立项的关键依据。

比如《长沙城市化与水资源环境交互耦合作用研究》的创新点，是多视角多解决问题的方式，这是通过对问题研究的方法和解决问题的过程的反复思考和琢磨才提炼出来的不同的视角和不同的解决方式。特别是对于有实验方案的项目，试验方案和试验方法要仔细琢磨，逐项推敲才能获得合理可行先进的实验方案。再比如《胀缩土壤水分运动过程与机理研究》的三个实验方案设计，也是经过几次修改才最后确定，开始仅设计第一个扰动土实验，每一个指标采用哪些仪器可测试并能达到精度要求，为项目的哪个内容服务，这也是通过阅读相关文献中获得启发，且相对容易实施，可行度极高；随后发现此实验仅在室内，不能解决实际中的问题，故设计第二个原状土和第三个田间的实验，与第一个形成对比，也能对第一个实验建立的模型进行修正，更切合实际。不同实验可对比和进行不同因素分析，为项目不同工作提供第一手实验数据，使得实验方案更科学合理。随后又不断去查阅文献和征求他人意见，不断修改测试手段使得更可信更可靠，不断修改语言表达使得更通畅，才最终获得评审专家的肯定，也助于项目立项资助。

因此写好申报书草稿，最多完成项目申报书的60%～70%，还需要我们反复一遍遍推敲研究内容，仔细修改研究方案，一次一次提炼技术路线和创新点，文字逐句逐句地润色，就像一座大楼建成主体结构后，还需要进行外墙和内部的装修，甚至为了夜景效果需要进行灯光设计，这样不断装饰才能最后展现这座大楼的景观和艺术美感。申报书同样如此，在草稿基础上需要经过一次次的斟酌修饰才能体现出项目的创新价值。

第三节 | 填写申报书的注意事项

一、努力做到目标明确，心中有数

根据项目选题和参考的文献动态，重点先集中在研究内容、研究方案及可行性、创新点和预期成果的四大部分，紧紧围绕着项目主题进行展开，对项目研究做什么，怎么做，新意在哪儿，估计获得什么结果，能做到心中有数。再按照上述9项搭建项目申报书的框架，紧紧围绕着项目主题。比如《胀缩土壤水分运动过程与机理研究》的申报书中，做实验过程、建立方程、模型模拟和机理四项工作，采用三个实验设计和数学模型模拟的方法研究，新意立于参数的曲面性、方程多变量性、不同学科的视角和融合性，可能获得新参数、新方程和机理发现的结果，心中早已有一个相对清晰的框架。

比如《长沙城市化与水资源环境交互耦合作用研究》的申报书，做水资源环境与长沙城市化的互动耦合机制、互动耦合程度及时序变化规律、水资源环境保护与长沙城市化协调发展的保障措施三项工作，采用统计分析、数学模型的方法研究，新意立于多样化的研究视角和解决问题方式，可能获得水资源环境与长沙城市化的约束要素、耦合协调发展模型和保障措施体系的结果，内容与结果相互呼应，围绕着耦合作用关系核心展开，心中对研究工作、过程、方法和新意、结果都有着清晰的判断和逻辑思路。

二、广泛搜集国内外相关成果，把握动态

在中国知网、万方数据库等以及 Google 搜索中输入项目名称作为关键词或主题，广泛收集相关的国内外成果。在收集的文献中，要学会遴选出代表性高的重要文献，通过阅读文献的摘要，判断摘要部分与项目关联是否密切，作为重要文献的遴选依据。特别要注意遴选出近 5 年之内与项目相关的新文献资料，尽可能选择被中国科学引文数据库（CSCD）、中文社会科学引文索引（CSSCI）和科学引文索引（SCI）收录的期刊影响因子较高的论文，仔细阅读文献，弄清楚文献研究的内容、方法和取得的研究结果，分类整理，评述优势与不足，较好地把握目前的研究动态。比如本人 2008 年初的《胀缩土壤水分运动过程与机理研究》的申报书中的国内外动态中，5 年内的文献大约 13 篇，占总文献的 1/3，每篇文献都在逐步地突破和改进，把握到最新的进展。

三、量力而行，尽力而为

在撰写申报书时，依托自己的专业基础，确定好项目主题，依据学院或学校能够提供所利用的资源以及自身的优势，围绕项目设计研究内容及方案。项目要小而精，有新意，方案设计具体科学，能够在指导教师的帮助下完成，项目切勿贪大，脱离自身专业，脱离现实实际，要量力而行，尽力而为。比如项目《岩石矿物与植物标本的建模》依托地理信息科学的专业基础，选题目标明确，题目小而精，突出标本建模的新意，方案设计主要把岩石、植物标本如何转换三维模型，充分利用自身的地理信息软件的优势，试图解决地质学、植物学教学中的实际问题，凸显现代信息化技术教学特点。申报书从内容、格式、文字等方面不断修改，征求多方面的意见，一遍一遍仔细斟酌，尽力而为使得申报书进一步完善。

四、一定要反复对照权衡，保证扣题和围绕中心

在搭建好项目申报书的框架后，逐一填写每项的相关内容，生成申报书的草稿。在草稿的基础上一项一项进行反复对照检查，仔细斟酌各项内容是

否紧扣项目主题，反复阅读申报书，文字表达是否明确清晰，语句是否通畅，格式是否规范，一遍又一遍地修改，进一步完善申报书，使得申报书更为科学合理，创新性强，能够瞬间抓住评审的眼光，让人觉得新意凸显，思路清晰，项目潜力优势明显。

例如，检查封面与扉页的信息是否正确，是否年限合乎要求，专业是否紧密联系项目研究；项目名称能否明确表达出你的研究工作和项目的创新点，文字是否精炼，字数不宜过多，10~20字较为合适；研究背景是否具有时代性、实际性，研究意义能否明确项目的应用价值；研究动态中文献是否较新，是否具有代表性，是否按照评述内容分类总结，是否评述适当，文献是否翔实，是否把握最新动态，项目是否与已有文献研究有所区别，是否有改进的地方；项目研究内容是否恰当，研究内容不宜过多，大学生创新项目一般2~3项内容较合适；语言文字是否精炼，每一项内容最好能用3~5句话阐述清楚；技术路线图示是否清楚，能否说清楚项目的工作、方法和成果，研究方法是否适合项目，表述是否明白，实验设计是否具体，是否能够操作，能否完成任务；创新点是否抓得准确，是否与以前研究有不同或有改进；可行性表现在哪些地方，预期成果是否包括研究成果和成果表达形式，最好能有公开发表的论文作为成果表达，成果与工作是否相互对应；计划安排是否时间合理，前后顺序是否正确，工作计划能否按期完成。给其他同学讲述你的项目申报书，是否能让其他同学听后能够明白你的项目在干什么，怎么做，也可以和指导教师不断讨论，吸收各方意见，逐字逐句修改直到自己无法修改或他人看后能清楚明白项目，尽力而为。

本章概要

申报书是项目申报的书面载体，申报书的好坏体现着项目申请者是否具有潜在的科研能力和创新思维的能力，体现着项目研究思路是否清楚，更是项目申报能否成功的关键所在。

申报书有着体现科学研究的相对固定的构成和格式，一般主要部分包括研究背景与意义、研究动态、研究内容、研究方案（技术路线、研究方法、实验方案）、创新点、可行性、已有工作基础与条件、进度安排、预期成果和经费预算这9个部分。项目申报书的撰写要经过长时间的准备，大量地阅读文献并转化为自身理解的科学研究，按照相应撰写要求去填写，不断构思，不断思考，不断润色，反复修改，最后才能形成较完善的项目申报书。

推荐阅读

1. 教育部高等教育司. 第二届全国大学生创新论坛文集（上、下册）
[M]. 南京：东南大学出版社，2009.

[本书是全国 2008—2009 年大学生创新性实验项目的研究成果展示的论文集，收集了经全国大学生创新性实验计划专家遴选出的 242 篇学术论文，每篇论文都能反映出项目主题、项目部分研究内容、研究方法、实验设计和创新点，论文按照科学研究规范撰写，对申报书的撰写有着重要的借鉴作用，也可以说大学生创新项目申报书的部分微小缩影，可根据自身情况按照学科目录选择阅读，可重点阅读第一部分、第四部分]

2. 陈中文，袁小鹏. 大学生科研导论 [M]. 北京：科学出版社，2008.

[本书是大学生进行科研的入门指导书，也是大学生科研论文写作的实践指导，阐述大学生科研的方法、环节和注意问题和写作规范，有助于引导大学进行科研工作]

3. 许春燕，白雪波. 大学生综合创新训练——探索与实践（2012 年）
[M]. 北京：中国财富出版社，2013.

[本书是北京物资学院的"大学生科学研究与创业行动计划项目"18 项优秀项目的结题报告的展示和感想体会，部分以论文形式体现，部分以项目报告形式体现，这与申报书的撰写形式很相似]

4. 罗庆生，韩宝玲，等. 大学生课外科技创新竞赛获奖作品精析（机械机电控制类）[M]. 北京：机械工业出版社，2013.

[本书是北京理工大学全国大学生课外科技创新竞赛的机械、机器人专业类的 11 件获奖作品，较详细阐述作品的研究背景与意义、设计理论、研究内容、关键技术、创新点、取得成果、工作总结与未来展望，囊括申报书的核心部分，是撰写申报书参考的部分内容示范模板]

5. 南京航空航天大学教务处，创新基金管理办公室. 大学生创新基金优秀成果汇编 2006—2009 [M]. 南京：南京航空航天大学出版社，2010.

[本书是南京航空航天大学的大学生科技创新基金的立项项目优秀成果的汇编，较详细阐述了项目的研究背景与意义、研究内容、研究方法、研究方案、研究过程、创新点、取得成果，是撰写申报书的借鉴示范]

6. 熊宏齐，单晓峰，曹玢，等. 东南大学大学生科研训练计划（SRTP）活动概览 [M]. 南京：东南大学出版社，2008.

[本书是东南大学的大学生科研训练计划所进行的活动简介，可重点阅

读成果简介中的作品简介]

7. 车成卫. 国家自然科学基金申请书撰写：研究方案 [J]. 科技导报，2009，27（4）：112.

8. 李丹. 项目申报书撰写的研究 [J]. 科技视界，2014（11）：36.

9. 王琪. 撰写文献综述的意义、步骤与常见问题 [J]. 学位与研究生教育，2010（11）：53 – 56.

温馨提示

一方面，对于计划开展创新性训练的低年级大学生而言，手头能够有一份高质量规范的申报书模板，可以让人充满信心地投入到项目申报工作中，尽情挥洒自己的聪明才智。

建议大家进入国家自然科学基金委员会网站（NSFC）相关网页，或者进入像北大、清华那样的知名高等学府官方网站，搜集相关信息，阅读并学习撰写要求、方法和技巧。同时，有意识地在平常的学习和实验实习过程中多接触指导教师，参与其科研课题，也可以起到事半功倍的效果。

另一方面，经过长期研究与实践，人们为了科学、高效地设计实验方案，建立了"正交试验设计"的相关理论和对应"正交表"，以方便人们在时间、经费、材料等条件有限的情况下，尽可能地用少数实验来确定较为优良的实验方案。

因此，建议同学们花些精力研读一下正交试验设计方面的书籍和文章，让自己的创新训练申报书中"实验方案"部分写得更加科学，更加严谨，使得后期的项目实施做到得心应手，信心满怀。

《孙子兵法》有云："以谋为上，谋定而后动，知止而有得。"只有在事前做好充分的准备工作，才能够把事情做好。创新项目的实施也是如此，项目实施的准备工作直接影响一个项目的成功与否，因此，只有做好实施准备，把各个方面的工夫做足、做好、做到位，配合以旺盛的团队精神，齐心协力，才能够有效地组织项目的实施，达到研究目的。

本章主要内容为拟定详细工作计划与方案、准备实施项目所需软硬件条件、尝试或探索性试验、研究过程的问题与解题、研究过程的详细记录与数据存储、团队精神的培育和发挥等几个部分。涵盖项目实施前的准备、实施中的组织、过程的记录及实施后数据与材料的收集与存档等项目实施的全过程，为有条理地组织、实施项目提供指导，实现项目的研究目标。

实例 4-1

曾经有这样一个示例，在某个公司定期的业务分享会上，内贸部小周给大家分享了一个客户案例：14 年的一个线索客户，最近又打电话来询问价格。因为去年联系、沟通客户一直未能成交，所以这一次询价小周也没放在心上；在没有确定具体数量的情况下给客户报了价格。结果因为数量的原因报价比实际市场价格低很多，而他自己又没有准备好不同数量不同的报价（涉及运费），就答应了客户可以送到。没想到客户当天就把钱款汇过来了，等小周忙完跟物流交接时才发现运费远远高于报价，可是已经答应了客户。"承诺客户的就一定要做到"，根据公司的规定，小周只有在近乎无利润的情况下发了货，完成了对客户的承诺，但是也受到了经理的批评：准备不足。

☞ **点评**

在这件事上就告诫大家：不打无准备之仗。如果小周提前准备好报价，认真对待客户，就不会出现这种情况。机遇总是青睐那些有准备的人，当我们还没准备计划时，我们就去做某份事业，那纯属盲目，往往容易与成功擦肩而过。希望大家从现在开始，做一个凡事懂得精心准备的人！

第一节 | 拟定详细工作计划与方案

每一个项目的启动都需要涉及多方面的事务和人员，因此制定一份详细的工作计划与方案是十分必要的，而且越详细越好。工作计划与方案应以项目申报书的内容为基础进行制定，主要涵盖基本情况分析（现状与基础）、工作任务和要求、工作的步骤和措施、时间限定、责任的主体（明确分工）、完成的标准等方面内容。

一、工作计划的作用

1. 工作计划可以给出实施的具体方向与目标

工作计划是一项将所组织的活动进行系统化的工作，通过确定项目实施的目标和行动方案，使整个工作有序、和谐、有实效，可避免盲动和不协调带来的损失或延误。工作计划还有助于用最短的时间完成项目，减少迟滞和等待时间，有助于合理使用与配置可用资源。

有了工作计划，不同阶段的任务和目标一目了然，责任明确，措施到位，使工作井井有条，循序渐进。

2. 有效减少混乱与意外变化的冲击

工作计划承担着预测不期然的变化，并设法消除这种变化对项目开展产生不良后果的任务。未来的不确定性使得工作计划要根据已有的信息，来分析各种可能发生的意外或突然变化，明确这种变化与项目目标的关联度，制定出一旦这种变化发生所应采取的措施，以减少变化对项目实施造成的不良影响，防止工作可能出现的混乱，并充分利用这种变化所带来的各种机遇。

当然，有些变化是无法预测的，计划时间越长，不确定性就越大。一方面，这是由于人们掌握的有关未来的信息和相关经验积累有限，另一方面，偶然的变化是难以预测的。不过，现代科学在很大程度上已经把未来不期然变化的风险降到最低限度。

3. 设立规范与标准便于督促

如果没有一个量化的指标，仅靠人的自觉性来完成一项工作，很容易出现一些想象不到的偏差，毕竟每个人的理解力和能力是有差异的。项目完成时间滞后了，质量水平降低了，留下小尾巴了，埋下隐患了，等等，都是我们司空见惯的事情。

因此，制订一个较完善的工作计划，相对而言就有了一个统一的规范和标准，按照计划的步骤、要求来完成一项工作，结果会更令人满意，每个人的工作也更自觉更加得心应手。可见，工作计划可以起到一种督促与监督的作用，预防和纠正项目实施过程中出现的偏差。

工作计划不能保证得到最佳结果，但至少不会出明显错误，可以保持较理想的效率，能够保证取得明显进展，基本达到目标。

二、计划制订的原则

1. 计划的目的要明确。

明确的工作计划必须具备工作目标，因而能够避免不必要的浪费与波折，提高计划的有效性。

2. 计划要预先决定5W1H

5W1H是指工作计划必须要包含的下列要素：

（1）工作目标（为了什么：WHY）；

（2）工作内容（做什么：WHAT）；

（3）工作方法（怎么做：HOW）；

（4）工作地点（在哪里完成：WHERE）；

（5）工作分工（谁来做：WHO）；

（6）工作进度（什么时候做完：WHEN）。

3. 计划要具有科学可行性

要从实际情况和切身经验出发定目标、定任务、定标准。既不要因循守旧，也不要盲目冒进。即使是做规划和构想，也应当保证其合理可行。

要基本做到：目标明确，措施可行，要求具体、明确且严格。

三、工作计划的主要内容

1. 基本情况分析（现状与基础）

对项目的目标、研究内容、研究方法与技术、研究计划、预期研究成果、人员组成、前期工作基础等，做系统的梳理。

2. 工作任务和要求

可以把研究目标按照时间顺序、内容间的逻辑联系、成员组成及专业领域和业务能力加以合理分解，拟定明确的任务。

3. 工作的步骤和措施

根据可利用的时间、场地、人力状况，将工作任务进一步细化。如具体的时间、地点、人员、仪器设备、器具药品，以及相应的操作措施。

4. 时间限定

因为项目实施的期限是有限的，我们大学生学习任务比较重，合理高效设定时间节点就显得分外重要了。这种时间安排或配置，是一项较复杂的系统工程，牵涉项目的自身要求，也涉及每个人的能力、精力、业余时间、个性等方面，操作起来并非轻而易举。

5. 责任的主体

根据成员情况对任务进行合理而明确的分工，保证人尽其才，地尽其利，物尽其用。

6. 完成的标准

每个项目的完成，都是在平时业余时间由不同人相互配合完成的，每个人的工作对其他人的工作都有不同程度的影响，最终影响到整个项目。为了保证项目顺利有效实施与完成，每项工作都要设定相应标准，使得即使不同的人进行操作也能得到近乎相同的结果。

实例 4－2

"光催化分解实验室含酚废水的研究"项目的工作计划

某化学实验室频繁使用含酚化学试剂，一个学期下来造成大量含酚废水的积累，提交给专业处理公司处置，需要花费大笔经费，同时在很大程度上也造成了资源的浪费。该创新训练项目针对这种情况设计，因而实践意义很大。具体工作计划如下：

2016 年 04—05 月

查阅文献，课题组成员就项目中的分工分别提出设想，经讨论后确认。

2016 年 06—12 月

本实验过程的主要内容和步骤如下：

1. 溶液配制

（1）含酚溶液的配制

0.50 g/L 的苯酚水溶液：称取 0.50 g 苯酚，用去离子水加热溶解后，转入 1 L 的容量瓶中，稀释至刻度，摇匀。

0.20 g/L 的 2，4，6-三氯苯酚水溶液：称取 0.20 g 的 2，4，6-三氯苯酚，用去离子水加热溶解后，转入 1 L 的容量瓶中，稀释至刻度，摇匀。

（2）过氧化氢梯度浓度的配制

取 5 个 100 mL 容量瓶分别加入 1.476 mL、2.940 mL、4.423 mL、5.912 mL、7.410 mL 浓度为 30% 过氧化氢溶液，用去离子水稀释至刻度，摇匀。

（3）亚铁离子梯度浓度的配制

分别称取 0.118 g、0.225 g、0.274 g、0.353 g、0.431 g 硫酸亚铁铵，溶解转入 5 个 100 mL 容量瓶，用去离子水稀释至刻度，摇匀。再取 5 个 100 mL 容量瓶，从对应的以上 5 个容量瓶中移取 10 mL 溶液，用去离子水稀释至刻度，摇匀。

（4）铁离子浓度的配制

称取 0.3374 g 硫酸铁铵，溶解转入 100 mL 容量瓶，用去离子水稀释至刻度，摇匀。再取 1 个 100 mL 容量瓶，从上个容量瓶中移取 10 mL 溶液，用去离子水稀释至刻度，摇匀。

（5）乙二胺四乙酸溶液的配制

称取 0.0696 g 乙二胺四乙酸，溶液转入 100 mL 容量瓶，用去离子水稀释至刻度，摇匀。再取 1 个 100 mL 容量瓶，从以上的容量瓶中移取 10 mL 溶液，用去离子水稀释至刻度，摇匀。

2. 实验测定

(1) 苯酚与三氯苯酚最大吸收波长和标准曲线的测定

分别用 0.50 g/L 苯酚水溶液配制 30 mg/L 苯酚水溶液 50 mL，用 0.20 g/L 的 2，4，6-三氯苯酚水溶液配制 40 mg/L 的 2，4，6-三氯苯酚水溶液 50 mL。在 230~330 nm 的波长范围内，以去离子水做参比，用 UV-755 型分光光度计和 1 cm 石英比色皿测绘它们的吸收曲线。按照等吸收光度的要求选择波长 1 和波长 2。

取 5 个 50 mL 容量瓶，分别加入 1 mL、2 mL、3 mL、4 mL、5 mL 浓度为 0.50 g/L 苯酚水溶液，用去离子水稀释至刻度，摇匀。取 5 个 50 mL 容量瓶分别加入 6 mL、8 mL、10 mL、12 mL、14 mL 浓度为 0.20 g/L 的 2，4，6-三氯苯酚水溶液，用去离子水稀释至刻度，摇匀。

在测定波长 2 和参比波长 1 处，用去离子水作为参比溶液，分别测定苯酚系列标准溶液和 2，4，6-三氯苯酚系列标准溶液的吸光度，做出两者的标准曲线。

(2) 酸度对催化降解的影响

在室温下，在两个干燥的小烧杯中，按下面顺序依次加入不同体积的上述试剂配制成样品溶液和参比溶液。样品溶液：H_2O（12.0 mL）、Fe^{2+}（1 mmol/L，5.0 mL）、酚类化合物（3.0 mL）、H_2O_2 溶液（1% 5.0 mL）；参比溶液：H_2O（15.0 mL）、Fe^{2+}（1 mmol/L，5.0 mL）、H_2O^2 溶液（1%，5.0 mL）。调节溶液 pH 为 3 并且立即混匀，分别置于 1 cm 比色皿中扫描，确定 λmax。然后在固定温度下，选择 λmax 处，测量瞬时反应的吸光度 A0，再每间隔一定时间记录一次吸光度 A，直至吸收光谱中的最大吸收峰消失。

依据上面的实验步骤，依次调节样品和参比溶液的 pH 为 3.3~4.4，观察反应体系的变化。

(3) H_2O_2 浓度对催化降解反应速率的影响

在室温下，在两个干燥的小烧杯中，按下面顺序依次加入不同体积的上述试剂配制成样品溶液和参比溶液。样品溶液：H_2O（12.0 mL）、Fe^{2+}（0.7 mmol/L，5.0 mL）、酚类化合物（3.0 mL）、H_2O_2 溶液（0.5%，5.0 mL）；

参比溶液：H_2O（15.0 mL）、Fe^{2+}（0.7 mmol/L，5.0 mL）、H_2O_2 溶液（0.5%，5.0 mL）。立即混匀分别置于 1 cm 比色皿中，扫描，确定 λ_{max}。然后在固定温度下，选择 λ_{max} 处，测量瞬时反应的吸光度 A0，再每间隔一定时间记录一次吸光度 A，直至吸收光谱中的最大吸收峰消失。依据上面的实验步骤，改变 H_2O_2 溶液的浓度，测定其溶液浓度在 1%、1.5%、2.0%、2.5% 条件下反应体系的变化。

（4）Fe^{2+} 浓度对催化降解反应速率的影响

在室温下，在两个干燥的小烧杯中，按下面顺序依次加入不同体积的上述试剂配制成样品溶液和参比溶液。样品溶液：H_2O（12.0 mL）、Fe^{2+}（0.5 mmol/L，5.0 mL）、酚类化合物（3.0 mL）、H_2O_2 溶液（1%，5.0 mL）；参比溶液：H_2O（15.0 mL）、Fe^{2+}（0.7 mmol/L，5.0 mL）、H_2O_2 溶液（1%，5.0 mL）。立即混匀分别置于 1 cm 比色皿中，扫描，确定 λ_{max}。然后在固定温度下，选择 λ_{max} 处，测量瞬时反应的吸光度 A_0，再每间隔一定时间记录一次吸光度 A，直至吸收光谱中的最大吸收峰消失。依据上面的实验步骤，改变 Fe^{2+} 的浓度，测定 Fe^{2+} 溶液浓度在 0.7 mmol/L、0.9 mmol/L、1.1 mmol/L、1.3 mmol/L 条件下反应体系催化降解反应速率的变化。

（5）Fe^{3+} 浓度对催化降解反应速率的影响

在室温下，在两个干燥的小烧杯中，按下面顺序依次加入不同体积的上述试剂配制成样品溶液和参比溶液。样品溶液：H_2O（12.0 mL）、Fe^{3+}（0.5 mmol/L，5.0 mL）、酚类化合物（3.0 mL）、H_2O_2 溶液（1%，5.0 mL）；参比溶液：H_2O（15.0 mL）、Fe^{3+}（0.5 mmol/L，5.0 mL）、H_2O_2 溶液（1%，5.0 mL）。立即混匀分别置于 1 cm 比色皿中，扫描，确定 λ_{max}。然后在固定温度下，选择 λ_{max} 处，测量瞬时反应的吸光度 A_0，再每间隔一定时间记录一次吸光度 A，直至吸收光谱中的最大吸收峰消失。

（6）引入 EDTA 配体对催化降解反应速率的影响

在室温下，在两个干燥的小烧杯中，按下面顺序依次加入不同体积的上述试剂配制成样品溶液和参比溶液。样品溶液：H_2O（12.0 mL）、Fe^{2+} 和 EDTA 混合溶液（0.7 mmol/L，Fe^{2+} 和 EATA 溶液的混合 5.0 mL）、酚类化合物（3.0 mL）、H_2O_2 溶液（1% 5.0 mL）；参比溶液：H_2O（15.0 mL）、Fe^{2+} 和 EDTA 混合溶液（0.7 mmol/L，Fe^{2+} 和 EATA 溶液的混合 5.0 mL）、H_2O_2 溶液（1%，5.0 mL）。立即混匀分别置于 1 cm 比色皿中扫描，确定 λ_{max}。后

在固定温度下，选择 λ_{max} 处，测量瞬时反应的吸光度 A_0，再每间隔一定时间记录一次吸光度 A，直至吸收光谱中的最大吸收峰消失。

<u>2017 年 01—03 月</u>

设计、制作光催化处理实验室含酚废水装置，并实际用于废水处理，优化实验条件。

<u>2017 年 04 月</u>

整理实验数据，撰写论文公开发表，撰写结题报告。

☞ **点评**

该工作方案是典型的文字罗列式类型，就研究内容和研究步骤而言，已经非常详细了，达到了具体操作的层次。在有限的一年时间里，分四个阶段实施，时间结点的安排是合理的，也是可行的。略有不足的地方是，大学低年级同学课余时间极其有限，除了课余、周末、节假日外，没有更多时间可以支配。因此，工作计划还可以在这方面再细致一些，具体到什么样的关键工作在什么节假日开展，如何高效利用国庆长假和寒假等方面。

实例 4-3 --▶

"老龄化背景下长沙市社区适老性研究" 项目的工作计划

第六次人口普查数据显示，中国 60 岁以上人口占总人口数的 13.26%，65 岁以上人口占 8.87%，我国人口老龄化已经进入快速发展阶段。进行社区适老性研究，可增加了社会对老年群体的理解度，老年人可以基于此获得适宜的养老场所，达到安享晚年的目的；对家庭成员来说，适老性研究为寻找家中老人的合适养老场所提供一个参考，减轻无法在家中赡养老人的家庭成员的心理负担和部分经济负担；对社区发展来说，可以帮助判断社区现有的基础设施、周边环境、内部氛围等建设是否有利于老年人的居住养老或者为社区的下一步建设提供方向，从而营造出更加和谐的社区环境。项目的实施计划安排如下：

<u>2017 年 3 月</u>：基于目前社区发展趋势与关注的焦点确立社区适老性的研究价值，对研究方向、研究方法做出基本的选择与粗略的安排。

<u>2017 年 4—6 月</u>：资料查找，数据获取与统计整理，了解老年人的基本需求与社区适老性空间研究的重要性，构建社区适老性评价指标体系，并运

用层次分析法进行各级指标权重的确立。

1. 指标构成

适老性在社区硬件设施上的特征表现为生活环境安全性、活动空间交往性、居住环境舒适性便利性以及交通出行的无障碍性；在软件设施上表现为医疗服务、安全服务、生活服务及关爱服务等老年人对社区服务的需求。因此依据其表现特征细分出第三级评价指标，并从物质空间与社会空间对分值趋势进行分析。

2. 权重确立

采取层次分析法，引入了 Saaty 等人提出的 1～9 标度，将其中的含义加以改造得出因素间优劣性比较标度表，要求专家对同一层中的指标依据所得资料进行两两比对，求出正互反矩阵，根据 AHP 算法求单层中各指标权重。

对正互反矩阵的各自行元素连乘开 n 次方，记为：

$$\hat{w}_i = \sqrt[n]{\prod_{j=1}^{n} a_{ij}} \tag{1}$$

权重归一化：

$$w_i = \frac{\hat{w}_i}{\sum_{i=1}^{n} \hat{w}_i} \tag{2}$$

其中 n 表示影响因素个数，w_i 表示准则层因素 i 权重。

在求得各层单排序权重以后，再按照综合评价体系流程中的对应关系求出各细化指标的绝对权重，计算方法是用细化指标的单层权重乘以准则层的单层权重。求出单层权重以后根据调查问卷评分运用模型公式进行计算得到机构最终评分。计算公式及步骤为：

绝对权重系数：

$$w_{ij}^* = w_{ij} \cdot w_i \tag{3}$$

适老性的综合量化评分：

$$S_j = \sum_{i=1}^{N} w_{ij}^* \cdot s_{ij} \tag{4}$$

其中 W_{ij}^* 表示准则层因素 i 的细化指标 j 绝对权重，S_{ij} 表示机构 i 的第 j 项细化指标调查得分。

综合上述内容，对各层、各项中的因素进行比较，运用 MATLAB 软件处理，得到准则层与要素层相对权重（表1），计算过程中，各要素权重均通过一致性检验。

表1　适老性指标体系权重分布表

目标层一级指标 A	准则层二级指标 B	B 对 A 的权重 W_{bi}	要素层三级指标 C
评价指标体系	社区安全性 B1	0.3478	建筑设计 B1C1
			户外安全设施布置 B1C2
			社区封闭程度 B1C3
			安全知识宣传度 B1C4
	出行便捷性 B2	0.2323	社区内道路设计 B2C1
			无障碍设施普及率 B2C2
			公交站点数量及服务半径 B2C3
			交通满意度 B2C4
	环境舒适性 B3	0.0923	自然环境 B3C1
			住宅空间 B3C2
			公共空间 B3C3
	社区交往性 B4	0.0923	邻里交往程度 B4C1
			社区文化氛围 B4C2
			社区活动参与程度 B4C3
			社区归属感 B4C4
	社区服务度 B5	0.2353	医疗卫生服务 B5C1
			教育服务 B5C2
			商业服务 B5C3
			养老服务 B5C4
			紧急救助服务 B5C5

　　针对建筑设计 B1C1、户外安全设施布置 B1C2、社区封闭程度 B1C3、社区内道路设计 B2C1、无障碍设施普及率 B2C2、公交站点数量及服务半径 B2C3 等六个指标，依据老年人居住建筑设计标准制定百分制评分细则，并邀请各社区老年人进行评分；针对剩余指标采用李克特五点量表，运用 α 信度系数法检验其内在一致性程度。

　　3. 评价指数

　　社区适老性是由社区安全性 B1、出行便捷性 B2、环境舒适性 B3、社区交往性 B4 和社区服务度 B5 五大系统有机组合而成的，为了全面评价城市社区适老性程度，将指标体系采用多指标综合评价的方法进行评价。因此，应首先把指标层的指标实测值转化为各指标的评价指数，通过加权综合层层叠加得到系统层指标的评价指数、而后以一定的模式进行综合，最终得到社区适老性总体指数。

（1）指标评价指数

将各准则层所属的次级单项指标通过加权叠加后得到其评价指数，其中次级单项指标指数由实测值依据指标分级标准得到。计算公式如下：

$$E = \sum_{i=1}^{m} W_i P_i \qquad (5)$$

E——准则层该项指标评价指数，m—次级指标的项数

W_i——指标权重值，P_i——该准则层下属的各次级指标指数

（2）社区适老性指数

城市社区适老性程度是各层级指标由微观到宏观、由简单向复杂、逐层递进且相互作用而形成的结果，是衡量社区老年人居住质量和水平的综合指标，能反映某一时期老年人居住的总体状态。为此，根据评价指标体系的结构和层级，本文设置了加权综合计算得出的社区适老性指数作为综合性指标，以反映城市社区老年人居住生活的水平和整体的质量。

$$S = \sum_{j=1}^{n} W_j E_j \qquad (6)$$

S——城市人居环境质量指数

W_j——系统层评价指标相应权值

E_j——系统层评价指标相应指数

<u>2017 年 7 月</u>：对长沙市社区老龄化程度做出宏观把控，初步筛选研究社区，并联系各社区居委会工作人员进行初步访谈。

<u>2017 年 8—11 月</u>：确定典型社区的选取，根据指标体系设计调查问卷，进行初调研，根据具体情况完善问卷，实行正式调研；随后进行数据处理，评价各社区适老性得分，深入分析并得出影响因素；同一时间进行图件制作与优化。

<u>2017 年 12 月—2018 年 2 月</u>：报告撰写，进行后续完善和感想总结。

👉 **点评**

该项目属于社会调查类研究，需要对研究对象进行充分的调研。因此，实施计划将有限的一年时间，分选题、前期资料准备、典型社区选取与联络、典型社区调研与评价、完善与总结五个阶段实施，结合项目组成员及指导教师的时间安排，将对典型社区的调研评价放置于暑假阶段，后续补充完善阶段放置于寒假时期，时间节点安排合理，且切实可行。

实例 4-4 ···▶

下面是某商业项目设计工作进度计划表。

2014 年 9 月 15 日—2015 年 8 月 15 日计划

序号	内容	目标	方法	时间	地点	责任人
1	概念方案设计阶段	完成概念方案设计	1.1 选择并确定概念方案设计公司	9 月 15 日—9 月 30 日	Office	张三
			1.2 根据策划定位报告编写设计任务书	9 月 15 日—9 月 30 日	Office	李四
			1.3 签订设计合同	9 月 15 日—9 月 30 日	Office	王某
			1.4 概念方案设计初期汇报	10 月 8 日—10 月 22 日	Office	×××
			1.5 概念方案设计中期汇报	10 月 23 日—11 月 7 日	Office	×××
			1.6 概念方案设计终期汇报	11 月 8 日—11 月 15 日	Office	×××
			1.7 完成并提交概念方案设计文件	11 月 16 日—11 月 18 日	Office	×××
2	建筑方案设计阶段	完成建筑方案设计	2.1 建筑方案设计初期汇报	11 月 24 日—12 月 5 日	Office	×××
			2.2 建筑方案设计中期汇报	12 月 6 日—12 月 19 日	Office	×××
			2.3 建筑方案设计终期汇报	12 月 20 日—12 月 26 日	Office	×××
			2.4 完成并提交概念方案设计文件	12 月 27 日—12 月 31 日	Office	×××
3	建筑方案深化设计及扩初设计阶段	完成扩初设计	3.1 选择并确定设计公司		Office	×××
			3.2 根据商业部及其他各部门审核意见编写设计任务书	1 月 1 日—1 月 15 日	Office	×××
			3.3 签订设计合同		Office	×××
			3.4 深化方案设计初期汇报	1 月 16 日—1 月 30 日	Office	×××
			3.5 深化方案设计终期汇报	1 月 31 日—2 月 13 日	Office	×××
			3.6 完成并提交深化方案设计文件	3 月 1 日—3 月 9 日	Office	×××

（续表）

序号	内容	目标	方法	时间	地点	责任人
3	建筑方案深化设计及扩初设计阶段	完成扩初设计	3.7 扩初设计初期汇报	3 月 10 日—3 月 31 日	Office	×××
			3.8 扩初设计终期汇报	4 月 1 日—4 月 10 日	Office	×××
			3.9 完成并提交扩初设计文件	4 月 11 日—4 月 15 日	Office	×××
4	施工图设计阶段	施工蓝图	4.1 选择并确定施工图设计公司	×××	Office	×××
			4.2 编写施工图设计任务书		Office	×××
			4.3 签订设计合同	×××	Office	×××
			4.4 总平面、平立剖优化设计	4 月 16 日—4 月 30 日	Office	×××
			4.5 商业街施工图电子版审核	5 月 1 日—5 月 20 日	Office	×××
			4.6 完成并提交商业街施工图设计文件施工蓝图	5 月 21 日—5 月 31 日	Office	×××
			4.7MALL 施工图电子版审核	5 月 1 日—6 月 10 日	Office	×××
			4.8 完成并提交施工图设计文件施工蓝图	6 月 11 日—6 月 15 日	Office	×××
5	外立面二次设计阶段	施工蓝图	5.1 选择并确定设计公司	×××	Office	×××
			5.2 签订设计合同	×××	Office	×××
			5.3 施工图电子版审核	6 月 15 日—7 月 30 日	Office	×××
			5.4 完成并提交施工图设计文件	8 月 1 日—8 月 15 日	Office	×××
6	景观设计	设计方案	景观设计	2015 年 5 月 1 日—2015 年 8 月 31 日	Office	×××
7	能源顾问公司的选定	胜任	能源顾问公司（通风、空调、水处理）的选定	2014 年 9 月 15 日—2014 年 10 月 31 日	Office	×××
8	内装设计	设计方案	内装设计	2015 年 6 月 16 日—2015 年 9 月 30 日	Office	×××

☞ **点评**

上述为某商业项目设计的工作计划，从概念的提出到最后的设计成图进行了详细的计划安排，将总任务目标进行分解，形成不同的阶段目标，并对完成阶段目标的方法与流程进行了详细规划，具有明确的工作内容、目标、方法、时间和责任人，逻辑次序清晰明了。

当然，计划安排也可以按照逻辑顺序一行行地依序罗列，努力做到言简意赅，一目了然。对于大学低年级同学来说，开展创新性训练项目，资助期限一般为一年，而且更多地集中在课外、周末和节假日。因此详细工作计划就要按照切实可行的空余时间，以及研究内容和研究计划来组织，时间、地点、研究内容和研究步骤要非常清晰，一环扣一环，逐步推进。

总之，制定完善的工作计划和方案是组织项目实施的基础，然而工作计划并非一成不变的。因为计划并不能消除所有的意外变故，因而可以在工作计划中拟定必要的应急预案，在出现未曾预料的情况时，适时调整工作计划，保持工作计划的灵活性。

第二节 | 实验条件的准备

在拟定详细工作计划和方案的基础上，分析项目所需的硬件与软件条件，为开始实施项目做好条件准备工作。

一、硬件条件的准备

人类的感官能力是有一定限度的，为了克服人的感官局限性，在进行项目实施时，就需要借助一定的外部设施（如科学仪器与设备），而科学仪器的使用需要遵从一定的规则与规范，才能发挥其应有功能和效益。

1. 精密仪器的准备工作

（1）仔细阅读仪器使用说明书，了解仪器具体功能或用途。

（2）掌握并熟记仪器操作规程，为操作仪器做好充足准备。

（3）熟记仪器的使用技巧和保养要求。

（4）在有经验的教师或学长的示范和引领下熟悉操作规程，掌握技巧。

2. 试剂的准备工作

（1）仔细阅读试剂的标签及说明书，了解试剂用途。

（2）掌握并熟记试剂的使用条件与操作方式，为测试分析做好充足准备。

（3）熟记试剂的使用技巧和保存要求，安全使用与保存试剂。

（4）向有经验的教师或学长多请教。

二、软件及其他条件的准备

1. 数据软件的准备

（1）仔细了解计算机软件的组成模块，了解数据软件的功能及用途。

（2）了解软件的安装条件及要求，安装好数据软件。

（3）掌握数据软件的使用与操作方式，为分析数据做好充足准备。

2. 人员技能的准备

现代社会是一个以知识为主要生产要素的经济时代。在知识经济运行和发展中，其主要的动力在于知识的产生、知识的传播和知识的应用。因此，知识状况和运用知识的技能是项目人员能力结构中非常重要的基础，也是项目实施所必须准备好的条件。

知识一般可分为基础知识和专业知识，基础知识又分为普通基础知识和专业基础知识。专业知识是一个人形成专业能力的重要基础，也是人们认识和改造世界的重要基础。人员技能的准备主要指专业基础知识和专业知识及对其应用能力的准备，即动手前能力的准备。

实例 4-5

我国已故著名生物学家童第周（1902—1979）在生物遗传学研究中取得重大突破，他的研究成果就有力地说明了这一点。

童第周教授提出，细胞质中含有的信使核糖核酸对改变生物的遗传能起到主动的、积极的作用。但是，任何一个科学结论，光凭口说是不能成立的，还必须拿出实验结果做根据。他和牛满江教授首先选择鱼类中的一对近亲——金鱼和鲫鱼作为研究对象，从鲫鱼卵巢成熟的卵细胞中提取信使核糖核酸，注射到金鱼的受精卵中去，观察这种金鱼的后代将出现什么变化。童第周和牛满江教授的实验说起来容易，做起来绝不容易。如果没有童教授所具备的高超、精细、灵巧、熟练的超群的动手能力，这个科研项目的实施只能付之东流。

有一个实验目击者有过这样一段描述：

"……手术的对象是金鱼的受精卵细胞，小得像一颗颗金黄小米粒。和在医院里给病人做手术之前一样，先要给它们脱去身上的'衣服'，即去掉包住它们的卵膜。可是，这身'衣服'小得实在不能再小，薄得实在不能再薄了。看，那双手握着一对尖刺的钢镊，向一个细胞钳过来了，这时，只要轻轻地颤一颤，在显微镜下都会呈大幅度的摆动，在培养液中掀起一阵轩然大波，甚至使那个娇嫩的小生命化为乌有。"

"请不必担心，那双手以惊人的准确和敏捷，夹住细胞的一端，均匀地向两边一撕，细胞膜就被剥离得干干净净。显微镜下又探来一根玻璃针，它使人想起巧手姑娘的绣花针，但它比绣花针细得多，他给脱掉'衣服'的小家伙，一个接一个地进行注射。用科学家的语言来说，这是'分子一级水平的研究'。仅在短短半小时里，同样的高难度手术重复了 23 次，平均一分钟一个。"

"全部动作是那么娴熟、优美、富于节奏。面对这双手，人们会发出惊叹，会感到由衷的骄傲。因为，这是中国科学家的手，在施行难度很高的精细手术。"

☞ **点评**

要把观念状态的东西转化为实实在在的物质成果，必须通过动手来实现。要检验项目的种种设想、预测的正确性如何，项目实施人员的技能与动手能力显得至关重要。

三、学习实验室必备的安全常识

实验室是动手实践能力的主要训练场所，拥有各种各样的仪器设备与器具、化学试剂，水电设施与设备，操作不当会对生命健康造成安全威胁，造成一定的财产损失，不可掉以轻心。要以高度的责任感和敬业精神把握相应的安全规程和制度。

（一）实验室基础安全常识

进入实验室的人员（学生和工作人员）均要参加实验室安全与环保知识培训，新进人员还必须考核合格后方可进实验室工作。

1. 实验室安全个人须知

（1）遵守实验室内各项规章制度和仪器设备的操作规程。

（2）实验室内禁止吸烟、饮食、涂化妆品或佩戴隐形眼镜。冷藏柜内严禁储放食物，禁止在实验室睡觉过夜。

（3）熟悉实验室内各类个人防护设备与用品的用法，进行实验操作时按规定做好个人防护。

（4）在实验室，应把长发或宽松衣服束起，切勿穿拖鞋、凉鞋或露趾鞋进入实验室。

（5）所有盛装化学品的容器都需要贴上正确清晰的标签。

（6）实验室如遇突然停电停水等情况，必须检查电源和水源是否关闭，避免重新来电来水时，发生相关安全事故。

（7）离开实验室时，关闭门窗、水源、电源、气源，确保水、电、气、物品安全，并做好身体的清洁。

（8）确需在实验室过夜做实验，须实验室负责人或导师审批同意，在实验室过夜做实验须两人以上。

（9）保持安全通道通畅。

2. 实验室防火防爆安全常识

（1）实验室内存放的一切易燃、易爆物品（如氢气、氧气等）必须与火源、热源、电源保持一定距离，不得随意堆放、使用和储存。有易燃、易爆品的实验室严禁烟火。

（2）操作、倾倒易燃液体时，应远离火源。加热易燃液体必须在水浴或密封电热板上进行，严禁用火焰或火炉直接加热。

（3）废溶剂严禁倒入水池，应分类收集于指定的回收桶内，再集中处理。

（4）可燃性气体钢瓶与助燃气体钢瓶不得混合放置，各种钢瓶不得靠近热源、明火，并可靠固定，禁止碰撞与敲击。

（5）操作大量可燃性气体时，应防止气体逸出，保持室内通风良好，严禁使用明火。

（6）煤气开关、气体胶管应经常检查，并保存完好。

（7）实验室内未经批准、备案，不得使用大功率用电设备，以免超出用电负荷发生险情。

（8）禁止在楼内走廊上堆放物品，须保证消防通道通畅。

（9）与空气相混合的某些气体的爆炸极限（20℃，101.325kPa）（表4-1）。

表4-1 一些常规气体的爆炸极限 (20℃, 101.325kPa)

气体	爆炸极限 (V%)	气体	爆炸极限 (V%)
氢气	4.0~74.2	对二甲苯	1.1~7.0
甲烷	5.0~15.0	丙酮	2.6~12.8
乙烯	2.8~28.6	乙醇	3.3~19.0
乙炔	2.5~80.0	乙酸乙酯	2.2~11.4
苯	1.4~6.8	一氧化碳	12.5~74.2
甲苯	1.3~7.8	煤气	5.3~32.0

（10）有些化学品在外界条件作用下（如受热、受压、撞击等），能发生剧烈化学反应，瞬间产生大量气体和热量，使周围压力急剧上升，发生爆炸（表4-2）。

表4-2 一些常见化学物质强烈反应的物质及后果

主要物质	互相作用的物质	产生结果
浓硝酸	松节油、乙醇	燃烧
过氧化氢	乙酸、甲醇、丙醇	燃烧
高氯酸钾	乙醇、有机物、硫黄、有机物	爆炸
钾、钠	水	爆炸
乙炔	银、铜、汞化合物	爆炸
硝酸盐	酯类、乙酸钠、氯化亚锡	爆炸
过氧化物	镁、锌、铝	爆炸

3. 消防设施种类及使用方法

实验室常用灭火器材主要有干粉灭火器、二氧化碳灭火器、泡沫灭火器、水源、沙土、灭火毯等。常见的灭火器材及使用方法如下（表4-3）。

表4-3 常见灭火器材及其使用方法

器材类型	使用方法	适用范围	注意事项
水源	用水将火焰扑灭	适合大部分火灾情况	一般不宜在化学实验室内使用，也不宜用于带点设备
沙土	将沙子盖撒在着火物体上	适用于一切不能用水扑救的火灾	沙土要经常保持干燥

（续表）

器材类型	使用方法	适用范围	注意事项
二氧化碳灭火器	取下截止针，左手握住杠杆压把，右手持把手，将喇叭口尽量靠近着火点，压下杠杆压把	液体或可熔化固体燃烧、可燃气体燃烧、电器引起的火灾	a. 灭火距离不超过 2 米； b. 室外有风时效果不佳； c. 喷射时切勿接触喷管金属部分，以免冻伤
泡沫灭火器	将灭火器翻转使药液混合产生二氧化碳、氢氧化铝泡沫并直接喷向火场	容易导致电器损坏，一般不适用于电器火灾	a. 喷嘴需定期检查，防止堵塞导致使用时出现炸裂； b. 内装药液需定期更换； c. 平时勿要摇动灭火器； d. 灭火器存放需防冻避高温
干粉灭火器	拉掉手柄上的拉环（有喷射管的则用左手握住喷射管），右手提起灭火器并按下压把横扫	适用于固体有机物质燃烧、液体或可溶化固体燃烧、可燃烧气体燃烧	a. 在距离燃烧物 3 米左右灭火，不可颠倒使用； b. 在室外，选择上风口灭火； c. 不适用范围：自身能释放或提供氧源的化合物火灾；钠、钾、镁、锌等金属燃烧引起的火灾；一般固体深层火或潜伏火；精密仪器和精密电器设备失火等

4. 其他安全常识

更详细的实验室基础安全知识及其他安全知识，如用水安全、用电安全、火灾应急措施、信息安全等，可阅读如《实验室安全手册》《北京大学化学实验类教材：化学实验室安全知识教程》等参考资料。

（二）化学品基本安全常识

1. 化学品的采购

（1）危险化学品分为：爆炸品、压缩气体和液化气体、易燃液体、易燃固体、自然固体和遇湿易燃物品、氧化剂和有机过氧化物、有毒品和腐蚀品、放射性同位素物品等。

（2）国家管制的危险化学品需通过院系、保卫处、资产与实验管理处等相关部门审批后购买。

（3）化学品应从具有化学品经营许可资质的公司购买。

（4）不得通过非法途径购买（获取）、私下转让危险化学品。

2. 化学品的储存

（1）一般原则

a. 实验室需建立并及时更新化学品台账，妥善清理无名、废弃化学品。

b. 存放化学品的场所必须整洁、通风、隔热、安全、远离热源和火源。

c. 所有化学品都有明显标签（名称、质量规格及来货日期）以及危险性质明显标志。

d. 易燃物、易爆物及强氧化剂只能少量存放。

e. 严格按照化学物质的相容性分类存放，互相作用的化学品不能混放，必须隔离存放。

（2）分类存放要求

a. 易燃液体：远离热源火源，于避光阴凉处保存，通风良好，不能装满，最好保存在防爆冰箱内。

b. 腐蚀性液体：放于药品柜下端，选用抗腐蚀材料架。

c. 产生有毒气体或烟雾的化学品：单独存放于通风的药品柜中。

d. 剧毒品：专柜上锁，双人双锁管理，性质相抵的不能同柜存放。

e. 爆燃类固体：与易燃物、氧化剂隔离，宜存于20℃下，置于防爆柜内。

f. 致癌物：有致癌物的明显标识并上锁。

g. 强氧化剂：存放于阴凉通风处，最高温度不得超过30℃，与酸类、木屑、炭粉、硫化物等易燃物、可燃物或易被氧化物等隔离。

h. 低温存放的化学品：需低温存放才不致变质，宜存于10℃以下，如苯乙烯、丙烯腈、乙烯基乙炔、甲基丙烯酯甲酯、氢氧化铵等

i. 特别保存物品：金属钠、钾等碱金属贮存于煤油中，黄磷贮存于水中，此两类药物易混淆，要隔离贮存。苦味酸湿保存（湿度不低于50%），镁和铝避潮保存，吸潮物和易水解物贮存于干燥处，封口应严密，易氧化易分解物存于阴凉暗处，用棕色瓶或瓶外黑纸盛装，但双氧水不要用棕色瓶装，最好用塑料瓶装并外包黑纸。

3. 化学品的使用

（1）实验之前应先阅读使用化学品的安全技术说明书，了解化学品特征，采取必要的防护措施。

（2）严格按实验规程进行操作，在能够达到实验目的的前提下，尽量少

用，或用危险性低的物质代替危险性高的物质。

（3）使用化学品时，不能直接接触药品、品尝药品味道、把鼻子凑到容器口去闻药品的气味。

（4）严禁在开口容器或密闭体系中用明火加热有机溶剂，不得在烘箱内存放干燥易燃有机物。

（5）实验人员应佩戴防护眼镜、穿着合身的棉质工作服及采取其他防护措施，并保持工作环境通风良好。

4. 化学废弃物的处置

（1）应及时清理化学废弃物，遵循兼容相存的原则，按无机废酸液、无机废碱液、有机废液、废渣分类收集，并使用专用容器（20升小口方形废液桶或25升大口圆形废渣桶）盛装。

（2）废液桶外壁须标明废弃物类别、成分、性质、单位名称、实验室房间号等信息。

（3）废气排放前应先经过吸收、分解净化处理，方能排放。

实验室废弃物不可任意处置或丢弃，要按照需要规程要求，经过合法手续移交有资质的专业公司来处置与销毁。

四、分析试样的采集与处理

（一）试样的采集

试样的采集是从大批物质中采取少量样本作为原始试样，原始试样再经加工处理后用于分析，其分析结果被视为反映原始物料的实际情况。因此，所采集的试样应具有高度的代表性，即所采集试样的组成能代表全部物料的平均组成。否则，后续分析工作将毫无实际意义。为了保证采样的代表性（有时也称准确性），又不致花费过多的人力和物力，采样时应依据一定的原则和方法进行。不同类型物料的采样方法不太一样，具体可参阅相关的国家标准和各行业制定的行业标准。

1. 固体试样的采集

固体物料种类繁多、形态各异，物料的性质和均匀程度差别很大。组成不均匀的物料有矿石、煤炭、废渣、土壤等，其颗粒大小不等，硬度差别较大；组成较均匀的有谷物、金属材料、化肥、水泥等。

由于固体物料的成分分布不均，应按一定方式选择不同点采样，然后混合（有时不混合，而分别处理与分析）以保证所采试样的代表性。

采样点的选择方法有多种：

（1）随机采样法。随机地选择采样点。

（2）判断采样法。根据有关分析组分的分布信息，并结合一定采样规则选择采样点。

（3）系统采样法。根据一定规则（如在同一平面均匀布点，每隔一定深度选取一个采样面）选择采样点。

随机采样法的采样点应达到一定数量，这样才能保证采样具有较高的代表性。系统采样法、判断采样法等因选点已有一定代表性，所以选取的采样点可相对少些。

一般来说，采样份数越多，所得试样的组分就越具有代表性，但所耗人力、物力将大大增加，并且采样数与对采样准确度的要求有关，也与物料组成的均匀性和颗粒大小、分散程度有关。因此，采样应在能达到预期要求的前提下，尽可能做到节省。

2. 液体试样的采集与存放

（1）采集

液态物料有水、饮料、油和工业溶剂等，它们一般比较均匀，因此采样单元数可以较少。对于体积较小的物料，通常可在搅匀后用瓶子或取样管采一份试样用于分析。但当物料的量较大时，人为的搅拌难以有效地使物料混合均匀，此时应在不同的位置和深度分别采样后混合，以保证试样的代表性。

对于水样，应根据具体情况，采用相应的方法采样。如采集水管中或有泵水井中的水样，采样前需让水龙头或水泵先放水 10～15 min，然后再用干净试样瓶收集水样。在采集江、河、池、湖中的水样时，首先要根据分析目的及水系的具体情况选择采样地点，然后用采样器在不同采样点、不同深度各取一份水样，分别混合均匀后作为分析试样。对于管网中的水，一般需定时收集 24 h 水样，混合后作为分析试样。

液态物料的采样器常为塑料或玻璃瓶，一般情况下两者均可使用。但当要检测试样中的有机物时，宜选用玻璃器皿，而要测定试样中微量的金属元素时，则宜选用塑料采样器，以减少容器吸附和产生的微量被测组分的影响。

（2）保存

液体试样的化学组分易因溶液中的化学、生物和物理作用而发生变化。

因此，一旦采好试样，除非马上对其进行测试，不然都应采取适当保存措施，以防止或减少存放期间试样的变化（表4-4）。

常用的保存措施有：

a. 控制溶液的 pH；

b. 加入化学稳定试剂；

c. 冷藏和冷冻；

d. 避光和密封。

采取此类措施旨在减缓生物作用、化合物的水解、氧化还原作用及减少组分的挥发。保存期长短与待测物的稳定性及保存方法有关。

液体试样适合于大多数分析方法的检测。因此，原始液体试样一般不需要额外处理便可用于测定。

表4-4　几种常见液体试样保存方法及应用范围

保存方法	作用	测定项目
加 $HgCl_2$	抑制细菌生长	多种形式的氮、多种形式的磷、有机氯农药
加 HNO_3，pH < 2	防止金属沉淀	多种金属
加 H_2SO_4，pH < 2	抑制细菌生长，与有机碱反应形成盐类	有机水样（化学需氧量、油和油脂、有机碳）、氨、胺类
加 NaOH	与挥发性酸性化合物形成盐类	氰化物、有机酸类
冷冻	抑制细菌生长，降低化学反应速率	酸度、碱度、生物需氧量、色、臭、有机磷、有机氮、有机碳等

3. 气体试样的采集

气体试样有汽车尾气、工业废气、大气、压缩气体及气溶物等。

最简单的气体试样采集方法为用泵将气体充入取样容器中，一定时间后将其封好即可。但在选择容器时应注意它对微量成分的影响。由于气体贮存困难，大多数气体试样采用装有吸收液、固体吸收剂或过滤器的装置收集。

吸收液用于收集气态和蒸汽状态物质，常用的吸收液有水溶液和有机溶液。

固体吸附剂用于挥发性气体（蒸汽压约大于 0.1 Pa）和半挥发性气体（10^{-7} ~0.1 Pa）的采集，许多无机物（如硅胶、氧化铝、分子筛）、有机聚

合物和木炭可用作吸附剂

过滤器用于收集气溶胶中的非挥发性组分。这些采样方法均使被测组分得到了富集，因此常被称为浓缩采样法。

对于大气，应根据被测组分的存在状态（气态、蒸汽或气溶胶）、浓度及测定方法的灵敏度，选用直接法或浓缩采样法。

对于贮存在大容器（如贮气柜或槽）内的物料，因上下密度和均匀性可能不同，应在上、中、下等不同处采样后混匀用于分析。

气体试样的化学成分通常较稳定，不需采取特别措施保存。对于用固体吸附剂和过滤器采集的试样，可通过加热脱附或用适当的溶剂溶解、洗脱后用于分析。用其他方法采集的气体试样一般也不需制备即可用于分析。

4. 生物试样的采集

生物物料不同于一般的有机和无机物料，其组成因部位和时季不同有较大差异。因此，采样时应根据研究或分析需要选取适当部位和生长发育阶段进行，也就是说采样除应注意有群体代表性外，还应有适时性和部位典型性。采样量应根据分析项目而定，须保证试样经处理、制备后，还有足够数量以满足需要。

对于植物试样，采集好后需用清洁水洗净，并及时用滤纸吸干或置于干燥通风处晾干，或用干燥箱烘干。用于鲜样分析的试样，应立即进行处理（如切细、捣碎、研磨等）和分析。当天未分析完的鲜样，应暂时置冰箱内保存。若要测定生物试样中的酚、亚硝酸、有机农药、维生素、氨基酸等在生物体内容易发生转化、降解或不稳定的成分，一般应采用新鲜试样进行分析。

若需进行干样分析，可将风干或烘干后的试样粉碎，再根据分析方法的要求，分别通过40~100号的筛，然后混匀备用，处理过程中应避免所用器皿带来的污染。

由于生物试样的含水量很高，若要进行干样分析，其鲜样采集量应为所需干样量的5~10倍。

对于动物试样，如动物的尿液、血液、脊髓液、唾液、胃液、胆汁、乳液、毛发、指甲、骨、脏器和呼出的气体等，采集好后应根据分析项目的要求对试样进行适当处理。如毛发和指甲，采样后要用中性洗涤剂处理，经蒸馏水冲洗后，再用丙酮、乙醚、酒精或EDTA（乙二胺四乙酸或其二钠盐）溶液洗涤。对于采得的血液试样，可根据分析需要分别在自然凝固后离心分离、加抗凝剂（如柠檬酸钠－葡萄糖混合溶液）后进一步离心分离，以得到所需的血清、全血或血浆。

（二）试样的处理与制备

试样可混合后经适当处理再进行分析，也可以不经混合，分别处理后分析，取其平均值。在分析实验中所需试样量一般为零点几克至几克，而原始试样的量一般很大（数千克至数十千克），且其组成复杂，化学成分的分布常常不均匀。因此，需要对试样进行加工处理，使其数量大为减少，但又能代表原始试样。通常要将其制备成 100 ~ 300 g 供分析用的最终试样，即实验室试样。由于液体和气体试样在混匀后取少量即可用于分析，因此，试样的制备主要针对不均匀的固体试样与部分生物试样。

将原始试样处理成分析试样一般需要经过如下过程：

1. *试样的破碎与过筛*

用机械或人工方法将试样逐步破碎，一般分为粗碎、中碎和细碎等研磨阶段。

粗碎，一般用颚式碎样机把试样粉碎至能通过 3 ~ 6 号筛；

中碎，用盘式碎样机把粗碎后的试样磨碎至能通过约 20 号筛；

细碎，用盘式碎样机进一步磨碎，必要时用研钵研磨，直至能通过所要求的筛孔为止。

分析试样要求的粒度与试样的分解难易等因素有关，一般要求通过 100 ~ 200 号筛。

筛子一般用细铜合金丝制成（分析指标为金属元素时，应使用尼龙制成的筛子过筛），其孔径大小用筛号（网目）表示，我国现行的标准筛的筛号及其相应孔径如下表 4 – 5 所示：

表 4 – 5　标准筛的筛号与孔径

筛号/网目	3	6	10	20	40	60	80	100	120	140	200
筛孔直径（mm）	6.72	3.36	2.00	0.83	0.42	0.25	0.177	0.149	0.125	0.105	0.074

2. *试样的混合与缩分*

试样每经一次破碎后，使用机械（分样器）或人工方法取出一部分有代表性的试样，继续加以破碎，这样就可使试样量逐步减少，这个过程称为缩分。采样要有代表性，要有足够的数量，一般是先将采集的样品去杂质，经破碎后按切乔特经验公式（戴蒙德－哈里费达尔公式 $Q = Kda$ 的简化）缩分。

$$Q = Kd^2$$

式中：Q 为缩分后样品的最低可靠质量（千克）；d 为样品破碎后的最大颗粒直径（毫米）；K 为根据样品的均匀性确定的缩分系数，由实验确定（0.05 ~ 1.0）。

常用的手工缩分方法为四分法。这种方法是将已粉碎的试样充分混匀后堆成圆锥形，然后将它压成圆饼状；再把它分成四个象限，两对角部分合并，一份丢弃，一份作为试样，这样试样便缩减了一半，称之为一次缩分。经过多次缩分后，剩余试样可减少至所需量。

第三节 尝试性着手工作

一、什么是尝试性着手工作

检验项目准备工作是否充分的唯一有效的方法，就是按照详细的工作方案尝试性着手工作，即预实验、预操作。通过预实验，检验初步工作方案的可行性。

预实验，是指在进行实验教学或科学研究时，经常需要在正式实验前进行若干次尝试性实验，以积累经验，改进计划。预实验不仅仅是一个简单的准备过程，在这个过程中才能真正懂得理论知识如何运用于实践。同时，许多科技发明专利和研究方法、操作规范、新的理论成果，都可以由预实验来探索和检验。

二、尝试性着手工作的目的和作用

1. 落实项目硬件与软件条件的准备情况

创新训练项目，基本上是他人开展不多的研究工作，对于低年级大学生而言，之前没有多少经验可以利用，最可行而且保险的做法就是尽快积累经验。而通过初步尝试性操作，可以检查一下项目开展顺序的硬件和软件条件是否准备到位，是否符合项目目标和任务的要求。

2. 探索影响项目成败的条件

通过上述工作，如果结果是令人欣慰的，那说明我们所做的计划和设计是有效的，我们由此可以形成操作规范，形成制度和纪律，形成牢固的经验和技巧。反之，结果不尽如人意，那么就要静下心来，本着"失败乃成功之母"的观念，深入系统地分析失利的原因，重新修正研究计划和方案，鼓足勇气和信心，再做一次尝试，直到成功为止。借此锤炼我们的意志和耐心，培养难能可贵的精神。

3. 发现不期然的问题，分析出现异常的原因，制定预防措施

同样，通过尝试性操作，可以发现我们最初没有预料到的情况和问题，并基于此来细致分析其原因所在，从而做到亡羊补牢，回头去完善和细化工作计划和工作方案，保证项目顺利开展下去。

4. 保证正确的实验效果和项目的顺利进行

尝试性工作的开展，可以有效地排除不期然的问题再次发生，积累足够的经验和技巧，由此保证实验结果的准确和有效，使得我们的项目顺利开展起来。

三、应注意的几个问题

1. 严格按照工作方案实施，不能任意改变

创新性研究项目，对我们低年级大学生来说是一个新生事物，知识储备上不充分，经验和技巧还很有限，因而需要严格按照充分征求专业教师和学长意见和建议后制定好的初步方案，切不可事前犹豫不定，踌躇不前，要努力做到信心满怀地去做、去拼、去取胜。

2. 百分之百地投入，一丝不苟

创新性实验研究项目，往往有一定难度，需要花费相当多的精力，因而在课余开展实验研究时，一定要聚精会神，全神贯注，严谨稳重，一丝不苟，做到步步为营，稳扎稳打。

3. 对其中任何变化细节要做详细记录

尽管是预研究、预实验，但它的重要性丝毫不比正式开展研究工作低，相反，对一个科研领域的新手来说，往往会显得更为重要。因此，研究过程中要细致观察，对任何细微的变化和异常都要详细记录，不可想当然忽略和放弃。要知道，很可能这些小的变化，正是我们的项目取得明显或重大进展的关键所在。

4. 无论如何，必须将一个完整研究环节进行到底

在研究实施过程中，无论发生什么样令人沮丧的情况，都要耐心冷静地把当下环节的操作进行到底，切不可因结果不理想而轻易放弃。比如最常规的化学试剂配制溶液环节，因为操作不慎，加的化学药品量多了一点或蒸馏

水加多了一些，达不到实验要求的浓度，此时怎么办呢？一种选择是完全重做，另外也可以重新经过计算，再加一点蒸馏水或化学试剂。

第四节 | 克服遇到的各种困难

爱因斯坦说过："提出一个问题往往比解决一个问题更重要，因为解决问题也许是一个数学上的或实验上的技能而已，而提出新的问题却需要有创造性的想象力，它标志着科学的真正进步。"所以，当我们针对实际科学问题开展常规的预研究及后期的实验或操作时，往往不会是一帆风顺的，需要克服种种困难，遇到困难不可怕，这很可能是新发现的契机，要善于分析其根源和原因，拟定下一步的研究方案。

实际上，我们可能遇到的问题五花八门，为了方便叙述，我们已将各类问题用困境一词来概括。那么，我们如何解决研究中所碰到的困境呢？

一、分析困境的性质、核心问题及其突破口

1. 分析困境的性质

往年的一些创新性训练项目，因为论证不够科学、严谨、全面、系统，从而在项目实施过程中遇到一些难以克服的困境而不得不提前终止项目，着实令人惋惜。

遇到困境后，切不可轻言放弃，要有一股不达目的永不放弃的精神，静下心来寻找对策。首要的是咨询指导教师和学长，其次是广泛查阅资料，看是否别人也经历过类似的情况，以及他们是如何克服的，从而弄明白困境的性质和原因，确定是否为可克服的困境。

所谓困境，指的是人们做事、想问题进入或处于一种没有头绪、不知所措、无能为力的状态，易造成情绪烦躁焦虑。困境与困难有时是同义词，有时又变成近义词，意思都是在进展时受阻碍或归于失败。

在耐心细致分析、充分借鉴他人经验、广泛咨询师长的基础上，我们就可以有针对性地补充或创设所需条件，改变思路，坚定信心，拟定新的工作计划，重新开始尝试。

2. 分析困境的核心问题

任何一种困境都有其核心问题，并且困境的种种问题都是围绕这个中心

而存在。所以，必须要首先找到该困境的中心问题。我们可以运用一种由表及里的"剥笋法"，即是一层一层地将竹笋的外壳剥掉，剥到最后就剩下隐藏在内的可吃的笋肉，而这个"笋肉"也就是我们要找的中心问题。

先将一个困境由表及里地进行分析，从外表来看，该困境存在哪些问题。深入一步分析的话，存在哪些问题。再深入一步分析看，还存在什么问题。然后将存在的所有问题归纳起来进行分析，再整理出其中的主要问题。接着，在这些主要问题中继续分析并找出主要问题。最后，在这些主要问题的基础上，分析出关键性的问题，这个关键性的问题就是要找的核心问题。

如同在一个陌生的街区或地方走进死胡同一样，我们的第一反应是反复观察揣摩，确定是否是判断失误造成的；当确认的确是死胡同后，我们一般会原路返回，这时牢靠的记忆就显得分外重要了，否则会成为无解的困境。这也就意味着我们平时的操作一定要心中有数，每一步都要做详细记录。这样有助于我们经过条分缕析反思，最终找到困境的核心所在。很多时候，这个核心很简单很细微，由于我们的疏忽或过度自信给遗漏了。

3. 寻找突破口

当我们找到了核心问题后，还需进一步分析解决这个核心问题的突破口在哪里。在分析过程中，一般可通过逻辑思维的方法，采用比较分析、归纳分析、演绎分析等方法，找出解决中心问题所有的制约因素。然后，对制约因素逐一进行细致研究，从而找出关键性的制约因素。那么，怎样去解决这个制约因素，就是我们最终要找的解决这个中心问题的突破口。

这种突破口，有时显得很简单直接，凭借已有经验或操作规范，可以手到病除；但如果是那种科技前沿的东西，那就需要全力以赴，广开思路，集思广益，咨询有成就的师长，竭力去迎接这种挑战。

二、寻找突破口的方法和步骤

上述寻找突破口的讨论有些太简单，有点误导读者。实际上，寻找突破口很不容易，需要高超的智慧和意志品质，有一定的程序可以遵循。

1. 分析突破口的性质和特征

如同我们把握困境的性质及其主要特征一样，突破口也需要彻底弄清楚核心问题的性质和特征。首先，我们需要明确核心问题是属于程序性的环节，还是思想观念、理论方面的内容，是知识性的还是经验性的问题，是个性方面的问题还是团队合作方面的问题；其次，针对这些考虑，从专业理论和操作规范出发，深入分析其所显示的内容，通过归纳概括把握其基本特征。

把握核心问题的性质无疑是重要的，但要想对症下药找到妥善的解决办法，还必须要从其基本特征入手，舍此没有捷径。

2. 构想解决办法与手段

这时我们可以运用创新思维、创新技法与创新技能的方法、手段，从突破口去攻克课题的中心问题。

一方面，可以根据以往经验、有经验有成就的教师和学长的建议和指导，来制定详细的应对办法和途径，另一方面，我们可以充分利用逻辑学、心理学、科学史的相关理论和方法，拟定切实可行的解决办法。

3. 提出假设与检验假设

所谓假设，就是假定或设想问题的结论或解决问题的途径和方法。不能立即找到和确定问题时就要假设，否则人们解决问题的活动就会成为一种盲目被动的活动。必须针对困境中存在的难题提出假设才有价值。

检验假设的方法有两种：一是直接通过有关的实践活动或实验来判断假设的真伪，即实践是检验真理的标准。二是通过智力活动来检查，即依据间接的实践结果来推论假设的真伪。如下棋、军事指挥人员对敌方行动的设想、科研人员制订科研计划、企业的市场对策分析。

在该阶段，有时运用反证法可以比较顺利而轻松地克服貌似难以克服的难题，至少我们可以排除一些棘手的、超出我们能力范围的备选方案。

第五节 │ 研究过程的详细记录与数据存储

研究的成败很大程度上取决于记录的完整与详细程度，人的记忆力毕竟有限，为以防万一，记录要越详细越好。详细的记录，可以用于分析、判断结果的好坏与正误，可以满怀信心地总结归纳研究结果。

一、什么是原始数据

数据有多种形式，实验数据记录本里保存的手写或者打印的测量、观察、计算、解释和结论的记录和报告，我们称之为"无形数据"，或文本数据。另外，还存在"有形数据"，指实验中直接测量得到的数据经过分析产生的图形、图表等，以及其他的有形体现，用来描述材料，比如细胞、生物标本、图片等。

科学研究中原始数据一般指未经技术手段处理的，在观察、实验或调研过程中获得的纸质或以计算机为载体形成的文字、图像、声音等数据。

原始数据的记录与保存，是科学实验的重要环节，科学家据此可以撰写报告、论文、项目和专利申请，是形成科研成果的重要基础。科学地记录和保存原始数据是所有项目人员必备的一种技能。

二、数据的载体类型与保存

记录原始数据通常采用的方法是纸质数据记录本、电子记录和数据库保存。这些方法各有利弊，分别适用于不同研究项目数据的保存。

1. 纸质数据记录本是记录科学研究过程的、连续编码的装订本

纸质数据记录本是一份记录项目研究人员实验、观察以及对理化现象最大程度的理解过程中发生的思考和行动的书面材料。纸质记录保存是首选的原始记录方法。该方法传统、方便、及时，是绝大多数实验室采用的一种记录原始数据的方法。

2. 电子记录方式

个人电脑的广泛应用使得电子实验室数据记录本逐渐得到广泛应用，一些科学研究使用软件系统记录数据，比如文字信息处理程序、电子数据表程序等。采用电子数据表中的运算工具、搜索功能等能更为方便地处理数据。扫描仪、画图程序和电子数据输出工具的出现，逐步推动了电子记录和保存技术的应用，部分替代了传统的纸质数据记录本。

3. 数据库保存

在生命科学领域产生海量的 DNA、RNA 和蛋白质数据，在遥感信息领域的海量遥感影像、实时监测数据，这类原始数据的保存方式一般有数据库保存和电子记录保存。

三、原始数据的记录要求

1. 数据记录具有真实性

项目实施成员要真实、及时、准确、完整地记录实验数据，不存在漏记和随意涂改，不存在伪造、编造数据。在修改、增减或删除数据时有明确的依据和说明。

2. 数据记录要保持完整性

项目实施成员应全面地记录实验内容，包括实验名称、目的、时间、方案、过程、观察指标、结果等。野外或实地调研同样需要详细记录其时间、地点、人员、调研内容、用品用具或仪器设备、调研方法、所搜集的材料（包括样品、调查问卷等）、原始数据等。

实例 4-6

下面是水质分析原始记录表。

水质分析原始记录表 G201×-×××

取样日期	年 月 日		取样时间	时 分	分析日期	年 月 日
天气	阴 雨 晴		气温	℃	温度	%
检验依据	GB5750-2006					
分析结果 / 样品名称 测定项目			原水	出厂水	管网水	
色度 (度)						
浑浊度 (NTU)						
PH						
游离余氯 (mg/L)						
臭和味						
肉眼可见物						
氨氮 (mg/L)						
耗氧量 mg/L	标准液浓度					
	V_1 (mL)					
	V_2 (mL)					
	校正系数 K					
备注						
检测人员：				复核人员：		

实例 4-7

下面是水质总磷的测定实验记录。

总磷测定原始记录表

取样日期：年　月　日		分析日期：年　月　日		分析人员：	
方法依据：		仪器型号：		测定波长：	
参比溶液：		比色皿厚度：		比色皿皿差：	

	标准溶液加入体积(mL)	标准物质加入量(μg)	仪器响应值	空白响应值	仪器响应值 – 空白响应值	备注
标准曲线绘制						
	回归方程：		a =	b =	r =	

	样品编号	取样体积 V(mL)	仪器响应值	空白响应值	仪器响应值 – 空白响应值	样品浓度	相对偏差(%)
样品的测定							

3. 实验记录应具有规范性

项目实施成员在进行实验记录时，应使用正确的专业术语及规范的计量单位，实验数据的书写用字规范，字迹工整，避免使用铅笔等容易涂改的笔。

对于有关图标和数据资料的记录按顺序粘贴在数据记录本的相应位置上，并做好规范的标注；对不宜粘贴的，应进行编号、标注，整理装订成册；而电子记录的数据应按照规范命名，有条理整理成文件夹，以便数据处理与分析。

四、注意事项

根据以往的经验，记录的用品、记录的方式、保管、存储等方面，时常会出现一些问题，致使研究成果或效率大打折扣。因而需要对此给予高度重视。

1. 用品

（1）笔记本

准备足够数量耐翻、耐磨的笔记本，规划好记录内容与格式，以次为单位按日历顺序排列，详细记录。

（2）笔

对书写用笔必须使用稳定性好、不易褪色的签字笔和碳素墨水笔书写，不允许有涂改的痕迹。

2. 详细系统记录原始数据

无论采用哪种既定方式记录原始数据，都应该确保原始数据的"原汁原味"，即保证数据客观性和真实性，不带有任何人为主观因素。要及时记录数据与现象，对数据的记录一定要及时，不能事后凭回忆记录，以免出现不必要的差错，有时难以弥补。

3. 保管

研究人员在完成项目离开实验室从事新的工作时，不允许带走这些原始数据手册。

但是如果需要安全备份、为撰写文章或报告提供信息，则可以带走原始数据的复制件，但必须得到相关负责人或机构的同意。

4. 存储

注意项目实施过程中数据的收集，包括项目组讨论资料及照片、项目实施或实验时照片、视频、汇报材料、关键性过程的技术参数等相关资料的收集。

第六节 | 培育与发挥团队精神

现代科技发展迅速，规模大，环节多，过程复杂，单兵作战和单打独斗都很难高效地实现科研项目的最终目标，必须借助团队精诚团结、密切合作的努力，才能克服这一根本性的局限。另一方面，从培育团队精神的角度讲，每一位项目主持人，都要有意识地把培育团队精神当做一项主要任务来抓。如此才会使项目高效圆满完成。

一、什么是团队精神

所谓团队精神，简单来说就是每个成员都具备的全局意识、目标意识、协作精神和虚心学习态度的集中体现。而团队是指由两个或两个以上的人组成，通过人们彼此之间的相互影响、相互作用，在行为上有共同规范和目标，介于组织与个人之间的一种组织形态。其重要特点是团队内成员间在心理和感情上有一定联系，彼此之间产生积极的相互影响。

团队精神的基础是尊重个人的天赋、兴趣和能力，核心是协同合作，取长补短，最高境界是全体成员众志成城，齐心协力。它反映的是个体利益和整体利益的统一，并进而保证组织的高效率运转。

团队精神不是天生的，是靠长期熏陶与磨炼逐渐形成的。在项目实施过程中不断克服自己的弱点，努力学习队友的优点，发挥自身优势，团结一致，才是我们最终的创新性训练目标，这个过程也是自我挑战、自我完善的绝佳机会。

二、团队精神的实质和基本特征

（一）团队精神的实质

团队精神是团体、群体、组织文化的一部分，是制度和纪律的具体体现。良好的管理可以通过合适的组织形态将每个人安排至合适的岗位，充分发挥集体的潜能。如果没有正确的管理文化，没有良好的从业心态和奉献精神，就不会有团队精神。"三个和尚没水喝"和"三个臭皮匠顶个诸葛亮"，是我们熟知的团队状况和性质例子，从中我们可以体会到团队精神的精髓，实质上就是成员间在精神、智力和体力方面的高度协同和融合，是高度组织化的结果。

（二）基本特征

1. 个人的个性和特长得以有效发挥

从根本上说，课题的成果首先来自于团队成员个人的成果，其次来自于集体成果。团队所依赖的是个体成员的共同贡献而得到实实在在的集体成果。这里恰恰不要求团队成员都牺牲自我去完成同一件事情，而要求团队成员都发挥自我去做好这一件事情。

就是说，团队效率的培养，团队精神的形成，其基础是尊重个人的兴趣和成就。设置不同的岗位，选拔不同的人才，给予不同的待遇、培养和肯定，让每一个成员都拥有特长，都表现特长。这样的氛围越浓厚越好。

2. 成员间齐心协力

这是团队精神的核心所在。

社会学实验表明，两个人以团队的方式相互协作、优势互补，其工作绩效明显优于两个人单干时绩效的总和。团队精神强调的不仅仅是一般意义上的合作与齐心协力，它要求发挥团队的优势，其核心在于大家在工作中加强沟通，利用个性和能力差异，在团结协作中实现优势互补，发挥积极协同效应，带来"1＋1＞2"的绩效。因此，共同完成目标任务的保证，就在于团队成员才能上的互补，在于发挥每个人的特长，并注重流程，使之产生协同效应。

3. 团结一致构成一个有机体

这是团队精神的最高境界，高度团结，集思广益，众志成城。

全体成员的向心力、凝聚力是从松散的个人集合走向团队最重要的标志。在这里，有一个共同的目标并鼓励所有成员为之奋斗固然是重要的。但是，向心力、凝聚力来自于团队成员自觉的内心动力，来自于共同的价值观，很难想象在没有展示自我机会的团队里能形成真正的向心力；同样也很难想象，在没有明确的协作意愿和协作方式下能形成真正的凝聚力。

4. 每个成员具备奉献精神和高度责任感

这是团队精神的宝贵品质。

团队总是有着明确的目标，实现这些目标不可能总是一帆风顺的。因此，具有团队精神的人，总是以一种强烈的责任感，充满活力和热情，为了确保完成团队赋予的使命，和同事一起，努力奋斗、积极进取、创造性地工作。在团队成员对团队事务的态度上，团队精神表现为团队成员在自己的岗位上"尽心尽力"，"主动"为了整体的和谐而甘当配角，"自愿"为团队的利益放弃自己的私利。

5. 制度和纪律已变成成员的自觉行动

长期的熏陶和磨合，频繁的强化与内化，最初硬性的制度和纪律，已悄然内化为每个成员的自觉行动，为实现目标，勇于奉献。

三、团队精神的基本作用

1. 团队精神能有效推动团队运作和发展

在团队精神的作用下，团队成员产生了互相关心、互相帮助的交互行为，显示出关心团队的主人翁责任感，并努力自觉地维护团队的集体荣誉，自觉地以团队的整体声誉为重来约束自己的行为，从而使团队精神成为公司自由而全面发展的动力。

2. 团队精神能够培养团队成员之间的亲和力

一个具有团队精神的团队，能使每个团队成员显示高涨的士气，有利于激发成员工作的主动性，由此而形成的集体意识，共同的价值观，高涨的士气、团结友爱，团队成员才会自愿地将自己的聪明才智贡献给团队，同时也使自己得到更全面的发展。

使得每位成员在团队中寻获充分发挥自己聪明才智的环境，同时又使得自己的精神生活更加丰富，使自己的精神生活得以不断升华。

3. 团队精神有利于提高组织整体效能

通过发扬团队精神，加强建设能进一步减少内耗。如果总是把时间花在怎样界定责任，应该找谁处理，让客户、员工团团转，这样就会减少企业成员的亲和力，损伤企业的凝聚力。

4. 团队精神可有效地培养杰出人才

在一个充满正能量的团队中，每个成员都会不自觉地受到能力超众、人格优秀、意志坚定的人的感染，明显会被带动、引领和助推，从而激发出超乎寻常的智慧和力量。而对于意志品质不够坚定的成员来说，优秀成员的言行无时不刻在压迫、鞭笞着自己，使自己不断上进，不断超越自我。

四、培育团队精神的基本途径与方法

1. 确定团队的发展目标

目标是把人们凝聚在一起的力量，是鼓舞人们团结奋斗的动力，也是督促团队成员的尺度。要注意用切合实际的目标凝聚人、团结人，调动人的积极性。

同时，目标又必须有一定的崇高和远大的特点，由此去激发成员的非凡热情和创造精神。

2. 制定并完善团队的管理制度与纪律

管理工作使人们的行为制度化、规范化。好的团队都应该有健全完善的制度和规范，有铁的纪律。如果缺乏有效的制度，就无法形成纪律严明、作风过硬的团队。

《圣经》中"通天塔"的故事告诉我们，人是社会化的动物，在语言和思想主导下，众志成城，步调一致的作用会有多么巨大。

3. 创造良好的沟通机制与环境

有效的沟通能及时消除和化解领导与成员之间、各部门之间、成员之间的分歧与矛盾。因此，必须建立良好的沟通环境，以增强团队凝聚力，减少

"内耗"。

沟通的方式很多，因人因事而异。很多时候沟通不畅是由于语言表达的时机、场合和方式不当造成的，这需要我们在沟通交流时具体问题具体分析，设身处地地去换位思考，从而取得理解或接受新的建议和意见。还有些时候是由于个人的性格和秉性使然，同样一个意思，不同人表达出来效果是不一样的，直性子人和慢性子人的交流就是这样，多交流多磨合，凡事向好处想，向一个目标使力，时间久了自然就会沟通自如了。

每个人不一定都善于与人交流沟通，但在一个团队中一旦培养起来一直互信的沟通渠道和方式，那么个别人的负能量就会被及时有效克服，从而使得整个群体步调高度一致，产生出无穷的力量。

4. 尊重每一个成员

尊重人是调动人的积极性的重要前提。尊重团队中的每一个人，人人都感受到团队的温馨。关心成员的工作与生活，将会极大地激发成员献身事业的决心。

已有研究成果和经验表明，每个人都有其独特的才能最佳领域，促使其发挥的条件因地因时因人而异。就如同战国时期孟尝君的门客中"鸡鸣狗盗"之徒的作用相似，适当的场合和条件，他会发挥出独特的作用，令人刮目相看。因此在日常工作中要平等对待每个成员，尊重每个成员。

5. 引导成员参与管理

要刻意引导和灌输每个成员参与管理的欲望和要求。正确引导和鼓励这种愿望，就会使团队成员积极为团队发展出谋划策，贡献自己的力量与智慧。同时，这也是充分挖掘每个人巨大潜力的手段，在管理过程中理解整个团队、整个任务的性质和宗旨，提高其自觉履职的积极性。

6. 增强成员的全局观念

团结出战斗力。团队成员不能计较个人利益和局部利益，要将个人、部门的追求融入团队的总体目标中去，就能达到团队的最佳整体效益。团队中成员之间的关系，一定要做到风雨同行、同舟共济，没有团队合作的精神，仅凭一个人的力量无论如何也达不到理想的工作效果，只有通过集体的力量，充分发挥团队精神才能使工作做得更出色。

五、在项目实施过程中发扬团队精神的几点提示

一个好的领导或组织者，一个优秀的科研人员，始终都要善于与同事或

同学深度交流，努力将他人的优势发挥到极致，使劣势得到克服或压制，使自身缺点不断被消除与弥补，从而完成预定的目标或任务。

1. 努力营造相互信任的组织氛围

有一家知名银行，其管理者特别放权给自己的中层雇员，要求雇员一个月尽管去花钱营销。有人担心那些人会乱花钱，可事实上，员工并没有乱花钱，反而维护了许多客户的利益，其业绩成为业内的一面旗帜。相比之下，有些管理者，把钱看得很严，生怕别人乱花钱，自己却大手大脚，结果员工在暗中也想尽一切办法谋一己私利。

还有一家经营环保材料的合资企业，总经理的办公室跟普通员工的一样，都在一个开放的大厅中，每个普通雇员站起来都能看见总经理在做什么。员工出去购买日常办公用品时，除了正常报销之外，公司还额外付给一些辛苦费，这个举措杜绝了员工弄虚作假的心思。

在这两个案例中，我们可以体会到相互信任对组织中每个成员的影响，尤其会增加雇员对组织的情感认可。而从情感上相互信任，是一个组织最坚实的合作基础，能给雇员一种安全感，雇员才可能真正认同公司，把公司当成自己的，并以之作为个人发展的舞台。

在实施创新训练项目过程中，我们一方面要充分信任项目负责人，虚心接受其对工作的组织和安排，维护其威信；另一方面，成员之间也要相互信赖，抱守"每个人都有自己特殊的才能，只是时机未到而已"的信条，维护团队的团结统一。当然，如果我们能尽快拟定几条切实可行的相互信赖的制度和纪律，则可以起到事半功倍的效果。

2. 建立有效的沟通机制

理解与信任不是一句空话，往往一个小误会给工作带来无尽的麻烦。有一个雇员要辞职，雇主说："你不能走啊，你非常出色，之前的做法都是为了锻炼你，我就要提拔你了，我还要奖励你！"可是，雇员却认为是一句鬼话，他废寝忘食地工作，反而没马屁精的收入高，让他如何平静！一个想重用人才，另一个想为企业发挥自己的才能，仅仅因为沟通方式不畅，就会使团队利益受到损害，伤害了员工的自尊心。我曾经听到一个高级雇员说："如果老板早一点告诉我真相，我就不会离开公司了。"

我们的项目负责人，不妨也效仿这个实例来做，在锤炼成员的能力和耐心的同时，采取积极有效的方法和途径，通过制度和纪律的方式，维护团队的团结，凝聚团队的力量。

3. 建立完善合理的制度与纪律

一方面，我们要把在新形势下团队精神的具体内涵反映到制度和纪律上来，不断进行充实、修正。另一方面，我们也要想办法将这些制度和纪律，在日常工作中不断强化、淀积，逐渐内化为成员的自觉乃至积极行为方式与习惯。

比如说，通畅、透明、多向、经常性的信息交流，体现了一个团队团结一致、信息共享的良好团队精神。这种信息交流机制在日本已成为企业极为重要的管理制度，可是在我们中国的很多企业中，信息交流并没有形成有效机制，无论是领导外出参观、交流，还是业务人员因公出差或后勤职能部门外出履行职责时，因此采集到与企业有关的有价值的信息，大多未形成书面报告，未能分类归档，更难谈得上横向交流和支持相应的调研。久而久之，一些有价值的信息就渐渐从记忆中流失了，决策的依据有时就只剩下了"好像""大概"了。由此可见，制定和切实执行制度和纪律，对于团队的关键作用。

尽管我们的创新性训练项目一般规模都很小，持续的时间也短，不具企业的规模，但其本质是相同的。通过建立一些简单易行的制度和纪律，保证团队的正常运转，同时也为我们未来走上社会承担更为复杂重要的工作积累经验。

4. 保持高昂的士气和斗志

一个团队，犹如一个纪律严明、训练有素的军队，对自己的战斗力和任务充满信心，对自己的指挥官百倍信赖，对即将面临的困难泰然视之，坚定地、义无反顾地迎接挑战。这是一种难能可贵的战斗精神，一股大无畏的士气与斗志，就像电视和网络上频繁播放的连续剧《亮剑》那样。

我们的科研团队，同样需要这样的士气，同样需要昂扬的斗志和战斗意志，培育出不达目的决不罢休的大无畏气势来。

本章概要

项目实施的组织是一个项目落地生根的过程，是理论指导实践的操作途径，只有经过实践，才能对学生进行训练，逐步培养学生的创新实施能力和自主动手能力，最终完成项目任务，达到目标。

而工作计划与方案的制定、准备实施项目所需软硬件条件、尝试或探索性试验、研究过程的问题与解题、研究过程的详细记录与数据存储等几个部分是组织项目实施的基础条件，训练者必须将这些部分贯穿于项目实施全过程，才能取得良好的项目实施成就。同时，贯穿其中的团队精神对于项目的成功至关重要。

推荐阅读

1. 夏玉宇. 化学实验室手册［M］. 北京：化学工业出版社，2015.

［该手册（第三版）是化工、环保、食品、冶金、石油、地质、农林、材料、医药等行业的化学（理化）实验室及其工作人员的工具书。］

2. 武汉大学主编. 分析化学（第六版）［M］. 北京：高等教育出版社，2016.

［这是一本普通高等教育本科国家级规划教材，更是理化实验分析的专业工具书。对分析化学中专业名词、分析试样的采集与处理、实验误差与数据处理、分析化学的质量保证与质量控制及常用的化学分析方法进行了详细的讲解，是一本具有较强的实践指导性的书籍。］

3. 董德明，朱利中. 环境化学［M］. 北京：高等教育出版社，2009.

［这是一本内容丰富，讲解通俗易懂，可作为高等院校环境科学及相关专业的教材或参考书，也适于从事环境保护和环境科学研究工作的专业人员阅读。］

温馨提示

我们开展的创新性训练项目，绝对创新的东西很有限，更多的是常规操作与分析，需要遵守特定的规范、标准、制度和纪律，以保证项目的顺利有序开展，保证有正确的结果产生。一旦偏离这些方向、框架、指导而想独辟蹊径，可能会使操作变得杂乱无序，工作效率低下不说，而且也难以取得预期的结果。所以，我们应当尽快适应、自觉遵守这些规范、标准、制度和纪律，并形成习惯和技巧。

第五章

如何撰写研究报告

当我们通过项目申请、答辩，最后获得立项后，就相当于该项目获得了专家的认可，具备一定创新性、科学性和可行性。接下来就要按照项目设计方案，经过科学实验、实地调研或其他途径，完成项目的数据收集和分析工作，最后把我们研究的结果以某种恰当的形式传达给他人，同其他人进行交流。这个过程就是撰写研究报告的过程。

对于一项具体的创新训练项目来说，研究报告是其成果的集中体现。研究报告撰写得好坏，将直接影响到创新项目研究成果的交流和这一成果对社会的作用。因此，研究者必须高度重视研究报告的撰写，要根据不同的目标和要求，将研究结果以合适的形式表达出来。研究报告撰写环节过关了，接下来撰写学术文章发表，就是个水到渠成的程序罢了。

在这一章里，我们将对研究报告应具备的性质和特征，以及研究报告的撰写方法与步骤进行介绍。

第一节 ｜ 研究报告的类型及撰写步骤

一、研究报告及其类型

研究报告是反映科学研究成果的一种书面报告。它以文字、图表等形式将研究的过程、方法和结果表现出来。其目的是告诉有关读者，对于所研究的问题是如何进行研究的，取得了哪些结果，这些结果对于认识和解决这一问题有哪些理论意义和实际意义等。

（一）描述性报告与解释性报告

根据研究报告在性质和主要功能上的不同，我们可将其区分为描述性报告和解释性报告两大类。

描述性报告，着重于对所研究现象进行系统、全面的描述，这种描述既可以是定量的，也可以是定性的。其主要目标是通过对研究资料和结果的详细描述，向读者展示某一现象的基本状况、发展过程和主要特点。对于那些以弄清现状、找出特点为目的的描述性研究来说，这种报告是其表达结果的最适当的形式。

解释性报告，着眼点则有所不同，它的主要目标是要用研究所得数据来解释和说明某类现象产生的原因，或说明不同现象相互之间的关系。这类报告中虽然也有一些对现象的描述，但一方面这种描述不像描述性报告中的那样全面，那样详细；另一方面，这种描述也仅仅只是作为合理解释和说明现象的原因、解释和说明现象间相互关系的基础或前提而存在。简而言之，是为了解释和说明而作必要的描述。

需要说明的是，研究报告的这种区分并无十分严格的界限，在许多情况下，一份研究报告常常同时兼有描述和解释这两方面的功能，只是不同的报告对其中某一方面侧重的程度有所不同而已。

（二）学术性报告与应用性报告

根据报告的读者对象的不同，我们又可将研究报告分为学术性研究报告与应用性研究报告两类。这两类报告在撰写要求及风格上也有所不同。

大体上，用作专业杂志上发表或学术会议上发表的研究报告往往比较紧凑、严谨。在研究设计、研究方法方面它需要比较详细的描述，特别是样本抽取、变量测量、资料收集等细节。资料分析部分相对广泛，但对结果的讨论部分则相对谨慎。

而提供给政府决策部门或实际工作部门的研究报告则对研究过程的介绍十分简短。这种报告的研究结果部分常常采用比较直观的统计图、统计表等形式表示出来，并且根据研究结果所提出的政策建议部分在这种报告中也十分突出。

（三）定量研究报告与定性研究报告

根据研究的性质，研究报告还可以分为定量研究报告与定性研究报告两类。

定量研究报告，主要以对数据资料的统计分析结果及其讨论为主要内容。数量化、表格化、逻辑性强是其表达结果的主要特征。报告的格式十分规范且相对固定，报告的各个部分之间界限十分分明。

与此相反，定性研究报告则主要以对文字材料的描述和定性分析为主要特征。在报告的结构上，既无严格的规范，也没有十分固定的格式。在内容上，描述和分析、资料与解释之间的界限也不十分明显。而且一般来说，定性研究报告的篇幅也比定量研究报告的篇幅要长，报告中所体现的主观色彩也较重。

根据上述特点，本章中的大部分内容以定量研究报告的撰写为主（如无特殊说明，文中研究报告均指定量研究报告）。

二、研究报告的一般结构

规范的科学研究报告往往有比较固定的格式，尽管用于不同目的、不同场合的研究报告在形式上只会有若干细小的差异。大体上，研究报告都是从所探讨的问题开始，到研究所得到的结论和意义结束。

各种研究报告在结构上通常可以分成引言、实验方法、结果与讨论、结论及摘要、参考文献和附录几个部分。有时研究报告前面还要加上"摘要"部分。

封面：包含题目、作者及其单位、完成日期等。有时还有 Logo 做标记。

目录：文档的目录是一个很重要的页面，很多的长文档都需要我们编排目录，这样我们可以很方便地找到我们需要查阅的内容所在的页面。通常word 文档在 Office 中可以自动生成目录，其方法如下：

（1）视图→大纲视图；

（2）选中标题，设置标题级数（在工具栏的最左边：一级标题、二级标题等）；

（3）视图→页面视图；

（4）插入→引用→索引和目录→选中目录级数→确定。

标题：简要叙述文章、书籍或文艺作品等主题内容的简短语句。特别需要注意的地方是要言简意赅，文题相符，包含必要信息，用词要规范，实事求是，不要太长。

作者及其工作单位：要列举全面，不要有遗漏。

摘要：把研究报告的精华和主要环节，提纲挈领地表达出来，包括研究内容、研究方法、研究意义和主要结果。

关键词：能集中体现研究内容、方法、结果的专业术语。

引言（或序言、绪言、导言）：由此到后面结论部分，为研究报告的正文部分。主要说明所研究的问题及其研究的意义，其中往往包括下述几个方面的内容：第一，研究的缘起（或研究的背景、研究的动机及国内外研究动态）；第二，研究的问题及其界定；第三，研究的目的和意义。

材料与方法：包括实验/研究设计思路、实验步骤、测试步骤、所用实验材料、仪器设备、数据来源及其分析方法。对于地理学研究还要叙述研究区域基本特征等，将其视作研究材料的一部分。

结果与讨论：说明通过研究发现了什么以及对为什么会出现这些结果的解释。有些时候可以把讨论和结论两部分放在一起组织。

结论：对上述"结果与讨论"部分的简要总结。

鸣谢（或致谢）：对那些作者之外，如指导教师、帮助过我们的学长、实验室工作人员、有关机构等，对其资助和帮助给予感谢。

参考文献：研究报告中所涉及的书籍和文章目录，要按照统一规范的格式罗列。

附录：研究过程中所用的问卷、人名或地名索引、某些计算公式的推导、计算方法、基础数据等。

三、研究报告的撰写步骤

（一）确立主题

研究报告的主题就是研究报告所要表达的中心问题，就是整个研究的科学问题，它是整个报告的灵魂。明确而适当的主题的确立，是整个报告撰写过程顺利开展的前提。

一般情况下，研究报告的主题就是研究的主题，即报告所要反映的中心问题也就是整个研究的中心问题，二者往往是一致的。但在有些时候，可能会由于某些原因，使得报告的主题不能与研究的主题统一起来。

（二）拟定提纲

主题明确后，不可马上动笔写报告，而应先构思好报告的整体框架，并将这种框架转变为具体的撰写提纲。

如果说主题是研究报告的灵魂，那么这种提纲就是研究报告的骨架。通常，研究报告结构中的引言、方法等部分内容比较固定，变化不大。因此，拟定提纲的重头戏可以说主要是针对研究报告的结果与分析及讨论部分。

通过大量阅读优秀学术期刊的文章，提纲的组成、结构、格式，以及拟定的步骤和技巧，就会烂熟于心，胸有成竹了。

（三）选择并组织材料

一项研究所得数据、资料与研究报告所用的材料并不是一回事。研究数据、资料往往都与专题研究有关，但不一定都与研究报告的主题紧密相连。或者说，并非所有的研究资料都能成为撰写研究报告时所用的材料。因此，在写研究报告前，必须对所用的材料进行选择。

搜集到足够资料后，还要下一番工夫进行筛选，要分门别类加以整理，用特定方法进行处理和分析，得到深加工的数据和资料，进而通过归纳概括得出结论。

（四）撰写草稿

之前三步工作完成后，我们就已有了一个结构分明、材料齐备的报告雏形，剩下要做的就是用适当的文字和恰当的篇章结构，把它们流畅、有机地组织在一起。具体的撰写方法通常是从头到尾一气呵成，而不要经常地在一些小的环节上停下来推敲修改，以免耽误过多时间而"只见树木不见森林"。

（五）反复修改报告草稿

所有优秀的研究报告都不是一蹴而就的，都是在反复的修改和推导之后创建的，所以修改草稿能够让我们一次次的理清思路与逻辑，更有助于我们创作出更好的作品。

你一次次修改草稿的过程，其实就是一次次提升的过程。俗话说熟能生巧，同样地，你对这个事情越熟悉，代表着你对它越来越拿手，所以修改草稿有助于提升我们研究报告的质量。

（六）报告正本

文字、层次结构、内容、观点等均无懈可击了，就可以定稿了。

四、研究报告的"沙漏"式逻辑结构

撰写研究报告时，我们应该明确一种"宽—窄—宽"的指导思想或基本思路。形象地说，就是要按照"沙漏"的形式来撰写。

这种沙漏形式撰写的思路是指，研究报告在内容上应从广阔的引言开始逐渐集中到比较专门化的领域，直到提出研究者自己的研究领域和研究的问题，这就是由"宽"变"窄"；然后介绍自己的研究方法和研究所得出的主要结果，这可以说是沙漏的最狭窄部分。当转向讨论研究结果的内涵、意义时起，研究报告又开始逐渐由具体的结论向更一般的领域拓展，即由"窄"变"宽"。当然，这种沙漏式的撰写形式，并不是指篇幅上的多和少，而是指所涉及的内容范围的宽和窄。

第二节 | 引言的写法

引言也称前言或导论，它是研究报告的第一部分，要统揽整个研究项目，因而写起来有一定难度，需要一定的技巧。

一、研究的问题及其背景

研究报告应以对所提问题的描述开始，也就是人们常说的，要把科学问题明确提出来。因为，正是这一问题启动了我们所进行的研究。即要清楚地陈述我们所研究的问题是什么，以及为什么选择这一问题做研究。同时，不管你所研究的是一个有关自然科学实验问题，还是一个有关当前社会现实的问题，你都必须将这一问题放到一个较大的背景中，以便读者了解为什么这个问题十分重要，它为什么值得研究。

在撰写引言时有一点应该注意，无论你的研究多么理论化，或者多么深奥，你都应该做到让一个有素养的专业人员能抓住问题的本质，能理解为什么让他或者其他人应该关注这一问题。

为了帮助读者理解自己的引言，下列 3 条基本规则也是很有帮助的：

（1）尽可能用常用的书面语撰写，而少用专业术语。

（2）不要把毫无思想准备的读者拉进你的问题或理论之中。要用必要的时间和空间，一步一步地把一般性的读者引入到对特定问题、正式或理论化的陈述中来。

（3）用例子说明理论观点，或者用例子来帮助介绍理论性的或技术性的术语。

二、文献综述

陈述了研究的问题及其背景后，接下来的工作就是对这一领域中国内外已发表的研究结果和结论进行总结和评论。这就是被称为"文献综述"的工作。通过文献回顾，研究者对这一领域已有的研究结果和结论有了比较清楚的了解。相关文献的查找和阅读工作也是早已完成了的。因此，到撰写研究报告时，研究者所需要考虑的只是如何在研究报告中对这些文献进行系统的叙述与评论。

文献综述部分应该充满着恰当的、相关的并且是简明的和精确的材料，不能不分主次和层次关系地堆砌文献，也不能过于笼统地概括该领域的研究成果。我们之所以在研究报告中报告并评述这些材料，是因为它们对我们的研究有明显的借鉴和启示作用。

在综述已有文献的工作中，不必逐一评论与所研究的问题有关的每一项研究，而是要分门别类、提纲挈领地叙述。关键是要对与我们的研究密切相关的那些研究做出评论。对主要研究成果，要交代清楚什么人、什么时候、在哪里、用什么方法和技术、对什么事物进行了研究探讨，得到了什么结论，以及对我们当下研究的影响或意义。

文献综述部分既可以单独列出，也可以并入引言，作为其中的一个部分。由于篇幅的限制，作者必须对所综述的主要文献进行选择，同时简洁地做出评论，并将它们联系在一起，以向读者提供有关研究问题的国内外背景。

三、简述自己的研究现状

在引言部分的最后，应该简要地介绍一下自己的研究。这种介绍的主要目的不是去讨论研究内容的细节，而是介绍研究的基本框架，比如你所研究问题或准备检验的假设是什么，主要的自变量和因变量是什么。在有些情况下还可以描述你的研究模型，定义你的主要理论概念，等等。这一部分的另一个目的就是为转到材料与方法部分提供一个非常自然的和平滑的过渡。在后面所列举的"碱土金属离子对铕配合物的协同发光效应研究"的例子中，采取的是下列过渡性介绍：

实例 5-1 -- ▷

　　稀土荧光络合物是一类具有独特性能的发光材料，在激光、光致发光、电致发光等领域有潜在的应用价值，目前正朝着复合材料方向发展，包括与高分子、与其他金属离子的复合。在稀土荧光络合物中，稀土经常占络合物分子总质量的 10% 以上，稀土用量大因而成本较高。近年来，国内外对稀土元素的荧光增强效应进行了大量深入细致的研究，并被称之为共发光效应或协同发光效应。目前，国内外对协同发光离子的研究主要集中在各种稀土离子，对非稀土离子作为协同发光离子的研究报道很少。本文选择了均苯四甲酸（PMA）作为配体基质，非稀土离子以掺杂方式进入，降低铕（Ⅲ）离子的浓度以得到一种发光效果较好的新型稀土络合物发光材料。

　　通过实验筛选，本文选择了碱土金属离子作为第二金属离子，将铕掺入均苯四甲酸基质中去，测试其荧光、红外光谱图，解释其发光机理，并从中探索出碱土金属离子对铕（Ⅲ）均苯四甲酸体系的协同发光效应的影响规律。

第三节　｜　研究方法的组织与撰写

一、概述

　　针对引言部分所提出的问题，拟开展的研究将采取哪一种方式进行探讨，研究的基本设计是什么，这是研究报告的方法部分首先应该说明的问题。研究采取的是实验研究的方式还是采取的调查研究、实地观测或文献研究的方式。

　　由于不同的研究方式常常由不同的资料收集方法和资料分析方法以及特定的程序和技术所组成，同时它们还包含着不同的方法论问题，因此，采用不同研究方式的科学研究在报告中介绍的内容和重点往往是不一样的。

二、研究对象的介绍

除了文献研究外，其他各种科学研究方式都必须同研究材料打交道。因此，在研究报告中，常常要对作为研究对象的材料及其属性进行说明，尤其是在实验研究或调查研究的研究报告中，更要专门介绍研究对象的选取情况。

就实验研究来说，就要介绍用到哪些实验试剂和仪器、试剂的等级、生产厂家、仪器的种类、型号和生产厂家等。而对于调查研究来说，则需要对调查样本做全面的介绍，比如，抽样总体是什么（即总体的界定），样本是如何从总体中抽取的，即具体抽样方式和过程，样本的规模多大（即实际调查的人数），回答率或回收率如何，等等。

三、研究方法的介绍

在一份研究报告的方法部分，要详细说明研究方法、实验过程和所用的工具、材料等。

（一）对主要变量的说明

即说明研究的主要变量是什么，变量的可操作性定义是什么，这些变量是用哪些指标来进行测量的。如果是采用问卷调查的方式，还应该对问卷中用来测量这些变量的特定问题进行分析说明。即使在研究报告的附录中附有调查的问卷，也要这样做。如果某一变量较为复杂，调查中采用的是多个指标的综合测度，在这里就需要把对这些指标进行综合评分的程序和方法做出说明，即让读者既明白变量是通过哪几个指标来测量的，又清楚具体的计分和计算方法。

（二）对研究过程进行说明

如实地把研究者是如何进行实验操作、实地观察或问卷调查的过程告诉读者。比如，在上例中，我们可以用下列方式对实验的过程进行介绍。

按计量比称取一定量的无机金属试剂固体，加入适量去离子水使之完全溶解（当试剂不能溶于水时可以添加稀盐酸或稀硝酸，并适当加热使之溶解）；再将已经配好的 $EuCl_3$ 溶液，按计量比量取一定体积加入到已经配好的无机金属离子溶液中，混合均匀；加热至 $60℃$ 时再与等量的 $Na^+ - PMA$ 溶液反应，用滴管滴加 $NaOH$ 溶液调节 pH 为 $3.8 \sim 5.0$ 之间；反应 $60min$ 左右，得到沉淀物质，待沉淀完全后抽滤、洗涤，再将其放到真空干燥箱（$80℃$）中干燥 $30min$，得到非稀土金属——铕（Ⅲ）- 均苯四甲酸配合物固体粉末，并且制备纯的铕（Ⅲ）-均苯四甲酸配合物以作对比，掺杂浓度以加入金属离子和铕离子的物质的量之比计算。

（三）对所用的工具进行说明

无论是实验所用的仪器、材料，还是测验所用的仪表，调查所用的问卷，都要对读者进行一定程度的描述。比如前面所举的"碱土金属离子对铕配合物的协同发光效应研究"实验中，就应该对实验试剂的等级、生产厂家、仪器的种类、型号和生产厂家等情况做简单介绍，以帮助读者了解这一实验过程。对于问卷来说，需要将调查过程作些介绍，比如，问卷包含多少个问题，主要是封闭式问题还是开放式问题，是否进行过试调查，在何地对哪些对象进行的试调查，试调查的结果如何等，都应作些说明。

四、分析方法的介绍

由于研究方式的不同，样本规模的不同，资料收集方法的不同，等等，使得每一项具体的研究所采取的分析方法也都不完全一样。有的以定性分析为主，有的则以定量的统计分析为主，有的只进行了初步的、一般化的描述分析，有的则进行了较深入的、复杂的相关分析、因果分析等。所以，在方法部分，还要对研究者实际采用的分析方法作些说明。同时，对于材料的处理、整理及分析过程，也需要作一些说明。

五、对研究成果的质量及局限性的说明

在方法的最后部分，常常需要对研究程序、样本、资料等方面的质量进行评估。在调查研究中，任何一项研究都不可能十全十美，即总会在某些方面存在这样或那样的问题。一个研究者的科学态度既体现在研究工作中扎扎实实、一丝不苟的精神上，也体现在对研究质量实事求是的评价上。研究的过程只有研究者本人最清楚，哪些地方存在着误差，哪些方面存在着缺陷，哪些方面存在着限制，都应毫无保留地向读者报告。

以上我们讨论了方法部分的各个方面，虽然每一项具体的研究并不都需要介绍上述各项内容，但是它们所遵循的宗旨却都是相同的。这就是，让读者知道你采取了什么方法，使用了什么工具，实际过程又是如何进行的。

第四节 | 结果与讨论的写法

尽管在撰写研究报告时，我们有时会将数据分析与结果解释作为两个单独的部分对待和处理，但这两个过程在实际研究中则是不可分离、相互交叉地联系在一起的。每一项结果的得出，常常需要研究者在二者之间进行多次的反复权衡、推敲才能完成。

有时，研究报告把"讨论"单独分出来另成一部分展开，深入探讨一些重要问题，而将"结果与分析"单独作为一部分。

写作这部分内容时，通常用数字、图形、表格、材料来向读者说话。即从这时开始，向读者展示你详细、具体的证据和结果，并对这些数字、图形、表格进行必要的说明和解释。这里的基本规则是：不仅要使读者通过阅读你的说明和解释来抓住你的主要结果，还要使他们通过查看图形或表格来做到这一点。这也就意味着，各种图表都必须具有清楚完整的标题，即使是一个非常长的标题也行。同时，在说明和解释的文字中，你又必须引导读者找出图表中的主要结果。

一、表格的制作规范与要求

在研究报告中，表格是科研成果的重要表现形式之一。在科学论文中，表格是通过系列数据对比来反映科学要素相关影响和变化规律。然而，在很多研究报告中，存在着各种表格规范问题。这些问题影响到研究成果的准确表达。为了使同学们特别是初写研究报告的同学掌握表格的表现方式和规范要求，我们根据国家有关出版规定，结合同学们在研究报告撰写中常见的表格问题，对研究报告的表格规范要求做一些必要说明。

（一）表格的总体要求

表格主要起到对研究数据的集合、对比、分类和排序作用。表格编制的总体要求是：

（1）表格的题名、表头、数据、计量单位、出处注释要协调一致，做到排列层次分明；

（2）表格的符号、单位、数值等要与正文保持一致，在正文相应位置要有表格引用标识；

（3）表格应具有自明性，即表格中各项资料应清楚、完整，使读者在不读正文情况下也能够理解表格中所表达的内容。

对于数据分析是采用表格还是插图的形式，应视数据表达的需要而定，如果强调展示给读者精确的数值，就采用表格形式；如果要强调展示数据的分布特征或变化趋势，则采用图示方法。

（二）表格的形式与规范

表格由表题、表线、表文和表注四个部分构成（见表 5 – 1）。

1. 表题的规范要求

研究报告的表格标题为中英对照，位于表格上方居中。表题一般为名词性短语结构，要清楚地说明表格内数据或资料所包含的时段（时间）、范围（地区）。表格的题名中应避免使用不常见的缩写或含义不明的公式符号。

例如：表 5 – 1 为 2005 年河北省土地利用结构。

表题　**表 5 – 1**　××××××（单位：×××）

Tab. 5 – 1　××××××（unit：×××）

横表头	×××	×××	×××	×××
纵　×××	—	—	—	—
表　×××	—	—	—	—
头　×××	—	—	—	—

表注（表格的注释或说明）

2. 表型的规范要求

研究报告的表格形式一律采用简明（三线表）的形式（表 5 – 1）。三线表只保留了顶线、底线和横表头底线的表格。具体做法是在 Word 文档中选择"表格"→"插入表格"→"自动套用格式"→"简明"（在其"要应用的格式"中只选"边框、颜色、自动调整"三项）。

3. 表头的规范要求

（1）表头包括横表头和纵表头。横表头内通常是独立的变量，如：温度、浓度、密度等。纵表头内通常是地区或时间等项目。

（2）表中数字共用单位应标注于表题或表头中。量值应采用国际标准并使用代数形式。

（3）表头因空间有限而缩写某些要素名称时，要在表格注释中说明相关缩写的含义。

（4）表头（行列的项目栏）排序要有顺序和规律，例如：按海拔的高低、降水的多少、流量的大小、城市的规模等自变量的变化排序；或按照要素分类排列。

4. 表注的规范要求

表注内容包括解释说明获得数据的实验、统计方法、缩写或简写等，如果相关的缩写在多个表格中出现，可在第一个有缩写的表注中注明全部或大部分缩写的含义。

5. 表格的字体要求

表格标题通常为 5 号黑体字，表中文字、数字依不同书刊的征稿要求而定。

比较正规、档次比较高的期刊书籍都要求有对应的英文标题。

（三）表格的数据规范

1. 数据的取舍要求

表格中的数据是根据研究需要而列举的一定数量的精确数据。为简洁并突出重点，应避免大量列举文中未涉及的不必要数据或具有重复含义的数据，以免误导读者在数据精度方面产生假象，使数据的对比变得困难。避免在正文、表格和图中多次重复数据（少数重要数据可适当重复）。

2. 数据的排列要求

为方便读者进行同类数据的大小对比，同类数据的计算时段长度要一致；表格中同类数据应尽量在同一列中进行纵向排列；同类数据的精度（小数位）应一致；同类数据的个位数应对齐（表 5 - 2）。

3. 数据的统计要求

（1）各行列的总和计算应准确，否则会影响到论文结论的可信度。

（2）涉及百分比时，百分比总计应是 100%，否则应在脚注中加以解释。

（3）当数值较大时，小数点后的位数不宜过多，一般保留 2～4 位小数。例如：

17824.52879 km，×，小数点后的位数过多；

17824.53 km，√，小数点后的位数合适。

（4）整数部分高于 4 位时，采用科学计数法。例如，

数值 12348 往往要写成 1.2348×10^4。

表 5 – 2　2002 年东北地区各城市的水资源量

Fig. 2　Water resources in cities of Northeast China in 2002

城市	水资源量/$10^8 m^3$	…	城市	水资源量/$10^8 m^3$	…
沈阳	21.84	…	沈阳	21.84	…
大连	5.81	…	大连	5.813	…
鞍山	13.51	…	鞍山	13.51	…
抚顺	16.77	…	抚顺	16.772	…
本溪	18.16	…	本溪	18.16	…
丹东	37.20	…	丹东	37.2	…
锦州	5.50	…	锦州	5.5	…
…	…	…	…	…	…

a）√小数位一致，小数点对齐　　　　b）×小数位不一致，小数点没对齐

4. 数据规律的把握

表中的数值大小不能与一般规律相矛盾。例如：枯水年的需水量不能低于多年平均年份的需水量；枯水年份的可供水量不能大于平均年份的可供水量。

城市	水资源量	…
沈阳	$21.84 \times 10^8 m^3$	…
大连	$5.81 \times 10^8 m^3$	…
鞍山	$13.51 \times 10^8 m^3$	…
抚顺	$16.77 \times 10^8 m^3$	…
本溪	$18.16 \times 10^8 m^3$	…
丹东	$37.20 \times 10^8 m^3$	…
锦州	$5.50 \times 10^8 m^3$	…
…	…	…

×　表头没有计量单位，造成计量单位重复。

城市	沈阳	大连	鞍山	…
水资源量/$10^8 m^3$	21.84	5.81	13.51	…

×　同类数据横向排列，数值对比不如纵向排列清晰。

关键数据的量值要符合实际情况和一般规律。如数据的最大值、最小值、零值、负值、小数值等应特别注意核对。

（四）表格的排列方式

1. 表格的数据分类

表格各列数据进行分类组合时，可以在横表头设分类横线（表5－3）

表5－3　×××××（单位：　）

Tab. 5－3　×××××（unit：　　）

×××			×××			×××			×××		
×××	×××	×××	×××	×××	×××	×××	×××	×××	×××	×××	×××
×××	—	—	—	—	—	—	—	—	—	—	—
×××	—	—	—	—	—	—	—	—	—	—	—
×××	—	—	—	—	—	—	—	—	—	—	—

表格各行数据进行分类组合时，可以在各类数据之间划分类横线。

2. 表格的排版

（1）同一表格要尽量排在同一版面上。

（2）由于多数读者是从电脑上看网络版论文，所以表格应尽量横排，不要竖排。

（3）当表格横向数据少而纵向数据多时，可将表格纵向数据从中切开形成左右叠合表，左、右段之间用双线分隔。

（4）当表格横向数据多而纵向数据少时，可将表格横向数据从中切分后形成上下叠合表，上、下段之间用双线分隔。

（5）只有一列数据或一行数据的表格可取消，改为在文字中说明。因为单行列的表格起不到数据对比的作用。

（6）同一行或同一列数值一致时，应取消表格中的该行列数据，改在标题中说明表格数据范围。

二、利用 Excel 制作各种插图的方法

Excel 有较强的作图功能，可根据需要选择各类型的图形。Excel 提供的统计图包括柱形图、条形图、折线图、饼图、散点图、面积图、环形图、雷达图、曲面图、气泡图、股价图、圆柱图、圆锥图等，各种插图的制作方法大同小异。

下面通过具体实例的演示，帮助大家掌握用 Excel 绘制常用统计图的方法。如使用"图表"工具，绘制饼图、折线图以及制作标准工作曲线等。

（一）饼图的绘制

饼图也称圆形图，是用圆形及圆内扇形的面积来表示数值大小的图形。饼图主要用于表示总体中各组成部分所占的比例，即总体内部结构，对于研

究结构性问题十分有用。

[资料]

据中国互联网络信息中心 2006 年 6 月底的统计，我国目前网民的年龄分布如下表（表 5 - 4），根据资料利用 Excel 绘制饼图。

表 5 - 4 我国目前网民的年龄分布表

年龄（岁）	比重（%）
18 以下	14.90
18 ~ 24	38.90
25 ~ 30	18.40
31 ~ 35	10.10
36 ~ 40	7.50
41 ~ 50	7.00
51 ~ 60	2.40
60 以上	0.80

[步骤]

先把数据输入到工作表中，可按下面的步骤操作：

第 1 步：选择"插入"下拉菜单，选择"图表"。

第 2 步：在图表类型中选择"饼图"，然后在子图表类型中选择一种类型，这里我们选用系统默认的方式。然后单击下一步按钮，打开"源数据"对话框。

第 3 步：在图表源数据对话框中填入数据所在区域，单击下一步，在图表选项中，对"标题""图例"和"数据标志"适当处理。如果要对图形修改，可用鼠标双击图表，然后用鼠标双击需要修改的部分，并进行修改。

[结果]

如图 5 - 1 所示的饼图。

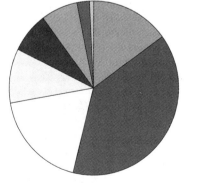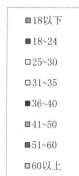

图 5 - 1 最后的结果

（二）折线图

[资料]

根据我国2001－2005年外贸货物进出口总额资料（如表5－5），绘制折线图，描述我国近年来货物进出口额的变化趋势。

表5－5　我国2001－2005年外贸货物进出口总额　（单位：亿元）

年份	2001	2002	2003	2004	2005
货物进出口总额	42183.6	51378.2	70483.5	95539.1	116921.8
出口总额	22024.4	26947.9	36287.9	49103.3	62648.1
进口总额	20159.2	24430.3	34195.6	46435.8	54273.7

[步骤]

第1步：资料输入工作表后，选择"插入"下拉菜单，再选择"图表"。

第2步：在图表类型中选择"折线图"，然后在子图表类型中选择一种类型，然后单击下一步按钮，打开"源数据"对话框。

第3步：在源数据对话框中，"数据区域"中输入相关资料（可用鼠标点击并框定数据区域）。再在"系列"的"分类（x）轴标志"区域输入年份区域。

第4步：资料输入后的下一步，进入"图表选项"。分别对"标题""坐标轴""网格线""图例""数据标志"和"数据表"等选项进行设置，当然设置各选项时根据需要进行取舍。最后点"完成"，就在工作表中得到折线图。

[结果]

经过上述各步骤，在工作表中得到折线图，如图5－2所示。

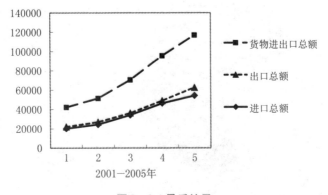

图5－2　最后结果

（三）用 Excel 制作标准曲线图

（1）将数据整理好输入 Excel，并选取完成的数据区，并点击图表向导。

（2）点击图表向导后会运行图表向导，先在图表类型中选"XY 散点图"，并选择图表类型的"散点图"（第一个没有连线的）。

（3）点击"下一步"，出现选项界面。如果输入是如本例横向列表的就不用更改，如果是纵向列表就改选"列"。

如果发现图示不理想，就要仔细察看是否数据区选择有问题，如果有误，可以点击"系列"来更改。如果是 X 值错了，就点击文本框右边的小图标。

（4）当出现图示后，再在表上选取正确的数据区域，然后点击"下一步"出现图表选项界面，调整相应选项，以满足自己想要的效果。

（5）点击"下一步"，现在一张带标准值的完整散点图就已经完成（图 5-3）。

（6）完成了散点图，现在需要根据数据进行回归分析，计算回归方程，绘制出标准曲线。先点击图上的标准值点，然后按右键，点击"添加趋势线"。

由于本例是线性关系，在类型中选"线性"。进一步选择回归类型。

点击"确定"，标准曲线就画好了。

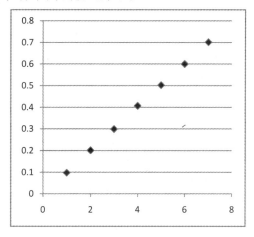

图 5-3　完整散点图

这样，标准曲线就画好了。可是，我们怎么知道回归后的方程是什么样呢？

这很简单，只需点击趋势线（也就是我们说的标准曲线）然后按右键，选趋势线格式就可以了。

在显示公式和显示 R 平方值（直线相关系数）选项前点一下，然后再点确定。好了，现在公式和相关系数都显示出来了。如图 5 - 4 所示，R 的平方等于 0.996，线性关系相当好。

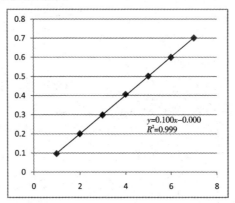

$y = 0.100x - 0.000$
$R^2 = 0.999$

图 5 - 4　最后获得的回归线及回归方程

三、Origin 软件在数据分析和绘图中的应用

图表是分析和报告复杂实验数据结果的理想方式，精美清晰的图表将会使我们的研究报告大为增色。因此，高端图表和数据分析软件是科学家和工程师们必备的工具。

Origin 软件是美国 Origin Lab 公司开发的一款在计算机平台上操作的图形可视化处理和数据分析软件，它简单易学、操作灵活、功能强大。它提供了广泛的定制功能和各种接口，用户可自定义数学函数、图形样式和绘图模板，可以和各种数据库软件、办公软件、图像处理软件方便地连接，并广泛应用在教学、科研、工程技术等领域。

Origin 主要包括数据分析和绘图两大类功能。数据分析包括曲线拟合、排序、调整、计算、统计、频谱变换等各种完美的数学分析功能，而基于模板的绘图可以做出几十种二维和三维图形。因此，它已成为科技工作者数据分析和绘图工作中的有力工具，熟练使用它，会大大提高工作效率，达到事半功倍的效果。

（一）Origin 软件数据处理的一般步骤

1. 数据输入

打开 Origin 后，在默认的 Work Sheet 工作表中可以直接输入数据，通过主菜单 Column/Add new Columns 可以增加新的列，或选择 File/Open Excel 打开已有 Excel 文件，或选择 File/Import 将其他数据文件直接调入工作表中。

2. 数据显示

在工作表窗口中选择需要显示的数据，点击主菜单上的 Plot 中相应的命令，或直接点击工具栏上相应的图形即可选择可以制作的各种图形。如选定散点图、点线图、柱状图、条形图或饼图，以及双 Y 轴图形等即可进入对话框；选择某列数据作 x 轴、y 轴或 z 轴，就会在 Graph 窗口中绘制出所需图形；分别对显示图、标注框或坐标轴双击鼠标左键，即可激活与之有关的各选项，进行数据点、连接线、各种标注或坐标刻度的修改；点击工具栏中的文字框"T"，可输入图形标题。需要特别注意的是图形中的各项文字标注、标题等字体必须改用宋体，否则图形转入其他应用程序后，不能正确显示（显示乱码）。

3. 数据处理

可实施数据计算、线性拟合、非线性拟合等操作。如数据计算，有时实验数据需要进行相关计算后，再进行数据显示，Origin 进行批量的数值计算更方便、快捷，在要计算的数据列某一单元格或选中整列单元格，点主菜单上的 Column/Set Column values，在出现的对话框中，输入计算用到的函数表达式后，点击 OK，即可完成有关计算。

4. 数据存档和打印

Origin 将用户所有工作都保存在工程文件（project）中，保存工程文件时，各子窗口也随之一起存盘。此外，各子窗口也可以单独保存（File/Save Window），以便别的工程文件调用。打印实验数据分析结果，可点击 File/Print 选择打印当前窗口（Current），全部打开的窗口（All Open）还是全部窗口（All），也可进一步设定打印参数。

（二）应用 Origin 作图

1. 制作二维折线、散点、折线 + 符号图

它们作为 Origin 中最基本的图形，有利于显示数据之间的变化规律。包括折线图、散点图以及阶梯图等多种类型。选中数据后在 Plot 下拉菜单中选择需要绘制的图形类型，或者直接单击 2D Graphs 工具条或 2D Graphs Extended 工具条中相应的按钮即可制图。

2. 作二维柱形状、条状图

柱形图用于显示一段时间内的数据变化或显示各项之间的比较情况。柱形图就是条形统计图，无论是在生活、生产还是研究中，如产销量增长、回

收率影响等，应用是非常广泛的。柱形图的高度通常表达非连续性资料的大小。Excel、Origin 等软件都可以做柱形图，但是 Origin 作出的图相比之下更美观。

3. 制作多层图

在 Origin 中，一个十分重要的概念就是图层。允许一个 Graph 窗口有多个图层，利用图层能够对多个曲线或图形对象进行高效的创建和管理。多图层 Graph 类型有：①为了突出曲线的某些特征，可以通过多层使用不同的坐标尺度对相同的数据进行显示；②在同一个 Graph 窗口中绘制尺度相差较大的曲线；③将多个关联或独立的图形绘制在 Graph 窗口中，并对其位置进行合理的安排；④将新图形插入到 Graph 窗口。

例如，欲制作堆垒多层图，先选中数据，再选择菜单命令 Plotl Panell Stack 或单击 2D Graphs Extended 工具条中的 Stack 按钮。如果数据中两个因变量数列具有相同的自变量数列，可以考虑制作双 Y 轴图，使用 Double Y Axis（双 Y 轴图形）模板制图比较理想，同样是先选中数据，再选择菜单命令 Plotl Special Line/Symboll Double Y 或单击 2D Graphs Extended 工具条上的 Double Y Axis 按钮。

在实际的科研中遇到的大部分需要处理的图形，都无法直接套用现成 Graph 模板，所以要学习研究绘制复杂 Graph 图形的技巧和方法，将前面的内容融会贯通。例如利用 Origin 作图：折线 + 符号图，折线 + 符号图与二维柱状图组合，多屏图形等。

（三）作线性拟合

当绘出散点图或点线图后，选择 Analysis 菜单中的 Fit Linear 或 Tools 菜单中的 Linear Fit 即可对图形进行线性拟合。结果记录中显示拟合直线的公式、斜率和截距的值及其误差，相关系数和标准偏差等数据。在线性拟合时，可屏蔽某些偏差较大的数据点，以降低拟合直线的偏差。

实例 5 –2

恒压过滤参数的线性拟合

过滤是将悬浮液中固液两相有效地进行分离的一种常用的单元操作。实验采用玻璃过滤漏斗，并配制一定浓度的 $CaCO_3$ 悬浮液，在恒定压力下（0.5MPa）进行抽滤。记录滤液每增加 100 mL 所用的时间，并由此作图求得

过滤常数 K、q_e、θ_e。在恒压过滤情况下，过滤速率基本方程可表示成：$(q+q_e)^2 = K(\theta + \theta e)$，以 $\Delta\theta/\Delta q$ 为纵坐标，q 为横坐标作图，将实验数据绘图，利用 Analysis/Fit Linear 可将实验数据拟合得到直线，直线的斜率为 $2/K$，截距为 $2q_e/K$，进而求出各参数。（详见本章末推荐阅读文献 4 之实验七）

实例 5-3

离心泵特性曲线的拟合

离心泵是常见的液体输送设备，在一定转速下，离心泵的扬程 H、轴功率 N、效率 η 均随流量 Q 而变化。在离心泵特性曲线的测定实验中，会涉及到 $H-Q$、$N-Q$、$\eta-Q$ 之间的对应关系，用 Origin 软件将 3 条曲线同时反映在同一张图上。（详见本章末推荐阅读文献 4 之实验五）

实例 5-4

对流传热准数关联式的拟合

流传热的核心问题是求算传热膜系数，通过量纲分析可知，当流体在圆管内无相变时的对流传热准数关联式为：$Nu = ARe^m Pr^{0.4}$，式中：Nu—努塞尔数，Re—雷诺数，Pr—普朗特数，用最小二乘法原理，将实验得到的若干组 Nu、Re 和 Pr 数据，由回归法确定系数 A、m 值。两边取对数，得到直线方程为 $\lg NuPr^{0.4} = \lg A + m\lg Re$，在双对数坐标系中，以 $Nu/Pr^{0.4} \sim Re$ 关系绘图。（详见本章末推荐阅读文献 4 之实验六）

（四）作非线性拟合

Origin 提供了多种非线性拟合方式，当数据绘出散点图或点线图后，可选择 Analysis 菜单下的 Fit Polynomial（多项式拟合）、Fit Exponential Decay（指数衰减拟合）、Fit Exponential Crowth（指数增长拟合）、Fit Sigmoidal（S 形拟合）、Fit Gaussian（Gaussian 拟合）、及 Fit Multi-peaks（多峰拟合）。在 Tools 菜单中提供了多项式拟合和 S 型拟合。此外，在 Analysis 菜单中的 Non-Linear Curve Fit 选项可让用户自定义函数。处理实验数据时，可根据数据图形的形状和趋势选择合适的拟合函数和参数，以达到最佳拟合效果。

多项式拟合适用于多种曲线，且方便易行。点击 Analysis 菜单中的 Fit Plynomial 或 Tools 菜单中 Plynomial Fit，打开多项式拟合对话框，设定多项式的级数、拟合曲线的点数，拟合曲线中 X 的范围。点击 OK 或 Fit 即可完成多项式拟合。结果记录中显示拟合的多项式公式、参数值及其误差，R^2（相关系数的平方），SD（标准偏差）、N（曲线数据的点数）、P 值（$R^2 = 0$ 的概率）等。对于未知曲线可选用多种函数及不同参数拟合，从中选出最佳拟合结果。

沉降分析通过使用扭力天平来测定氧化铝颗粒在静止液体中沉降的速率，来求算氧化铝的颗粒分布。传统的处理方法是用镜面法手工绘出沉降曲线上任意点的切线，但手工绘制切线的随意性较大，引入的误差很大，根据王宝和等研究得到的公式（1），利用 Origin 软件的自定义函数功能，拟合出数学解析式。

$$G = (a + b/t^Q)\ e^{-c/t} \tag{1}$$

得到 a，b，c，Q，R^2。此时，就可以很方便地利用解析式求导法解决求曲线切线的问题。这样，就可以完全用计算机取代手工处理沉降分析数据，从而排除个人因素引入的误差。在实验数据的处理时，若采用手工作图，不同人对同一组数据进行处理，得到的结果很可能是不同的，即使同一个人在不同时间处理，结果也不会完全一致。而用数据处理软件 Origin 处理实验数据，不仅能减少手工处理实验数据的复杂性，而且在很大程度上能减少手工处理数据过程中产生的误差。同时，其数据分析功能能给出各项统计参数，绘图功能能给出各项拟合参数，而且处理得到的图形也更加美观。

（五）应用 Origin 剔除线性拟合中实验数据的异常值

在实验中，测得的数据都具有分散性，它们客观地反映了所用仪器在某种特定条件下进行测量的随机波动特性，但是若为了得到更精密的结果，而人为地去掉一些误差大一点的数据（也不一定属于异常值的测得值），这样得到的所谓分散很小、精密度很高的结果，实质上是虚假的。因为在以后同条件下再次实验时，超过误差指标的测得值必然会再次正常地出现，所以正确地剔除异常值，是实验工作者经常碰到的问题。若异常值是由于客观外界条件变动，测量人员操作、记录错误以及仪器故障等方面得出则考虑删除。对于还不能确定的异常数据，常采取增加测量次数消除误差，如果仍无法判断其测量结果中被怀疑含有的可疑误差，则需要根据数理统计原理，采取一些剔除准则消除异常值。

判别测量值中是否含有异常值，在统计学中已建立了多种准则，如拉伊达准则、肖维勒准则、格拉布斯准则、狄克逊准则。格拉布斯准则在测量次数为 30 次左右效果最好。当重复测量次数较多时（如几十次以上），拉伊达准则是最简便的方法，但在测量次数较少时，即使存在异常值也很难剔除。目前应用最多的是肖维勒准则。这方面数据处理可参考相关文献。

总体而言，在科学研究中，实验数据的处理一直是研究过程中的重点和难点之一，我们在实验结果处理上花费的时间往往甚至比实验过程花费的时间更多。而且手工绘图处理数据存在许多弊端，同样的数据不同的人处理结果往往存在较大差异，如果借助相关软件，就完全可以避免人为因素对实验结果带来的偏差。Origin 软件在数据处理方面的优势，使它具有强大的数据处理、绘图分析功能。用 Origin 处理实验数据具有不需编程、简便易行、数据处理重现性好、误差小等优点，可以避免繁杂易错的数学计算，能够简单、方便地完成数据的统计、分析和曲线拟合，有利于我们研究规律。此外，Origin 还可以用来剔除线性拟合中实验数据的异常值。应用 Origin 软件处理实验数据可使复杂繁多的处理过程变得更加简捷高效，避免人为错误与误差，为保证实验结果的准确性和公正性提供了可靠的依据。

四、结果与讨论的撰写

（一）结果

实验或研究结果就是通过数据统计，写出自己最后的结果，要有现象的描述、数据的处理等。可用如下方式：

（1）文字叙述，根据实验目的将原始资料系统化、条理化，用准确的专业术语客观地描述实验现象和结果，要有时间顺序以及各项指标在时间上的关系。

要注意各个指标或要素间的内在联系，保持逻辑上的一致。

（2）用表格或坐标图的方式使实验结果突出、清晰，便于相互比较，尤其适合于分组较多，且各组观察指标一致的实验，使组间异同一目了然。每一图表应有表题和计量单位，应说明一定的中心问题。曲线图可以用仪器自身的软件绘制，也可以将原始数据导入到专业图表制作软件中制作。

观测或测试指标或要素的变化趋势应形象生动、直观明了。

（二）讨论

讨论部分是论文中的精华部分，是把实验结果提高到理论认识的部分，也是唯一可以由作者自由发挥的部分。论文的作者应在讨论中着重阐述整篇论文中有创造性的内容和独到的见解，并根据本文结果，归纳其内在联系，并将全部资料加以综合分析，然后构成几个观念或提出自己的论点。写得好的讨论可以使整篇论文富有吸引力，给读者以深刻的启发和引导。讨论部分写得好坏，除与作者本身的知识水平、思维方法、逻辑推理能力有关外，还包含着一定的方法和技巧。

1. 讨论的主要目的

讨论的目的是论述本文在选题、方法、结果等方面与过去文献的异同和优劣，并从中引出新的观点、结论，探求新的规律。

2. 讨论部分的常见内容

讨论部分的内容主要是对本实验、观测或临床观察的方法和结果进行解释、阐述、评价和推论。其具体内容通常包括以下几个方面。

（1）本研究工作的依据与意义：选择本研究课题的背景材料，国内外对于类似问题的研究进展，本研究的重点是要解决什么问题。

（2）本研究方法的机理、特点与优劣：应说明研究方法的科学性，研究材料与对象的客观真实性，以及研究数量的充分性等。应交代研究方法的机理，指出其明显特点，评价其较过去方法的优越之处。

此外，对本实验方法的不足之处，尤其是某些实验条件未能控制之处，以及明显的缺点也应一一说明。

（3）本研究结果的新发现、新效果及与过去文献的比较：应着重指出本研究结果的新发现、新效果，并应对研究结果进行分析和解释。

作者可以根据本研究的理论或国内外的新学说、新见解，以及自己的实验依据进行阐述；也可以从本研究结果的理论意义和实践意义两方面讨论，即在理论上有何价值，有何指导作用，有无应用价值，经济效益与社会效益如何等；也可以将本研究的结果与过去的文献进行比较，或用别人的资料补充和说明自己的结论和观点，从而进一步证实本研究结果的先进性和可靠性。

（4）从本研究结果得出的新观点、新结论、新理论：这部分通常是对本研究工作的升华，是论文先进性与创造性的重要体现。仅仅就事论事地介绍研究方法与结果，常常是不够的。还应该在此基础上，提出自己的新见解，探求其本质和规律，并上升到理论的水平。

（5）今后将进一步研究的课题与设想：讨论部分也可在肯定已取得的成绩的基础上提出目前研究的不足、今后努力的方向及有待进一步解决的问题。

当然，这些问题并非每篇文章都要面面俱到，而是根据具体情况，讨论其中的一部分或几部分。

3. 讨论部分应注意的问题

讨论应突出本文的宗旨和精髓，阐明本文的目的、方法、结果与观点中有独创性、独到性的内容，着重叙述新的发现，同时也要阐明其局限性，从中得出相应的、客观的结论。注意不可平铺直叙，无的放矢。

讨论还应避免引用过多文献，单纯罗列他人报道，而缺乏自己的观点和论证，或不自觉地用自己的结果去验证别人的结论。

讨论中，应紧密结合、充分阐述本文的资料、方法与结果，提出的论点一定要以自己的资料与结果为基础。也就是说要结合自己的结果去提出论点，不可离开本文资料与数据泛泛而谈，更不能脱离本文材料去做"文献综述"，或者脱离实际、漫无边际地去做大量的文献介绍。凡本文未做过的工作不要加以讨论，离开文章所得结果去写讨论等于"纸上谈兵"。根据文章所得的结果，可以在讨论中创立假说，也可结合现代本学科的进展，从所得出的实际结果出发，自由论述，但注意切勿离题，也不要把前面的结果部分枯燥无味地照样重复一遍。

从研究结果引出新的推论时，应严格遵循逻辑规律，不可违反规律，任意推论，以假设来证明假设，以未知来证明未知。对尚未定论之处及相反的理论，应进行分析。陈述假说要有把握，特别要注意不能把未经实践证实的假说当作已经证明的理论。此外，绝不可报喜不报忧，隐瞒问题，循环推理或用本文资料不足以得出的推论当作结论。

对所用的方法、结果等，应与过去的文献作具体的比较，指出本研究的结果、结论与国际国内先进水平比较，居于什么地位，分析其异同、优劣，并适当评价。对研究中的不足之处和经验教训，也应适当加以讨论。要避免不作具体对比分析，就宣称本文结果"属于国内先进水平，填补了国内的空白"等。不实事求是的评价，会给读者以错觉。

第五节　结论和摘要的写法

结论与摘要，两者之间有着紧密的相互联系。有的作者将两者看作是一个东西，相互通用，而有的人则是将摘要在结论的基础上进一步修改润色而来。从内容、逻辑关系、研究步骤来看，后者的做法更可取些。

一、结论的写法

研究报告的结论是对正文中研究过程所得的现象及实验结果进行综合分析、逻辑推理而得出的总判断、总评价，是研究结果必然的逻辑发展。结论是研究报告的精髓和归宿。结论要有说服力，恰如其分，不夸大，不缩小，不能想当然。

（一）结论的内容

结论中一般应阐述以下内容：

（1）对研究对象进行考察或实验的结果所揭示的原理及其普遍性。本研究结果说明了什么问题，得出了什么规律性的东西，解决了什么理论或实际问题，在理论或生产生活中有什么实用价值。

（2）与前人研究工作的异同。本研究对前人有关问题的看法作了哪些检验，哪些与本研究结果一致，哪些不一致，作者作了哪些修正、补充、发展或否定。

（3）本研究的不足之处或遗留问题。如是否存在例外情况或本研究报告尚难以解释或解决的问题，可提出进一步研究的建议。

（二）结论的类型

（1）分析综合：对正文内容重点进行分析、概括，突出作者的观点。

（2）预见展望：在正文论证的理论、观点基础上对其价值、意义、作用推至未来，预见其生命力。

（3）事实对比：对正文阐述的理论、观点以事实作比较形成结论。

（4）解释说明：对正文阐述的理论、观点作进一步说明，使理论、观点更加明朗。

（5）提出问题：在对正文论证的理论、观点进行分析的基础上，提出与本研究结果有关的有待进一步解决的关键性问题。

（三）结论的常用句型

（1）以"阐明了……机制"、"研究了……"，或者"为了……的目的"讲述研究目的。注意写出最适合表达目的的动词。

（2）"开展了……"，写研究内容和方法。

（3）"结果表明……"，讲述研究得出的主要结果。

（4）"本研究的结果意味着……"，讲述得出的结论。

（四）结论的要求

（1）结论应严谨、精炼、准确、完整、逻辑性强。

（2）肯定或否定一个观点，都要有根据。不能用"大概"、"或许"、"据估计"、"可能是"等模棱两可、含糊其词的词语。

（3）结论应条理分明。内容较多的研究报告，其结论可以按研究结果的重要性顺次排列，分项编号逐条列出。

（4）给出最终的、总体性的结论，但不是正文中各段小结的简单重复。

二、摘要的写法

（一）论文摘要的含义

摘要一般应说明研究工作目的、实验方法、结果和最终结论等，而重点是结果和结论。中文摘要一般不宜超过 300 字，外文摘要不宜超过 250 个实词。除了实在迫不得已，摘要中不用图、表、化学结构式、非公知公用的符号和术语。摘要可用另页置于题名页（页上无正文）之前。学术论文的摘要一般置于题名和作者名之后、论文正文之前。

论文摘要又称概要、内容提要。摘要是以提供文献内容梗概为目的，不加评论和补充解释，简明、确切地记述论文重要内容的短文。其基本要素包括研究目的、方法、意义、结果和结论。具体地讲就是研究工作的主要对象和范围，采用的手段和方法，得出的结果和重要的结论，有时也包括具有情报价值的其他重要的信息。

摘要应具有独立性和自明性，并且与正文拥有等量的主要信息，即不阅读全文，就能获得必要的信息。摘要不容赘言，故需逐字推敲。内容必须完整、具体，使人一目了然。英文摘要虽以中文摘要为基础，但要考虑到不能阅读中文的读者的需求，实质性的内容不能遗漏。

摘要，是把论文的最精华部分介绍给读者。

（二）论文摘要的分类

根据内容的不同，摘要可分为以下三大类：报道性摘要、指示性摘要和报道－指示性摘要。

（1）报道性摘要：也常称作信息性摘要或资料性摘要，其特点是全面、简要地概括论文的目的、方法、主要数据和结论。通常，这种摘要可以部分地取代全文。

（2）指示性摘要：也常称为说明性摘要、描述性摘要或论点摘要，一般只用两三句话概括论文的主题，而不涉及论据和结论，多用于综述、会议报告等。该类摘要可用于帮助潜在的读者来决定是否需要阅读全文。

（3）报道－指示性摘要：以报道性摘要的形式表述一次文献中的信息价值较高的部分，以指示性摘要的形式表述其余部分。

（三）论文摘要的写法

目前，我国期刊上发表的论文，多采用报道性摘要。摘要包括论文的目的、方法、结果和结论等四部分内容。而毕业论文的摘要的写法多是采用指示性摘要的写法，即概括文章的主题和主要内容。在指示性摘要的写作过程中，作者首先应该对论文的写作背景做简单介绍，然后应该对文章的主要内容进行简单的介绍，主要是对文章的提纲做简要的介绍，最后要对文章的研究意义进行介绍。

论文摘要的通常写法有：

（1）摘要中应排除本学科领域已成为常识的内容。切忌把应在引言中出现的内容写入摘要，切实把摘要同引言或导言区分开来。一般也不要对论文内容作诠释和评论，尤其是自我评价。

（2）不得简单重复题名中已有的信息。比如一篇文章的题名是《几种中国兰种子试管培养根状茎发生的研究》，摘要的开头就不要再写："为了……对几种中国兰种子试管培养根状茎的发生进行了研究"。

（3）结构严谨，表达简明，语义确切。摘要先写什么，后写什么，要按逻辑顺序来安排。句子之间要上下连贯，互相呼应。摘要慎用长句，句型应力求简单。每句话要表意明白，无空泛、笼统、含混之词，但摘要毕竟是一篇完整的短文，电报式的写法亦不足取。摘要一般不分段。

（4）用第三人称。建议采用"对……进行了研究""报告了……现状""进行了……调查"等记述方法标明一次文献的性质和文献主题，不必使用"本文""作者"等作为主语。

（5）要使用规范化的名词术语，不用非公知公用的符号和术语。新术语或尚无合适中文术语的，可用原文或译出后加括号注明原文。

（6）除了实在无法变通以外，一般不用数学公式和化学结构式，不出现插图、表格。

（7）不用引文，除非该文献证实或否定了他人已出版的著作。

（8）缩略语、略称、代号，除了相邻专业的读者也能清楚理解的以外，在首次出现时必须加以说明。

三、撰写结论和摘要时应注意的几个问题

1. 观点不能模棱两可，含糊其辞，要旗帜鲜明予以表达

用语应斩钉截铁，数据准确可靠，不用"大概""也许""可能是"这类词语，以免有似是而非的感觉，怀疑论文的真正价值。

2. 不能用抽象和笼统的语言，要做到具体生动，有血有肉

一般不单独使用量的符号，而宜用量的名称。比如，不说"T 与 p 呈正比关系"而说"××温度与××压力呈正比关系"。

3. 不是简单地把文中各段小结拼凑起来了事，而是要精细把握整篇文章的精华所在，从语言和逻辑上仔细论证，反复推敲，然后凝练而成

如果得出的结果要点在正文没有明确给出，可在结论部分以最简洁易懂的文字写出。但一般来说，在结果与讨论部分应当有所涉及，起码要有所暗示，而不能凭空生造，空穴来风。

4. 不要轻率否定或批评别人的结论，也不必作自我评价

因为我们的研究毕竟只是相关领域中很窄的一块，深度也很有限，因而不具备评判他人工作的雄厚基础，可以分析讨论他人的观点，但不可轻率地批评乃至否定他人成果。

自吹自擂、自高自大的成分与倾向需尽量避免或戒除。避免出现诸如"本研究具有国际先进水平""本研究结果属国内首创""本研究结果填补了国内空白"等语句，来做自我评价。成果到底属何种水平，读者自会评说，不必由论文作者把它写在结论里。

第六节　┃　撰写研究报告应注意的几个问题

要想写出高质量的研究报告，除了大量阅读国内外权威刊物的学术文章和经典专业著作外，还需要从小小的实验报告、考察报告出发，多写多练，勤于推敲揣摩，虚心向学有所成的教师和学长请教，积累足够的写作经验和技巧。

同时，我们在平时还要十分留意下面八个方面：

1. 学深钻透专业基础知识和基本理论

研究报告中的叙述、推理、归纳、分析等环节，都需要我们在平时打下

扎实的基础和基本功。对相关知识和理论的理解和认识要努力做到深入细致，触类旁通，活学活用。因为这是保证自己有稳固科研能力的基础。

要想真正做到这一点，必须要在平时的学习中，将这些专业基础知识和基本理论与日常生活紧密挂钩，勤于思考，将每个概念、每个知识点、每个推理步骤都与具体的事例联系起来，相互印证，融会贯通。

2. 广泛涉猎相关学科知识

在项目实施和撰写报告过程中，经常会遇到一些不期然的困难，而解决这些困难的思路和途径，往往难以从狭隘的专业领域演绎或推导出来，常常需要借助相关学科的知识和理论、方法来形成新思路和新方法，从而实现独辟蹊径的效果。这样才能不断开拓自己的学术思路和思维力度，加深学术认识，提高认识水平。

而从另一个方面来看，很多时候解决问题需要灵感的引导和刺激，而灵感的产生大多来自其他科学领域，甚至出于日常生活常识。对于现代科学研究而言，没有广博的知识，很难应付时常遭遇的困难和障碍。

3. 在广泛阅读中，深入思考，不断怀疑

每当接触一个观点，了解一个事实后，都要多问几个问题，譬如提出反面观点或事实，进而展开思考和探索，由此扩展自己的思维广度。同时也可以对其进一步的可能发展结果进行推演和想象，大幅延伸与扩大我们的思维维度和力度。只有这样，才能培养起可贵的怀疑精神，才能从新的视角发现新问题，产生新思想。一个头脑僵化的人是写不出有新意的论文的。

4. 随时关注新的学术动态，培养强烈的学术情报意识

学术动态的把握，可以及时给我们提供参考和启示，提供必要的事实，不断产生新的压力和驱动力。要把及时搜集整理国内外最新进展，当作我们日常学习和工作的一个必要步骤和环节，并形成牢固的习惯。唯其如此，才能了解学术行情，选准研究主题，保证分析、归纳、演绎的充分性。

5. 要善于将感性材料通过选择、综合、归纳、分析，上升到理性的高度

撰写高水平研究报告，不能仅仅停留于罗列数据和事实上，这样不会使报告提高学术价值，而必须要将其归纳概括为新观点、新思想、新方法和新思路。这样写出来的文章才能反映事物的本质规律，才能有理论性和较高的学术价值。

6. 不迷信权威，敢于以严肃的科学态度向他们挑战

因为这能培养我们敢于坚持真理、批判错误的学术胆识。

7. 要有严谨的、踏实的、一丝不苟的治学态度，培养谦虚请教的良好习惯

科学是老老实实的学问，来不得半点的虚伪和骄傲。

8. 刻意关注研究报告的新颖性、创造性

研究成果的新颖、独特、与众不同，是学术论文的灵魂。

著名文史学家王瑶（1914年5月7日—1989年12月13日）把学术文章分为几种境界：一曰有口皆碑，成为定论；二曰自圆其说，言之成理；三曰虽有偏颇，不乏创见；四曰人云亦云，空话连篇。所谓新意，不可能通篇皆新，一篇文章有几处新意就不错了。不乏创见，即使有偏颇，也还是好文章。至于通篇"无一字无来历"，写的都是别人说过的话，是众所周知的陈词滥调，或者摘录别人的东西东拼西凑，那你的文章还有什么价值，有什么灵魂可言？

我们虽然强调创新，但不应当把创新理解为标新立异、追求时髦，不应把公认的、正确的东西一概斥之为陈腐的东西。那种一味追求新奇、不讲科学根据的思维方式和不正之风，会把科研引入歧途。我们注重科研的创新，因为它是照耀科学事业发展的灵光，而不是别的东西。

本章概要

研究报告能够全面体现出研究者的科研水平和综合素质，是研究者未来发展的坚实基础。因此，对于每个训练项目，参与者都应当给予高度重视，奋发图强，熟练掌握撰写研究报告的程序、方法、技巧，将自己的成果完整、客观、百分之百地介绍给社会，以利于更好地为社会贡献力量。

同时，研究报告撰写中所用的各种插图，除了利用便捷的 Excel 来制作外，学有余力的同学可以学习更加专业的图表制作软件，来制作更加生动细致的图表。比如 Origin、Tecplot、Smartdraw 等主流图表制作软件，尝试后你绝对不会后悔。

另外，我们的创新训练项目取得数据的方式，大部分属于抽样研究的性质，对于诸多个体研究对象，我们限于精力、财力、物力，只能选一部分来近似代表整个事物的总体。因此，数理统计学的方法和技术是我们经常要用到的工具，其中方差分析和假设检验一定要熟悉，灵活掌握，为我们高质量完成研究项目，撰写出高质量论文，打下更为坚实的基础。

推荐阅读

1. 张建 . 研究报告撰写指导 ［M］. 北京：教育科学出版社，2003.

［本书内容丰富，层次清晰，叙述系统细致。对研究报告的组成与结构、类型、写作技巧、常见病例做了深入浅出的分析与论述，其中包括实验报告的写法，值得一读。］

2. 赵鸣，丁燕 . 科技论文写作 ［M］. 北京：科学出版社，2018.

［本书在明确给出科技论文各部分主要内容、结构和写作具体要求的同时，力求将这些要求产生的各种原因解释清楚，做到"授之以渔"。该书内容分为十一章，主要对研究方法、结果的写法，如何进行讨论，结论的归纳与总结，摘要、参考文献的录入，科技论文编辑实用技巧等方面进行说明。］

3. 王秀峰 . 数据分析与科学绘图软件 ORIGIN 详解 ［M］. 北京：化学工业出版社，2008.

［Origin 是科学绘图专业软件，性能优良，制作的图表美观、鲜明，层次丰富，功能多样。学有余力的同学可以下些工夫，争取学会并形成技巧。］

4. 徐琼 . 化工原理实验 ［M］. 长沙：湖南师范大学出版社，2016.

［本书是化学、化工及其相关专业学生必修的实践课程参考书。该书通过具体实例的分析，引导学生逐步学会用 Origin 软件处理实验数据及进行误差分析。］

第六章

如何捕捉机遇和灵感

　　我们都曾经为自己人生道路上一次次灵机一动而带来的小成功而欢欣鼓舞，信心满怀。我们也都经历过不期然的小成就和深刻启示与领悟，都有再次体验那震撼人心的辉煌时刻的强烈愿望。

　　成功的经验各有千秋。有的人天资聪慧，反应灵敏，思维超众；而另外的人则意志坚定，百折不挠，勤奋踏实；两者若能结合起来，创新的源泉是无穷无尽的。两类人都有机会，都有缘分，凭借敏锐的眼力和扎实的基础与经验，都能抓住那转瞬即逝的宝贵机会——机遇与灵感。

　　机遇与灵感对每个人都一视同仁，关键在于我们是否做好了充分的准备去捕捉它，去感知它，去接受它。

　　机遇与灵感，只垂青于那些勇于追求它的人。

　　通过强化、训练与熏陶，这种捕捉机遇与灵感的能力会有很大提高，可以大大提高我们搞创新的成功概率。

第一节 │ 什么是机遇和灵感

一、机遇

(一) 定义

机遇和机缘，这是成功后做出的评价，在成功之前是无法权衡其具体意义的。

成功，需要有这么一个机会，一个际遇或际会，由此使人进入某个特定领域、特定地区，接触特定的事物，接受特定的刺激与熏陶，从而激发人的别样联想和想象，催生新的思路。灵感，就在此时产生出来。

有时，它表现为闲暇松弛状态下的灵光一闪，偶然的小刺激；而有时又以挫折的方式令人沮丧，但却让人不得不痛定思痛，急转直下地改变思路，从而创造出成功的机会。

常规情况下不容易建立联系的事物，在机遇面前就可以鬼使神差般地加以结合，实现特定概念的组合，特定场景的组合，特定器具的组合，特定思想的组合，等等。实际上这样的组合时时发生，关键在于我们是否有着一个迫切的需要，以及是否有敏锐的眼力和洞察力来接受它。

一个人在成功或创新的路上，会遭遇无数的十字路口，在不期然或偶然的刺激与熏陶下，鬼使神差般被推向正确的方向，这就是机遇。

为人们津津乐道、耳熟能详的阿基米德发现浮力定律、牛顿发现万有引力定律便是这方面的实例。他们各自的机遇表现在哪里呢？

对于阿基米德而言，他的机遇在于：跟他是亲戚的国王找匠人做了一顶黄金王冠，但总觉得匠人掺了假，于是国王就找来知识渊博、心灵手巧、足智多谋的阿基米德，希望能够帮他消除这个疑虑。看来，当时其他人是没有这个机会的，也是没有这个资格的。而进一步的机遇还在于，偶然的原因使得洗澡用木桶中的水盛满了，人进去后使得洗澡水的溢出非常明显。再之后的事情就属于灵感的范畴了，因为对于精于思考善于探索，心灵手巧一点即通的阿基米德而言，悟出真理那是水到渠成的事。

而科学巨匠牛顿的机遇在于：他兼收并蓄前辈科学家的理论精华，坚信笛卡尔关于地面的力学可以应用于天体现象的设想。因为当时伦敦闹鼠疫，剑桥大学关闭，他不得不回家乡避难，其间开始深入研究引力问题。他在秋日硕果累累的苹果树下沉思，苹果的坠落激发并引导了牛顿的思考方向。再往后就是牛顿天分的充分展示了。

（二）机遇只垂青于那些勇于追求它的人

美国著名化学家和物理学家欧文·兰茂尔（Irving Langmuir，1881 年 1 月 31 日—1957 年 8 月 16 日）是一位成就卓著的科学家，他一生在许多方面做出了杰出的贡献。他首先发现氢气吸收大量热量后离解为原子的现象，这一发现导致了原子氢焊接法的诞生。他因在表面化学研究上的突出成就而获得了 1932 年诺贝尔化学奖。

获得诺贝尔奖后，兰茂尔并没有陶醉于自己的成就中停止科学研究，而是联合了化学家文森特·约瑟夫·谢弗（Vincent Joseph Schaefer，1906 年 7 月 4 日—1993 年 7 月 25 日）等人，共同进行人工降雨研究。

为了研究方便，他在自己研究室的电冰箱里设计了一个装置，其内充满了水蒸气，通过调节冰箱内的温度，使这些水蒸气成为模拟真实天气的"人工云"。兰茂尔认为，要使天空中水蒸气能凝结成水滴落下来，除了其他条件外，还要有大量能使水蒸气在四周凝结的凝结核。于是，他在控制冰箱温度的同时，还向人工云中加入各种尘埃微粒进行实验，但效果一直不理想。

1946 年 7 月的一天，天气异常炎热，兰茂尔的实验正在进行中，由于电冰箱出了故障，装有人工云的实验装置中温度一直降不下来，眼看着温度不断上升，刚做好的人工云就要废掉，情急之中，兰茂尔就向装置中放入干冰来临时降温。

谁知当他刚把一块干冰放进冰箱，装置里就出现了一种他从未见过的奇观：构成人工云的水蒸气立时变成了无数的小冰晶，分布于冰箱的各个角落，然后聚成片片雪花纷纷落下。兰茂尔目睹这一奇特现象，难以抑制心中的激动，他看到了成功的希望。这也使他明白了，降雨对尘埃微粒的要求并非是必要条件，只要能将温度迅速降到零下 40 度以下，水蒸气就会凝华成大量的小冰晶，这些小冰晶自然就成了余下水蒸气的凝结核，使它们凝聚在一起，变成一个个较大的水珠而落下来，从而形成了雨。

想到此，兰茂尔马上兴高采烈地找来了谢弗等人，一起研讨如何用这样的方法进行实际的人工降雨，经过他们的进一步努力，人工降雨这一设想终于被付诸实现。之后有一天，兰茂尔和谢弗搭乘装有撒播干冰设备的飞机飞上了蓝天，在云海中找到他们认为合适的云层后，兰茂尔和谢弗开动设备，将干冰撒播了出去。30分钟后，地面上一场大雨从天而降，人类历史上第一次真正的人工降雨获得了成功，这标志着人类向改造自然又迈出了坚实的一步。

后来，美国的另一位科学家本加特对兰茂尔的人工降雨方法进行了改进，他用碘化银微粒取代了难以保存的干冰，使人工降雨更加简便易行。这种新方法使人工降雨得到了迅速普及。到1957年兰茂尔去世时，人工降雨已发展成为一项对国计民生非常重要的技术。

尽管纯属偶然，但成功所需的条件基本具备，只欠一个契机来刺激一下冰晶的形成而已。如此看来，机遇其实就在我们身边徘徊，急需时就可以抓住。

二、灵感

（一）含义与其本质特征

灵感，非常神秘，令人神往，关于它的说法也多种多样。

灵感是个人智慧的特殊表现形式，是思维进入高潮阶段产生的高级智慧。它使思维效率大幅度提高，产生全新的思路与设想。

灵感，不属于常规的理性思维范畴，因而在很大程度上难以捉摸。如果用"灵异"这个词来描述它的基本特征，似乎并无不妥。它的出现往往匪夷所思，被一股"神秘的力量"推向或导向正确的方向。

英国人奥斯本（Harold Osborne，原为《英国美学杂志（British Journal of Aesthetics)》主编）说得非常贴切："灵感，我们常常指的是一个人（在他自己或者别人看来）仿佛从他自身之外的一个源泉中感受到一种助力和引导，尤其是明显地提高了效能或增进了成就，这时候我们势必会说这个人获得了灵感。对于那样的灵感源泉，可以被认为是由自然所赐予或由某种超自然的神奇力量所赐。"

这种灵感是瞬息即逝的，难以再次捕捉到，需要特定的时空配合才能实现，即所谓"风云际会，机缘巧合"。好多时候是不期然，偶然遇之，同时又有机缘在里面，因而人们常归结为"机遇"。

灵感、机遇、直觉，需要特定的环境或时代、社会背景来刺激，来引发。机遇和灵感相互依存，缺一不可，往往机遇在先，灵感相伴或随之而生。而直觉则是一种潜意识层次的判断力，多由先天生理素质、后天长期熏陶产生的一种高级经验，可以不通过常规的逻辑推理过程而直接做出评判。

灵感是不吝啬的，但它只降临于那些勤于思考的人。人人都可能有获得灵感的时刻，与其说灵感的价值在于造就天才，倒不如说天才更需要灵感，在天才那里才能充分体现出灵感的价值。

苏联著名作家英贝尔（Вера Инбер，1890—1972）的提法更让人印象深刻："灵感，是最美丽的事物中的一种，也许它还是我们在世界上所能够体验到的一切事物中最最美丽的东西。"

"没有灵感、就不可能有真正的创造性的劳动，这种劳动的果实便是技巧。但是，灵感本身就是劳动的结果。"

（二）实例分析

实例 6-1 --- ▶

合成纤维的发明

1930 年，美国杜邦公司的化学家华莱士·休谟·卡罗瑟斯（Wallace H. Carothers，1896—1937），在对乙二醇和癸二醛制成的聚酯材料进行实验时，因操作失误产生了一种很稠的浆料，当试图将其从容器中取出时，却拉出很多长长的纤维状细丝，且在冷却后，能凝结成韧性好、拉伸度大、有光泽的固体。面对这种其他人也见过却没留意的"废品"，卡罗瑟斯敏锐地意识到，用这种方法可制造合成纤维。

经过 4 年的研究，进行了数千次化学实验，他终于得到了一种令人满意的高分子聚合物。1934 年，卡罗瑟斯用注射器管头挤出了聚酰胺纤维，这就是我们所说的尼龙，也是人类有意识制造的第一种合成纤维。

杜邦公司斥资 2700 万美元，组织了 230 名专家，耗费数年心血，于 1940 年制成了世界上第一种尼龙制品——长筒女袜。它与传统袜子相比，具有质地细薄、经久耐用、洗涤简单等优点，上市后大受欢迎，4 天内就销售了 400 万双，成为轰动世界商界的大事件。尼龙的出现，使得人们的生活更加绚丽多彩了。

👉 点评

莫名其妙的失误，产生出异常的物品，由此引导科学家迈向新的征途，面对新的问题，由此实现伟大创新。如果卡罗瑟斯不是从事聚酯纤维研究的人，那么奇迹也就不会发生了。

实例6-2

假象牙材料赛璐珞的发明

1868 年，纽约台球制造商看到用于做台球弹子的象牙资源日趋减少，预感到其价格将上涨，于是就悬赏寻找象牙的替代物。有位名叫约翰·海厄特（John Wesley Hyatt，1837—1920）的印刷工，就专心地搞起了这项发明。开始时，他用向木屑中加天然虫胶的方法制作，可做成的弹子太脆，一击就碎。

一天，海厄特在去拿一个棉胶瓶的时候，一不小心把瓶子打翻了，他意外发现里面装的液体变成了胶状的东西。于是，他就在此基础上进行研究，用硝酸纤维、樟脑等混合制成了能在一定温度和压力条件下熔化的象牙似的物质，他称其为"赛璐珞（celluloid，旧时也叫假象牙）"，并开始大量生产。不久，他成立了专门生产台球弹子的台球公司。后来，赛璐珞被广泛用来制作摄影胶卷、梳子等用品，现在它仍是制造乒乓球的好材料。

点评

又是一个莫名其妙的失误，发现了异常的物质，由此引导发明家转向新的方向，面对新的问题，找到解决问题的办法。海厄特最初是个印刷工人，但怀着一定成功的强烈欲望，坚持不懈，最终成功。

第二节 | 机遇和灵感来自何方

机遇和灵感的来源非常复杂，影响因素多。从根本上讲，两者主要受到场所（或环境）、时机、事件、专业背景与训练、思维灵活度、心理素质稳定性等因素影响。限于篇幅，此处仅从强烈的自信心、坚定的意志和锲而不舍的做事风格三个方面来说明。

一、找几个榜样和楷模用来励志，增强自信心

我们所熟知的阿基米德发现浮力定律、牛顿发现万有引力定律的例子，其中充斥着离奇的机缘巧合。但这两个伟人的共同点是，都正值重大突破关

头，都经历了艰苦的思考与操作，都是某个领域的行家里手，动手能力都很强，思维灵活，已进入一种微妙的一触即发的临界状态。

如此看来，其实每个人只要用心，舍得下工夫实干，都可以遇到良机，让思路豁然开朗，进而取得重大突破，也就是人们常说的那句话："世上无难事，只怕有心人。"

如果能把自己过去积累的小成功汇集起来，揣摩其中的奥妙，把握其技巧，久而久之内化为一种直觉能力，就会在异常现象面前迅速判断其价值所在，进而使思路转向正确的道路上。

人们所熟知的由灵感带来创新的领域，并不仅仅局限在物理、化学、生物、各种产业方面，实际上灵感无所不在，它就在我们身边游弋飘动，等待我们去捕捉。下面我们再举几个相关的例子。

实例 6-3 ----------------------------------

大陆漂移说的提出

据说，德国气象学家兼地球物理学家阿尔弗雷德·魏格纳（Alfred Lothar Wegener，1880—1930），在牙医诊所等待诊治的时候，无意中注意到墙上世界地图中大西洋两岸轮廓有镶嵌关系，可以拼在一起，便激起了灵感：大西洋两边的大陆原本是一块，后来才分裂成两块的。由此，在进一步充实证据的基础上，他提出了大陆漂移说。

其实，魏格纳并不研究构造地质学和古生物学，而是主要研究极地气候。为弄明白远古以来的气候而阅读了很多关于古生物方面的文章，对地球的演变史知之甚少，通过灵感产生了认识飞跃，提出了重要的地球演化理论。

然而，他的大陆漂移说基本上是感性的，对于广大的陆地为什么能漂移，还不能解释清楚。魏格纳本人从大西洋两岸的现存生物与古生物的亲缘关系、地质地理现象的连续性来试图证明两岸原属一体。可惜的是，他的学说在当时受到强烈质疑和反对，渐渐被人们淡忘。

后来，英国著名地质学家阿瑟·霍姆斯（Arthur Holmes，1890 年 1 月 14 日—1965 年 9 月 20 日）从地幔流体运动中获得灵感，提出地幔对流说，从理论上解释了大陆的水平运动。后来又有人提出大陆的垂直运动的理论（如地壳升降运动、振荡运动理论），英国地质学家瓦因（Frederick John Vine，1939 年 6 月 17 日—现在）和马修斯（Drummond Hoyle Matthews，1931 年 2

月 5 日—1997 年 7 月 20 日）、美国地质学家赫斯（Harry Hammond Hess，1906 年 5 月 24 日—1969 年 8 月 25 日）和迪茨（Robert Sinclair Dietz，1914 年 9 月 14 日—1995 年 5 月 19 日）提出并完善了海底扩张说，才使得大陆漂移说在科学上获得它应有的地位和作用。

☞ **点评**

这是一个接力式的过程。对每位相关科学家而言，都得到不止一次灵感的引导和启示，都是多年专心致志于特定科学问题所获得的硕果。

实例 6-4 --- ◎

杭州湾钱塘江大桥的修建

我国著名桥梁专家茅以升（1896—1989），1933 年担起了建筑钱塘江大桥的重任。经实地勘察，茅以升提出了大胆的设计方案：桥长 1453 米，其中正桥 1072 米，桥高 71 米，采用双层联合桥形式，下层是单线铁路桥，上层为双线公路桥和人行道。计划经费约 160 万美元，两年半完工。

1935 年 4 月，工程正式开工，汽锤有节奏地打起桥桩来。然而，打了两个小时，一根桩也没打进去。原来这里江底泥沙细腻，沙层极厚，有的地方有 40 米厚，所以进度很慢。于是换了一个大号锤，然而轻了打不进，重了又会打断木桩。打了一天，只打进一根木桩。一个桥墩要打 160 根木桩，9 个桥墩要打 1440 根木桩，这样光打木桩就要 4 年时间！大家都很焦急，不断研究讨论，但毫无对策。

次日，茅以升回家祝贺母亲生日，偶然间看见邻居家小孩子提着一把铁壶在浇花，从壶嘴涌出的水把花坛的泥土冲出了一个深深的洞。这个现象一下子激起了茅以升的灵感："用水打洞！"他兴奋地回到工地，提出了新的方案：把江水抽到高处，再向江底猛冲下去，把泥沙层冲出一个洞，然后把木桩放到洞里，再用汽锤打的办法。经过试验，这种注水打桩方法果然奏效，一昼夜可以打 30 根木桩！这样，工程很快就突破了泥沙打桩这道难关。

茅以升和工人们在一起艰苦奋战，又克服了 600 吨重的沉箱被潮水冲走的巨大困难，钱塘江大桥终于在 1937 年 9 月 26 日如期完工。

☞ **点评**

茅以升发明注水打桩法，是偶然间从生活现象中引发了灵感，获得了解决问题的妙计。由此可见，迫切需要的时候，灵感就在手头！

二、要有矢志不移的目标，百折不挠

"咬定青山不放松，立根原在破岩中。"

一旦认准了一个目标，就不能轻易放弃，即使遇到再多的艰难险阻，也不能丧失信心和勇气，以及宝贵的斗志。很多时候以及在很大程度上，平凡人不能成就大事，主要在于缺乏毅力，没有钢铁般意志力，更没有雄厚的基础和超人的能力，因而也就远离了机遇和灵感。

反过来，一旦放弃既定的目标，那种奇妙的灵异般联想也就远离你，永不再相遇。浅尝辄止是不可能产生灵感的。

实例 6 - 5

袁隆平培育成功杂交水稻

袁隆平，已经是中国乃至世界上家喻户晓的人物，既在很大程度上解决了中国人的吃饭问题，也从一个侧面映射出中国人做事的坚定意志和高超能力。

从有杂交稻的想法开始，到最后"三系法配套"制种成功，袁隆平院士用了整整 15 年，中间有太多的挫折，任何一次挫折足以使意志薄弱或做事虚浮的人放弃对目标的追求。但他都挺过来了，用他的坚韧和智慧，谱写了铿锵的交响乐章，从而为世界农业科技发展、为改善人民的生活水平，做出了突出贡献。

袁隆平以前工作过的安江农校，位于湘西南的怀化市洪江市（原黔阳县）北部的沅江边上，自然环境优美，但交通非常闭塞，位置也很偏僻。在这么一个地方，怎么能搞出来世界顶级科研成果来？是什么给了他强大的动力和灵感？

1960 年 7 月的一天，袁隆平在安江农校实验农场早稻田中，发现高产特异稻株，第二年才认识到是"天然杂交稻"植株。由此受到启发，面对当时的严重饥荒，袁隆平立志用农业科学技术战胜饥饿，于是开始从事杂交水稻研究与试验。当时正值"三年困难时期"（有人称之为"三年大饥荒"），他经历过那刻骨铭心的饥饿感觉和场景，也许正是这种刺激，燃起了他攻坚克难的热情、斗志和智慧。

　　全家齐上阵，经过千辛万苦，在稻田中大海捞针似地一穗一穗地找，最后找到6株极为珍贵的不育株。通过繁育进行深入研究，并将结果写成论文，1966年初发表在权威刊物《科学通报》上，其成果得到有关专家的认可。论文引起当时国家科委九局局长赵石英的高度重视，以科委九局名义致函湖南省科委与安江农校，责成其支持袁隆平的研究活动，指出这项研究的重大意义。

　　已有较好的基础和开端，加之国家、省、学校的大力支持，使得袁隆平杂交稻研究进入快车道。这是一个难得的机遇，但这个机遇不经过艰苦努力是不可能得到的。据记载，当时国家科委主任聂荣臻元帅，在听取了赵石英局长的汇报后，亲自做指示给予支持，后来周恩来总理也经常关心杂交稻这件事，因为那个时代解决吃饭问题是头等大事。

　　1967年2月，湖南省科委派员赴安江农校，了解袁隆平的水稻雄性不育研究进展情况。1967年8月16日，省科委发函安江农校，责成学校将"水稻雄性不孕性"研究列入计划。在那个特殊的时代，国家、省政府如此重视杂交稻的培育，应当说这是时代的必然要求：当时湖南人多地少，三季稻连作仍不能解决人们的吃饭问题，导致人疲地乏，因此大幅度提高单位面积产量是一切工作的重中之重。这应当说也是一次难得的历史机遇。

　　1968年4月30日，袁隆平将珍贵的700多株不育系秧苗，插在安江农校试验田里。不曾想1968年5月18日晚，试验秧苗全部被人拔除毁坏，成为至今未破的谜案。袁隆平悲痛欲绝，事发后第4天，才在学校一口废井里，找到残存的5株秧苗，继续坚持试验。经受这种打击是需要坚忍的意志和耐力的，好在"天无绝人之路"，"功夫不负有心人"，上苍还是给他留了5株充满劫难和希望的试验材料。如果那时经不起打击，心灰意懒不去费力搜寻，那5株秧苗很快会干死！

　　1970年夏，根据多年经验和理论分析，袁隆平提出"把杂交育种材料亲缘关系尽量拉大，用一种远缘的野生稻与栽培稻进行杂交"的构想，并带领团队开始用野生稻进行实验。这是一次非常关键的研究转向。1970年冬季他的助手李必湖在海南岛三亚南红农场的一条溪边找到了奇异的"野败"植株，为籼型杂交稻三系配套打开了突破口。这个事件似乎非常偶然，但实际上它已在前方热情地等待着袁隆平的团队，它不会等其他人的光临！

　　在这之后，袁隆平的团队就顺风顺水了。1972年袁隆平选育成了中国第一个应用于生产的不育系"二九南1号"。1973年通过侧交找到了恢复系，攻克了三系配套难关。同年十月，袁隆平在苏州召开的水稻科研会议上发表了"利用'野败'选育三系的进展"一文，正式宣告我国籼型杂交水稻三系配套成功。1974 年袁隆平育成了中国第一个强优势杂交组合"南优 2 号"，在安江农校试种，亩产达到 1256 斤。翌年作双季晚稻栽培二十多亩，亩产 1022 斤，攻克了"优势关"。1975 年攻克了"制种低产难关"，成功摸索总结出制种技术，冬季赴海南制种 33000 多亩，首次大面积制种获得成功，为翌年推广做好了种子准备。1976 年开始在生产上大面积推广，全国种植面积达 208 万亩。

1987 年袁隆平的团队在安江农校籼稻三系育种材料中，找到一株奇异的光敏核不育水稻，历经两年三代异地自交繁殖，于 1988 年 7 月育成光敏核不育系。光敏核不育系的育成，使袁隆平两系法亚种间杂交的设想变为现实。

👉 **点评**

成功充满了挫折，频频遭遇失败，但失败中孕育着成功的火花，坚持到底就是胜利。人们常常思索，倘若《科学通报》编辑人员没有那种敬业精神和胆魄，没有那种超凡的眼力，没有及时在"文化大革命"开始前发表出来，那么国家和省有关领导的支持就成为泡影，杂交稻根本不可能搞成。

三、日常工作和学习中要不断摸索，从小的成功做起

其实，小到日常生活中细节的改善与增效，大到学习中、待人接物中难题和技巧的解决与掌握，无不面临选择与转向，也无不经历灵机一动和心血来潮的瞬间高峰体验。

我们前面介绍过的阿基米德发现浮力定律和我国著名桥梁专家茅以升的例子，都是由于迫切需要，因而日常生活中的一些现象或细节，往往容易激发灵感。下面再举一例。

实例 6-6

钢筋混凝土的发明

19 世纪下半叶，法国有一位名叫约瑟夫·莫尼埃（Joseph Monier，1823年 11 月 8 日—1906 年 3 月 13 日）的园艺师，他不但对园艺工作非常专心，而且善于动脑子，根据园艺的需要经常对原有的园艺设备进行革新。

有一次，莫尼埃盖好了一间又大又好的新温室，可以将原来放不进温室的较大的植物容纳进去。那些高大植物原来都是露天栽在花园中的，现在要将它们移进温室，就必须盆养。而盆栽大型植物则需要大花盆，常规的陶土花盆太小，而陶土花盆做得太大又不能承受大型植物及所带土壤的重量。用木头做的花盆，不仅易朽易脏，而且制造成本高昂。

他偶然看到花圃外的楼房，眼睛顿时一亮，对呀，为什么不用价廉物美的水泥自制呢？他立刻取来建花房剩下的水泥，掺上沙子，做成了一些自己需要的各种尺寸的混凝土"花盆"。望着自己的杰作，莫尼埃着实高兴了些日子。

后来有一天，莫尼埃在搬动一个栽有植物的混凝土大花盆时，因花盆太重而不慎掉在地上打碎了。莫尼埃在清理碎花盆时发现，盆中松软的泥土却并没有因此散开。这一现象立即刺激了莫尼埃的神经，这是为什么呢？

他马上对这块泥土进行分析，发现植物结实的根系在泥土中盘根错节，将泥土紧紧结合在一起，因而就不会散开。他由此想到，如果在混凝土中也加入能将混凝土结合在一起的结实的丝条，不就会使混凝土更加牢固了吗？于是，莫尼埃以后再做花盆时，就在混凝土中放入一些铁丝，以加固花盆。果然，这样做出来的花盆既耐压又经摔，效果非常显著。他用这种方法把花盆越做越大，后来也不限于做花盆了，就连他花圃里的贮水池等"大盆"，都是用这种方法做成的。

1867年的一天，一位搞建筑的朋友来访，看到莫尼埃的"作品"后，顺口提到这种方法也可在工程中做建筑材料，这使莫尼埃思路大开。朋友走后，莫尼埃觉得他的这项发明应该跳出"盆"的圈子，在更大的领域内一展身手。第二天一大早，他就开始进行相关的准备，并很快向专利局申请了专利。该专利一经公布，立即得到社会的承认和许多建筑师的支持。

为了能将他的发明应用于更大的工程之中，莫尼埃又进行了大量的探索和实验，总结出了很多宝贵的经验。他认为，在工程中使用的混凝土，加入纤细的铁丝已不能满足要求了，应加入抗拉强度更大的粗钢筋，使之成为钢筋混凝土，才能将混凝土优良的抗压性和钢筋强劲的抗拉性完美地结合在一起。从此，莫尼埃由一名园艺师一举成为一位发明家，成了一名使用钢筋混凝土从事建筑工程的权威工程师。

1875年，由他设计和主持，成功地建成了世界上第一座钢筋混凝土桥梁，这座桥虽然只有16米长，却开了人类建筑史上在大型工程中使用钢筋混凝土的先河，为在更大范围内普及使用钢筋混凝土铺平了道路。以后，莫尼埃用工业生产的方式成功地制成了很多钢筋混凝土工程构件，为钢筋混凝土的规范化和规模化生产奠定了必要基础。

👉 **点评**

　　灵感和勤奋使莫尼埃获得了成功，在那个辉煌的工业革命时代，确实"知识就是力量"。同时，没有那么细致的观察力和敏锐的领悟力，对日常生活中常常出现的打破花盆的事来说，一般人都没有强烈的需求去观察这种不经意的意外，也不会去深入思考，但当时他有迫切的需求。

第三节 │ 如何捕捉机遇和灵感

伟人们捕捉机遇和灵感的方式各不相同，在此仅举几个典型例子加以说明。

一、言者无心，听者有意

（一）保持敏锐开放的心态与习惯

实例 6 - 7 --◗

麻醉手术的问世

　　19 世纪中叶，美国外科医生威廉·托马斯·莫顿（William Thomas Green Morton, 1819—1868），开始了对麻醉药的系统研究。莫顿曾在巴尔的摩市牙外科医学院（Baltimore College of Dental Surgery）和哈佛医学院（Harvard Medical School）学习过，后在华盛顿当了一名牙科医生。看到病人拔牙时痛苦万分的情景，莫顿决定发明一种能够减轻病痛的特效药。但莫顿周围的人都不支持他，认为手术刀切割皮肉发生疼痛是不可避免的，劝莫顿放弃这种徒劳无功的想法。

　　莫顿认为，手术时让疼痛消失的药物是存在的，只是没有发现罢了。他是一个很有献身精神的医生，为了研究麻醉药，他选择了大量药物逐一在自己身上进行试验，但始终未能找到一种理想的麻醉药。由于药物的副作用，他的身体遭到了严重的损害，变得十分虚弱，而实验却没有取得任何进展。

在这样的双重打击下，他不得不中断了实验。

一次，莫顿偶然听化学家杰克逊（Charles Thomas Jackson，1805 年 6 月 21 日—1880 年 8 月 28 日）说起自己被乙醚气体熏倒而入睡的事。说者无意，听者有心，正在苦苦研究麻醉药的莫顿听后心中一震：乙醚会不会具有麻醉作用呢？他立刻在动物身上做起了试验。莫顿让一条狗吸入乙醚蒸气，几分钟后，这条狗安静地睡着了，失去了对疼痛刺激的反应，就算用手术刀扎它，它也毫无知觉。过了一会儿，狗醒了过来．并很快恢复了常态。对狗进行了多次重复实验，都取得了同样的效果。这让莫顿兴奋不已，确信自己找到了一种麻醉药。

1846 年 10 月 16 日，是一个医学史上值得纪念的日子。这一天，莫顿在美国的一家医院为一位病人摘除脖子上的一个肿瘤。许多医生被邀请前来观看麻醉手术。当病人吸入乙醚安静地入睡后，莫顿便为他切除肿瘤。整个过程中，病人没有喊叫，没有挣扎，也没有任何痛苦的表情。病人醒来后对手术情况浑然不知，只是觉得自己沉沉地睡了一觉。从此，麻醉药开始用于临床，医生给病人动手术再也不像以前那样可怕了。

☞ **点评**

真可谓"踏破铁鞋无觅处，得来全不费工夫"。莫顿经历了常人难以想象的艰难险阻，对成功有热切的盼望。实际上，经过艰苦努力，他离成功已咫尺之遥，只差捅破一层窗户纸而已，只差一点火星引燃热望了。

实例 6-8 --- ▶

光合作用机理的确证

从 1941 年起，美国著名生物化学家马文·卡尔文（Melvin Ellis Calvin，1911 年 4 月 8 日—1997 年 1 月 8 日）开始研究光合作用的机理。他将物理学方法和化学方法相结合，并创造性地使用了当时最新发现的 C^{14} 同位素进行示踪。

实验中，他遇到了无法分离光合作用产物的困难，经长时间研究仍毫无结果。就在研究陷入困境之时，一天他无意中从杂志上看到一个叫马丁（Archer J. P. Martin，1910 年 3 月 1 日—2002 年 7 月 28 日）的化学家大胆创新，用纸进行层析，成功地分离出了氨基酸。这使他茅塞顿开，立即用同一方法进行实验，终于在 1957 年找出并确定了碳的同化物，从而描绘出了光合作用的机理。

据文献记载，袁隆平院士在关键时期，也是偶尔在一本外文期刊上看到美国科学家的文章，才确定了他最终的研究方向与思路。

可见，及时涉猎高水平专业文献是必不可少的。

（二）善与人交流、合作，取长补短

下面举一个我自己经历过的事例。

2016 年在讲课过程中，涉及了城市大气污染的问题，特别是大城市的雾霾问题，我开玩笑地劝学生们尽快建立企业，经营纯净空气，罐装或袋装，当时自己感觉这个思路很新颖。半年后各种媒体上就开始报道，英国、澳大利亚、新西兰、瑞士、加拿大等环境质量优越的国家，准备或者已经开始生产灌装洁净空气，销往中国。

这个想法来源于 30 多年前在大学时读到的一则新闻报道，说的是上个世纪日本在战后经济高速发展的 70 年代，东京街头汽车尾气污染严重，交通警戴防毒面具指挥交通，街边人行道安装有很多类似电话亭似的吸氧吧，投币取氧，类似自动售货机。

但近日翻一本关于灵感的书却发现，该创意早在上世纪 70 年代，美国商人洛克就已经付诸行动，且取得很好的经济效益。

故事是这样的：美国商人洛克有一次来到日本富士山度假。山上草木葱茏，鸟语花香，空气清新，洛克感到心旷神怡。他深深地吸了一口清晨的空气，忽然心血来潮：为什么不把这里的空气拿去卖呢？城里的人整天吸着污浊的空气，也该享受享受这里的空气了。

洛克是位锐意开拓的人，马上抓住这一丝灵感，扩展出一系列宏伟的计划。他找人对富士山的空气进行理化分析，发现其中负离子特别丰富，这正是人们需要的空气维生素。洛克高兴极了，下定决心在富士山半山腰办了一家"富士空气罐头厂"，专门生产对穷人来说简直不可思议的新产品。后来，洛克生产的"富士空气罐头"，不仅行销日本市场，还出口美国和欧洲。

☞ 点评

及时获得必要的信息在这里显得非常鲜明，也许我们遇到难题长期不得其解的主要原因，就在于我们还缺乏必要的信息。对于洛克而言，搜寻商业良机的想法时常萦绕在心里，加之他思维敏捷，才能产生这样的结果。

二、灵光一闪，歪打正着

实例 6 -9 --

磺胺类药物的发现

与弗莱明发现青霉素几乎在同一时期，德国生物化学家杰哈德·杜马克（Gerhard Domagk，1895—1964）在研究一种名为"百浪多息（Prontosil）"的红色染料时，无意把一些剩余不用的材料注射到一只因感染而濒死的老鼠身上。奇迹发生了，那只老鼠居然恢复了活力。杜马克经分析后发现，是染料中的磺胺类成分在起作用。随后进行的一系列实验结果均证明，磺胺类药物是一种很好的抗生素，对猩红热、麻风病的治疗有奇效。

令人奇怪的是"百浪多息"只有在体内才能杀死链球菌，而在试管内则不能。法国巴黎巴斯德研究所的恩斯特·福尔诺（Ernest Fourneau，1872 年10 月 4 日—1949 年 8 月 5 日）和他的同事断定，"百浪多息"一定是在体内变成了对细菌有效的另一种东西。于是他们着手对"百浪多息"的有效成分进行分析，分解出"氨苯磺胺"。后来，各国科学家又通过人工合成的方式使磺胺类药物得到了蓬勃发展，用它治愈了曾造成千百万人死亡的肺炎等可怕病症。磺胺类药物便宜的价格和较好的疗效，使它一问世便得到了快速发展。

☞ **点评**

杜马克当时为什么会用染料给病鼠注射？随意的行为，却产生了意想不到的结果与启示，真乃神来之作！

正所谓在有意思考中无意得之，在长期思考中偶尔得之。

实例 6 -10 --

不锈钢的发明

再看一个例子。英国冶金专家亨利·布雷尔利（Harry Brearley，1871 年2 月 18 日—1948 年 7 月 14 日），1912 年受政府委托去研制一种合金钢，用它来制造一种要求较高的不生锈的枪管。

经过一段时间认真而艰苦的研究，历经了多次失败。一次，布雷尔利尝试在钢中加入 18% 的铬和 8% 的镍进行熔炼，得到了一种发出亮闪闪光芒的坚硬合金钢，布雷尔利将其制成了枪管。可在试射时出师不利，这一凝结着他的血汗的枪管没放几枪就炸膛了，这种材料虽然很硬，但韧性不足，太脆了。

失望之余，布雷尔利将这种中看不中用的材料收拾起来，下班时顺路扔进了实验室外的垃圾堆里。以后每次上下班，布雷尔利经过那个垃圾堆时，往往情不自禁地向那里望一眼，惆怅一番。

一天，在下班的路上，他又从那里路过，眼睛突然被那里射来的一道光芒刺激了一下，他定睛一看，正是他扔掉的破枪管的碎片反射落日余晖发出的。他当时心里一动，立即向垃圾堆走过去，俯身拾起那块碎件，发现它熠熠生辉，没有一点锈迹。他想：这些碎片扔在这里已经有些日子了，日晒雨淋也不生锈，这是否说明这种材料具有抗腐蚀的能力呢？如果是，那它不就是科学家们冥思苦想仍找不到的"不锈钢"吗？

想到此，布雷尔利激动万分，他立即返回实验室，找出这种合金的成分配方，马上着手进行实验分析。布雷尔利这时坚定地认为，钢和其他元素按某种比例熔合后产生的合金，具有抵御外界侵蚀而使自身不生锈的性能。虽然这种合金不能用来制造枪管，但它可以在其他方面发挥作用。

由于这种材料既坚硬又不生锈，布雷尔利首先想到用它来制造刀具可能会很理想。1941年，他就用这种材料制造出了刀、叉等餐具，投放市场后大受欢迎。从此"不锈钢"制品风靡全世界，我们日常所用的众多厨具和家具都是用不锈钢制成的，它美观大方，不易生锈，容易清洗，为我们的生活带来了很大方便。

三、塞翁失马，焉知非福

实例 6-11

1756年，英吉利海峡中著名的埃迪斯通灯塔（Eddystone lighthouse）因失火而坍塌了，这使过往的船只失去了一个重要的航行向导，因而极大地影响了英国的航运业。对于以对外贸易为主要经济支柱的大英帝国来说，英吉利海峡的航运是不能中断的。于是，英国政府命令工程师约翰·斯密顿（John Smeaton，1724—1792）来负责新灯塔的修建工作。

斯密顿接受任务后，立即进行了工程的筹备工作。由于灯塔建在风大浪高的海上，故对质量的要求较高，要用当时最好的意大利白石灰石来烧制石灰。在工程开工之前，斯密顿就派人先去意大利运石灰石。但由于这一工程事出突然，管理工作跟不上，加上一些人也没把不是政府官员的斯密顿太当回事，故在工程即将开工之际，运来的不是质优紧俏的白石灰石，而是一种褐中泛黑的劣质石灰石。

斯密顿看到后大为光火，但工程开工在即，重新去运已来不及了，只好让工人们用这种石灰石烧制石灰先凑合着用。不曾想到，用这种劣质石灰石烧出的石灰性能却远胜过优质石灰石烧成的石灰，用它调和的水泥凝结后，用大锤都不易将它击碎。

这一结果使斯密顿深感意外，他并没有就此止步，而是想进一步探究产生这一结果的原因。经过仔细分析研究，斯密顿发现这些黑褐色的石灰石较白石灰石多含了 6%～20% 的黏土，这可能也就是这种石灰石颜色变深的缘由。那么，是不是这些黏土在起作用呢？斯密顿为证实这一点，取来一些白石灰石加入黏土焙烧，果然得到的水泥材料在性能上有了很大的提高，这一发现令他兴奋不已。经过反复实验，斯密顿又总结出了烧制水泥的最佳原料配方，并在建造灯塔的工程中广为应用。用这种原料建成的埃迪斯通灯塔非常坚固，在大海的恶劣环境中顽强屹立了 100 多年。此后，经过斯密顿和其他科学技术人员的不断研究开发，水泥的性能不断提高，斯密顿也被称为水泥工业的奠基人。

☞ 点评

不要因暂时的失败和挫折而过度沮丧和失望，而是要认真分析其失败的原因，找到进一步发展的正确方向。好事与坏事常常是相对的。

事物间、要素间、过程间的排列组合可以说无穷无尽，在给我们的发现与创造增添困难的同时，所孕育的创新机会也会是无穷尽的。

四、坚信机遇和灵感离你越来越近，非你莫属

前面介绍的袁隆平搞成杂交水稻，是一个团队坚持 15 年最终修成正果的例子，下面我们剖析两个经过两代人的努力才最终成功的例子。

实例 6–12 --

青霉素的发现与应用

英国著名科学家弗莱明（Alexander Fleming，1881 年 8 月 6 日—1955 年 3

月 11 日），1923 年发现溶菌酶，1928 年首先发现了青霉素。后来同英国病理学家弗劳雷（Howard Walter Florey，1898 年 9 月 24 日—1968 年 2 月 21 日）、德国生物化学家钱恩（Ernst Boris Chain，1906 年 6 月 19 日—1979 年 8 月 12 日）三人共享 1945 年诺贝尔生理或医学奖，后两人因在分离、提纯青霉素并应用于临床治疗、揭示青霉素分子结构方面的突出贡献而获奖。

完全靠弗莱明过硬的科研素质和当时英国实验室的优越条件，发现青霉素是几乎不可能的，但许多偶然和巧合造就了弗莱明的发现，这一发现充分体现了"风云际会，机缘巧合""天将降大任于斯人也，非他人能行"的特点。

首先，时代的强烈要求。第一次世界大战期间，大量伤员伤口感染需要高效灭菌杀毒药剂，这样的时代要求就历史地将此重任落到弗莱明头上，而他多年来一直都在寻找高效杀菌的物质。第二次世界大战同样如此，历史再次要求弗劳雷和钱恩的团队找到治疗伤口感染的高效药剂，最终使得青霉素走上人类文明的历史舞台。可以说，第二次世界大战没有发生的话，青霉素的发现与应用还需要经历很长时日。

第二，他不是严谨、雷厉风行的那种人，而是一个既不整洁又无条理的人，但观察事物的敏锐性极强。

1927 年，弗莱明在培养一种致病葡萄球菌，后来他去度假，临走前就把这些带有培养基的培养皿堆在工作台上，而没有按常规放进冰箱里或者干脆丢弃。度假回来后再次看到这些培养皿，顺手扔进了一个底部有一点杂酚皂液（灭菌防腐的药剂）的浅盘子里。

不久，他的一位同事普赖斯博士（Dr. Merlin Price）走进实验室，询问他正在做什么工作。为了演示他的观点，弗莱明随手捡起了一些已经扔掉的培养皿，有一个长霉的培养皿引起了弗莱明特别的注意，原来靠近霉菌的一些葡萄球菌已经被溶解了，形成一个清澈透明的环带，弗莱明和普赖斯讨论了这一现象，一致认为这是非常奇怪的。奇迹就这么出现了！

第三，幸运的事、"神来之笔"接连发生。那些被霉菌污染的培养皿还没有浸入杂酚皂液中，或者说恰好它的量很少不足以浸没培养皿；他的同事就在那个时候去拜访他，而且谈论与弗莱明的工作有关的事。

弗莱明自己也曾多次试图"重新发现"青霉素，但一次也未成功。通常情况下，青霉素并不溶解葡萄球菌群，而仅仅阻止葡萄球菌发育，但如果在它们已经发育起来之后再加入青霉素，就不再有明显的效果。要再次造成葡萄球菌的溶解的确是极其困难的，甚至故意向培养液中移植进一种已知的产青霉素的霉菌也无济于事。经过长期、大量的实验之后，人们才发现产生那种现象需要极为特殊的条件组合。

而且更有甚者认为，度假期间英国出现了反常的寒潮，以致提供了霉菌需要的特殊温度条件，并且使葡萄球菌生长缓慢，亦导致了靠近霉菌的葡萄球菌被溶解。似乎不大可能发生的事件构成这么一种奇妙组合，其成功的机会是很小的，但它毕竟是出现了。

还有另一个不寻常的地方，出现在弗莱明培养基上的特殊霉菌菌种，是一种优良的产生青霉素的菌种，而这种霉菌的其他菌种大多不能制造出青霉素。这个优良菌种得以出现，并不是像弗莱明所说的，"从窗子飞进来的"，而是通过楼梯口，从弗莱明楼下的一间实验室飘上来的，碰巧那里当时正在进行霉菌研究。

弗莱明试图制成一种可用于临床治疗感染的青霉素，但由于分离和提纯、大规模培养方面的困难和障碍，最终他不得不放弃了这种尝试。弗莱明和当时所有的人都没有想到，青霉素会作为一种治疗药剂具有巨大的潜力。

这一发现还有一个突出的特点，自从弗莱明、弗洛里和钱恩确立有关原理以来，尽管已经耗费了无数的钱财用于审慎地寻找新的抗生素，而青霉素却至今仍是最有效和最广泛使用的抗生素。

☞ **点评**

伟大的发现要有强盛的时代需求，要有长期矢志不移的明确目标，要有坚韧不拔的毅力，要经过一段时间或几代人的艰苦工作，要有不期然的偶然事件发生，要有莫名其妙的巧合。

严格讲，这个实例是展示机遇特征的杰出典型。

实例 6-13

维生素 B1 的发现

1896 年，在"荷属东印度"（今印度尼西亚）的爪哇岛上，爆发了一场灾难性的脚气病，成千上万的人被夺去了宝贵的生命。得了脚气病的人全身浮肿，肌肉疼痛，四肢无力，吃不香，睡不甜，走路艰难。这种病在当时是一种可怕的顽症。面对这场灾难，荷兰政府束手无策，决定派 28 岁的军医艾克曼（Christian Eijkman，1858 年 8 月 11 日—1930 年 11 月 5 日，荷兰生理学家、近代营养学先驱）前去调查研究。

艾克曼一到爪哇岛就发现了一个有趣的现象：鸡群中有许多鸡也得了脚气病。得了这种病的鸡萎靡不振，步态不稳，有的甚至死去。可是，他发现，自从喂鸡的雇员换了以后，原来患脚气病的鸡竟然不治而愈了。

"这是为什么呢？"这意外的发现使艾克曼大为震惊，他陷入了深深的思索之中。经过仔细的观察发现，得脚气病的鸡吃的是食堂里的精白米，而新雇员是用粗粮喂食鸡群，得脚气病的鸡都慢慢地康复了。

"鸡的脚气病难道与饲料有关？"艾克曼又进行了深入的分析和研究。他做了这样一个实验：将小鸡分成两组喂养，一组喂精白米，另一组喂粗粮。几个月后，吃精白米的小鸡都得了脚气病，而另一组却安然无恙。当他用粗粮喂患脚气病的鸡时，鸡又渐渐地恢复了健康。

艾克曼又在人的身上进行试验，让患脚气病的人吃粗粮，结果病人很快康复了。经过长期的观察试验，艾克曼发现稻米的外壳里含有一种防止和治疗脚气病的物质。"可是，这种物质到底是什么呢？"艾克曼经过好长一段时间的试验，也没有研究出什么结果，最后以失败而告终。

1911 年，一位住在伦敦的波兰化学家芬克（Kazimierz Funk，February，1884 年 2 月 23 日—1967 年 11 月 19 日），根据艾克曼的研究成果，采取了一种独特的提取方法，终于从米糠里提取到一种晶体物质，用这种物质来治疗脚气病，效果非常显著。这种物质含氮，并具有碱性，属于胺类。于是，芬克就把它命名为"生命胺"，也叫"维生素"，也就是现在常说的"维生素B1"。

化学家芬克在艾克曼研究的基础上，终于发现了维生素 B1 这一物质，为人类进一步研究维生素奠定了基础。

👉 **点评**

善于观察，精于思考，踏实尝试，终究会有好结果。一方面，适应自己的爱好和志向，实现远大目标；另一方面，可以通过努力为后人垫路搭桥，共同促进科学的进步。

由此可见，我们要善于从前人成果和不足中寻找灵感和机遇。但不可操之过急，否则有机遇也不会落到我们头上。

同一事物，换个角度后的感觉和认识明显不同。例如一个圆，正面看是一个完美的圆形，斜着看就会变成一个椭圆，横过来看又变成一条线段，在很远的地方再观察这个圆，它已经变成一个点，甚至啥也看不到了。

五、失败乃成功之母，珍惜并慎处之

前面我们已经举了一些由于不慎、意外事故、过失造成意外现象出现的例子，例如水泥工业的奠基人英国人斯密顿发明水泥、不锈钢的发明者英国冶金专家布雷尔利、美国人海厄特发明赛璐珞（假象牙）的例子，都充分说明了这一点。

再看一个例子。

实例 6-14 -->

波义耳发现酸碱指示剂

300 多年前，英国著名科学家罗伯特·波义耳，非常喜爱观赏鲜花，常常让人把鲜花买来放在实验台旁，在工作之余观赏一下赏心悦目的鲜花，由此消除实验的枯燥和疲劳。

有一天，波义耳把才送来的时令紫罗兰花放在实验台上，就立刻全神贯注地投入到他的化学实验中。实验中，不慎将少许盐酸滴到了那束紫罗兰的一些花瓣上，他很惋惜这束花，就拿起紫罗兰放到水槽中，准备用水将盐酸冲洗掉。谁知冲洗后，他看到了一个意想不到的现象，那些被溅上盐酸的紫罗兰花瓣一转眼变成了红色。这立即触动了波义耳那种特有的敏锐神经，他没有放过这一令他惊奇的现象。

他想，盐酸能使紫罗兰的花瓣变成红色，那么其他的酸液能不能也使它变红或改变颜色呢？于是就和他的助手行动起来，分别用不同的酸液进行试验。实验结果是，各种酸液都可以使紫罗兰变成红色。

面对这个实验结果，富有想象力的波义耳又产生了一系列联想：酸能使紫罗兰花变成红色，那么碱是否也能使它改变成某种颜色呢？紫罗兰的花瓣遇到酸能变色，其他花的花瓣遇到酸是否也能变色呢？还有，既然鲜花遇到酸能变色，那么由鲜花制取的浸出液，遇到酸后其变色效果是不是更好呢？如果是这样，那么不就可用它来制成测物质酸碱性的指示剂了吗？

针对这些疑问和设想，波义耳立刻投入到实验中去。实验果然证明：自然界中很多种植物的花瓣及其浸出液都有遇到酸、碱改变颜色的性质。其变

色效果最显著的要数地衣类植物石蕊的浸出液，它遇到酸变成红色，遇到碱变成蓝色。

自那时起，人们就用石蕊的浸出液当作酸碱指示剂，并作为一种正规通用的方法正式确定了下来。后来，波义耳又通过实验，用石蕊浸出液浸透滤纸，晾干后再切成条状，这就制成了石蕊试纸。这适合大工业生产，且容易运输和保存，成了各化学实验室中的必备品，至今仍被广泛使用。

上述发明只是波义耳众多发明和发现中的"一件小事"。波义耳在物理学、化学、生理学等科学领域硕果累累，他注重把实验方法引入科学研究，开了分析化学研究之先河，还进行了空气对生物的作用研究，因而生态学经典书籍中也时常提到这位伟人。

他最突出的贡献是于 1661 年发现了波义耳定律。

☞ 点评

一束普通的鲜花，一次偶然的机会，孕育了一项重大的发明。

倘使他不喜欢花卉，倘使他不爱惜花，倘使他不是在做化学实验，假使他没有丰富的想象力和熟练灵巧的动手能力，这些机遇都会像火花落入水中一样，偃旗息鼓！

第四节 ｜ 专题指导

一、城市废弃物的综合利用

城市，是人流、物流、信息流高度集中的地域，日常生活和各种社会活动产生的废弃物越来越多，成分也越来越复杂，已经成为城市维持与发展的巨大负担，其中垃圾围城的问题尤为突出。这方面问题如果解决得不好，会严重影响城市的健康与稳定发展，影响人民生活水平的提高，阻碍国民经济进一步发展。

（一）种类

从来源看，城市废弃物主要包含：家庭生活垃圾和生活废水、社会活动垃圾（商业推介、露天文艺演出、群众集会、游览活动等）、建筑和装修垃圾、商场与市场垃圾、废旧家用电器和家具、废旧汽车和摩托车及自行车等。

从存在形态分，有液态、固态、气态废弃物。

从组成上分，有纯天然产物，如木材、石材等，也有人工产物，如塑料、橡胶、纺织品、金属产品等。

（二）现状

目前，无论是乡村还是城镇，垃圾的收集已建立起相对完善的网络，运行也比较有效，但关键的环节难在分类分拣上，由于这一环节做得不到位，给后续处理工作增加了很大困难。

我们知道，对于可燃无害有机废物，往往采取国际惯例进行焚烧发电加以高效处理；对于金属废物，在精确分类的基础上可以实现回收利用；对于固体无机物，往往经简单机械粉碎后填埋或作土地填料；对于各种废旧电器、家具、汽车等，一般进行拆解、切割、分类处理或回收利用；对于城市污水处理厂的有机污泥，一般是填埋或进行沼气化处理，然后作农家肥回田。

整体上看，垃圾处理的棘手问题还在于处理能力不足的瓶颈，各大型和超大型城市垃圾场围城现象日趋突出，日渐增多，正反映出这个问题。对于城市管理工作做得很好的城市而言，垃圾清运后一方面做填埋处理，由于容量有限往往满足不了需要，而开辟新的填埋场又受到环境保护政策及公众的环保意识增强的约束。另一方面，可以采取垃圾焚烧发电等措施，使得城市垃圾变废为宝，但仍有一部分不可燃烧垃圾需要进行填埋处理。

由此可见，开辟新的垃圾处理策略与模式势在必行，相应的技术开发必不可少。

（三）问题与难点

从纯粹技术的角度讲，现在大部分城市废弃物可以做到无害化处理，但主要问题在于经济效益不能抵消其运营成本，商业化运作存在一定困难。实际上，核心问题仍然是尽快开发新技术以提高其处置效率，降低成本，使商业化过程顺利进行。一句话，还需要进行技术创新。

从更深层次讲，自然界的物质经过人类的劳动加工，形成了具有特定功能的物品，满足了社会的需求，但一旦这个功能丧失了，它们便变成废物，对社会生活开始产生负面影响。由于生产环节的复杂性，这类废品难以逆向拆解和复原，需要人类再次付出劳动，消除或减弱其危害与威胁，这就是人们经常提到的"外部不经济性"。这个成本，包括研发成本，必须要由产生者或用户负担，否则就要由社会福利机构或社会来承担了。

这个成本如何分担，也是我们必须给予高度重视的一个方面。

（四）可能的突破方向与课题

（1）筛选高效多功能菌株与菌群、酶制剂与细菌制剂、催化剂，大幅度提高有机废物降解效率与利用效率。这方面需要有坚实的微生物学、生物化学、催化化学等方面专业知识与技能，还要熟悉城市有机废物的组成、结构与特性，了解相关方面最新国际动态。

（2）筛选新工艺、新流程，高效消除有机废水。这方面涉及化学工程、工艺学、工业技术等方面知识与理论，要熟悉当前的发展现状与发展趋势，对其中的主要化学和生物化学过程及其机理理解透彻。

（3）旧电器、旧家具、旧汽车等进行拆解、翻新、再制造和再加工等途径，循环利用。深入了解这些废弃物的组成、结构、性能、技术特点、生产工艺，结合自身优势寻找理论和技术突破点，最大限度发挥其剩余功能与性能。其中家具中木材的再利用前景广阔。

（4）废旧衣物、被褥的高效处理与利用技术、工艺或方法。它们包含大量天然和人造纤维、染料、衬料，根据类型和成新，确定利用方向，利用新技术进行拆解、消毒、分类提纯，或者在分类的基础上进行高效无害化焚烧处理，条件允许的可进行热回收与发电。

（5）城市污水处理厂有机污泥的高效综合利用技术体系。当前，城市污水处理厂每天产生的有机污泥数量巨大，由于技术和成本的考虑，往往简单进行填埋处理，浪费了大量有机碳源。实际上如果有适当的技术、设备，适当的政府补贴，高效利用这类资源还是很有前景的。

（6）城市垃圾的高效机械化或自动分拣、拆解和处理技术。城市垃圾的科学分类、自动识别、自动分拣归类、自动拆解或处理，借助于人工智能是完全可以实现的，技术上不存在太大问题。

（7）城镇拆迁产生的废旧物资（废旧门窗、废弃砖石、瓷砖、废弃厨具和厕所用具等）综合回收利用技术。这既有废旧物资高效回收利用技术的成分，也有城市精细化管理制度与技术的问题。如果在运行成本上给予适度补贴与奖励，管理更加高效，剩下的技术问题并不是个重大问题。如果建立起对应的数据库、信息平台，对其适度加工处理后的再利用，前景广阔。

（8）城市雾霾根治技术。就当前的社会经济发展水平而言，城市雾霾问题还将在许多城市存在，有时还会更为严重，北京的这个问题尤为突出。究其原因，汽车尾气是其主要祸根，而汽车尾气之所以污染程度高主要在于油品质量瑕疵。因此，进一步提高成品油环境标准，采取更严的汽车排气标准，这是必然的选择。这方面我们相关专业难以发挥优势，但可从空间上对雾霾开展气象处置技术，例如开辟必要的透风廊道，通过热对流原理引导大气污染物流向特定地域，再采取集中处理技术加以消除，这是符合地理学逻辑的，可以大胆加以尝试。

二、工业废弃物的综合利用

（一）种类

随着城镇化的快速推进，公众的环保意识不断增强，国家环境标准的不断提高，交通条件的极大改善，使得现有的工业设施大多转移到郊区甚至远郊，集中布局，集中开展环境污染控制，在很大程度上减少了工业废弃物的种类和数量。

但总起来看，仍存在着传统意义上的"三废"，以及因技术和管理的问题导致的资源浪费，从而造成对周边环境的污染和破坏。现在看来比较突出的废物种类是轻工与冶金废水，化学工业和冶金工业废气，各种工业废渣和垃圾。

（二）现状

随着产能过剩及产品更新换代，工厂所产生的废物将趋向于减少，但由于我国许多方面的科技水平、工艺档次离国际先进水准还有很大差距，这类废弃物仍将长期存在。相对而言，假如不开展全行业、不同地区间、全国范围内大协作，互通有无，取长补短，该问题难以有效解决。

对于废渣废液来说，很多企业采取暂时囤积储存或密封掩埋的处置方式，以减轻深度处理产生的高额成本，将其转嫁到后代人头上。的确，在没有高效低成本的处理技术问世之前，这是可以理解的。

对于深度处理的情况来说，技术开发与运用在很大程度上取决于社会的认可、企业的资助（购买其专利的方式）、国家和地区的产业政策倾斜，保证相关企业能够生存并发展下去，使其有利可图，使其在健康状况下发展。

（三）困难

工业废弃物污染，是传统的环境污染问题，是工业化过程的必然产物。相应地，工业废弃物的污染防治及其综合利用技术是比较完善的，关键问题还在于现有技术和工艺流程的效率还不足以补偿生产与销售成本，加之缺乏政策扶持和社会道德偏向支持，难以大规模蓬勃展开。

重金属污染物来源广泛，种类多样，理化性质各不相同，给防治工作带来很大困难，需要独辟蹊径，各个击破。

在国家、地区、学校或部门资助下，企业开发更高效低成本的技术、工艺、流程是其优先选择，其中的任何一个环节都有无限的创新余地。

（四）火花所在

（1）各种工业废弃物的机械分离、初步拆解、净化、纯化工艺与技术

针对现有技术、工艺、流程、设备、运转方式，抓住关键环节，分类处理。既要保证处理过程的高效环保，又要充分顾及经济和社会效益的最大化目标。

可以在传统工艺的基础上，着重效率的提高，小试身手，不必追求高大上，只要有些微进步与创新就达到预期目的了。

（2）工业废弃物中重金属的污染防治与回收利用

由于改革开放实施的"一切以经济建设为中心"的社会经济发展战略，忽略了对资源的保护和环境污染的防治，造成全国范围广泛深刻的环境污染，其中最令人头疼的是重金属污染及其防治问题。

众所周知，重金属元素很容易同蛋白质牢固结合，对生物体组织和功能造成严重损害，因而切断重金属进入地表环境的途径，清除或钝化已进入环境的重金属，修复被重金属污染的环境，便成为当务之急。

目前的重点主要放在含重金属污水与废渣的治理、受重金属污染的土壤修复方面，对相应技术的要求是高效、环保、经济适用。

重金属种类很多，只要瞄准一个元素即可，不必面面俱到。而且，筛选高效适应性强的植物，通过植物的富集作用消除农田、水塘中的重金属，已成为研发的主流，并取得了可喜成果。

此外，想方设法使重金属失活无害化，也是国际研发的前沿课题，可以针对典型重金属小试身手。

（3）工业废弃物的综合利用与循环利用技术

宗旨是变废为宝，延长产业链，尽可能增加经济效益，减少社会负担。当然，国家的优惠扶持政策是必不可少的，这毕竟是一项惠及全民，利在当代，泽被后世的公益性事业。

我们可以有针对性地选择一个企业或一个工厂，跟踪其生产全过程，了解其污染物产生的过程和机理，针对某个具体环节开展研究，做到有的放矢，重点突出。如果能够发现新的物种或品种、新材料，通过生物化学方法和物理化学方法去除或提纯污染物，变废为宝，工业废弃物污染的根治就会指日可待。

三、矿业废弃物的综合利用

（一）种类

这里所指矿业废弃物包括采矿废渣石、低品位矿石矿渣、选矿尾矿或废渣、尘土、噪声、矿坑/矿井与选矿废水等。其中选矿废水和污泥往往构成面源污染，应当给予高度重视。

（二）现状

目前积累的问题很多，改革开放以来40多年的强度无序无度开采，不仅造成了环境的污染，也带来棘手的资源浪费和破坏后果。由于是初级产业，量大面广，资金缺口巨大。

采矿破坏植被、土壤、水文、地貌等，造成自然环境根本性改变；采矿侵占良田沃土，减少了可利用土地面积，基本农田被蚕食；采矿污染环境；对于湖南而言，有色金属开采、选矿的污染非常普遍。

（三）困难

一个是技术上有待进一步精细化，提高效益，简化流程，另一个是加强运转和外部监管的管理方法与技术。

在美国，管理方法、规范和制度，是按照技术来对待的，可以申请专利的，实际上如同技术流程的一个重要环节。

（四）火花所在

（1）宏观与微观运行管理规范、制度。

（2）针对性地开展攻关，解决矿业废弃物"从摇篮到坟墓"全程高效处理难题。

（3）矿业废弃物酸化的防治技术。主要有物理、化学、微生物、植被途径实施。

（4）矿业废弃物有效成分的提取与利用技术。主要通过物理、化学、微生物、植被途径实施。

（5）矿业废水的治理和循环利用。主要通过物理、化学、微生物、植被途径实施，尤其是人工湿地技术与规范方面大有可为。

四、农业废弃物的综合利用

我们可以将其形象和合乎逻辑地称为农业垃圾，应当是比较恰当的。它包括整个农业生产中的动植物残余废弃物、农产品加工过程中的残余废弃物和农村生活垃圾等，如秸秆、残株、杂草、家畜家禽粪便等。

一般通过秸秆肥料化、饲料化、生物质塑料技术、生物质能燃料转化和作为化工原料及建材来实现生物质的利用。

（一）种类

（1）作物秸秆、果实加工的废弃物

像小麦、水稻、玉米、油菜、豆类等大宗作物，秸秆和果实加工产生的废料数量巨大，如果得不到妥善处理或处置，会对环境造成巨大压力或损害。近年来屡禁不止的农田秸秆焚烧就是典型实例。

（2）养殖场废物

各类畜禽养殖场产生的粪便、垫料、冲洗废水，每日产生的数量非常大，管理不当还会造成严重的大气污染和疫病传播。这是必须给予高度重视的一个环境问题。

（3）农膜、农药瓶/袋、化肥盛器

随着农业现代化的不断推进，全国各地农膜、农药和化肥使用量增长迅速，使用后废弃的容器或包装、风化或退化的农膜未得到及时有效的收集和处置，给环境造成很大损害。

（二）现状

现如今，对农业废弃物的处理，存在很多问题，如随处堆放或倾倒，导致大量积累，如此会造成新的污染；再如焚烧、填埋，则因处理不当而造成资源浪费或新的污染。

目前这方面整体的利用率还较低，还没有得到有效处置和利用。

（三）困难

主要还是成本核算和精细化管理的问题，当然也存在技术有待大幅改进的问题，更重要的还是认识不足，宣传不到位，管理效率低，厂家的延伸责任或社会责任没有实质性承担。

（四）火花所在

（1）集约化乡镇沼气厂的高效安全生产、运营技术；

（2）大宗作物秸秆的高效综合利用技术（气化、液化高效技术、生物处置）；

（3）节约型可持续现代农业耕作、种植、管理技术（节约量力型种植业）；

（4）农家肥的高效生产技术，努力实现工厂化生产；

（5）城乡、工农联动共同应对各自的棘手问题，乡下秸秆间接进城，城里农家肥下乡。

五、地表自然资源的高效利用

（一）种类

包括纯净的水体和空气、光能、热能、水能、风能、树木草被、重力势能等；也包括各类药材、经济动植物等。

（二）现状

目前，地表自然资源利用的广度和强度已达到相当高的水准。如我国近些年在全国范围内实施与推广的太阳能/风能发电场、太阳能热水器、水/地热发电站等。

木材的高效利用方面，我国很多地方在木材干馏制气和烧制木炭方面，技术已很成熟，应用范围也在不断扩大。但对于农作物秸秆的利用率还有待尽快提高。

（三）难点与困难

当今世界科学技术更新换代迅速，新产品、新工艺、新流程层出不穷。赶超有一定难度，但还是有很多机会。

由于我们没有深入参与地理大发现和工业革命的浪潮，因而我们的思想观念、思想方法、知识与人才储备、社会价值取向等方面，与西方发达国家存在较大差距，直接走到世界科技前沿还不现实，最好的做法是立足国内，瞄准国民经济急需解决的问题展开攻关，用中国人特有的思维方式和思想观念，结合现有的科技基础，发愤图强，努力赶超。

（四）灵感之光

（1）室内空气洁净技术；

（2）大气降雨的快速收集与净化技术；

（3）夏季过多的热量如何储存起来用于冬季取暖；

（4）特种经济动植物的开发利用：除污特效植物（例如利用蜈蚣草祛除重金属砷）、赏心悦目且神清气爽的观赏植物，等等。

六、多元资源与环境信息的深度挖掘与集成

（一）种类

资源与环境信息，既包括科学研究与监测大数据，也包括 web 大数据和

决策大数据，既有实地观测数据也有遥感信息。信息产生方、传播方和应用方，通过信息技术手段紧密结合在一起，从而大大缩短相互接触融合的距离与时间，使许多一般场合不发生接触的事物或事件相互作用，非常容易产生意想不到的联想、启示和引导，从而形成新的构想和思想。

一方面，不同地区同一时期各种资源与环境状况、利用与防治状况、存在问题、动态，需要传播方将其及时准确地在较广泛范围内扩散，而决策或应用方能够几乎同步完整地接触这些信息；另一方面，同一地区不同时期的上述信息也同样需要高度集成而传播、利用。此外，大数据系统还要将不同地区不同时期相互交流及其经济社会空间关系的特征与动态及时公布出来，供信息产生方和决策方选择、利用。

从创新的角度讲，我们既可以在产生方通过应用方提供的需求信息而将自身的创新成果推广出去，及时发挥作用，也可以在应用方通过信息有机组合而使我们的目标实现。当然了，传播方也存在这方面需求，需要专业人员改善或完善其传播途径、方法、信息组合方式，使其有可能产生更大的效用。该领域创新的空间非常广阔。

（二）现状

这是一个新生事物，新理念、新方法和新技术体系，正处于发展过程中，机会很多，挑战也很大。

这其中地理信息系统起着关键作用，它既有数据库的形式与功能，又具有独特而强大的空间分析与综合能力。

海量数据飞速增长，软硬件设备的容量与功能面临巨大挑战，已有数据的评估机制与删除规范需要科学地归纳概括出来，这方面需要理论来指导，同样需要创新。

（三）难点

高度集成，需要技术上突破，不仅表现在软件和硬件方面，还在于使用者和开发者的素质与高效互动方面。

但现实情况是，专业知识与理论没有真正有机融合或高度集成，好多还处于原始的、简单的集成。简言之，这方面既需要百科全书式或博物学式专业人才，知识结构既扎实又精深，能够有广阔的专业视野来组织信息，使得这种组合产生尽可能多的附加信息或派生信息，同时也需要不同领域专业人才的协同合作，最大限度地发挥团队力量。这方面需要创新，而要有大的突破，缺了灵感是绝对不行。

（四）灵光所在

作为在读的低年级大学生，创新训练重点侧重于专业基础知识的强化与完善、创新思维能力的培育与巩固、创新技能的形成和经验的获得，以此尝试和确定自己的天分所在。因此，不必瞄准专业或世界最前端的问题开展基础训练，而是要侧重过程的通畅、思路的巧妙、经验的获得，不可过分追求高精尖问题。

同学们可以在下述几个方面深入思考，设计出课题而开展系统训练：

（1）大数据潜在关联途径、模型与对应技术；

（2）大数据处理速度提升算法与技术（分布式并行处理技术）；

（3）多元地理信息高强度集成与融合，以及表达技术；

（4）基于专业知识和理论的空间分析技术与规范；

（5）数据挖掘和机器学习。

本章概要

捕捉灵感，既是一种智力活动过程，需要技巧与经验，也是一种机缘与运气。很多时候是不期而遇，可遇不可求。要时刻做好准备，不做过多的事前判断，因它不是纯然的智力活动。

随时保持精细的观察意识，不管做成还是做错，不管是灵机一动，心血来潮，只要想做就去做，不必拘泥于逻辑和常识。同时要牢记"失败乃成功之母"的信条，要努力使自己具备"闻过则喜"的胸怀与习惯，而且要尽力做到"不以物喜，不以己悲"的境界，切不可过多地权衡和算计自己的利益得失。

推荐阅读

1. 贝弗里奇. 科学研究的艺术［M］. 陈捷，译. 北京：科学出版社，1979.

［这可以说是一本世界名著，很早就被翻译成中文，流传很广。叙述深入浅出，论据充分，许多为作者自己的亲身经历。可重点阅读第3、6两章。］

2. 贝弗里奇. 发现的种子［M］. 金吾伦，李亚东，译. 北京：科学出版社，1987.

［本书是上一本书的姊妹作，叙述更加详尽，体系更加完整系统，可读

性更高。可重点阅读第 2 章。可以了解到许多科学史上的故事与过程，当时的社会现实，许多实例都非常耐人寻味。]

3. 韩健. 机遇在于把握 ［M］. 天津：天津科学技术出版社，2010.

［本书语言精练，叙述流利，实例丰富，分门别类论述，值得一读。］

4. 刘振中. 直觉的魔力：80 个开启直觉潜能的秘诀 ［M］. 北京：中国言实出版社，2011.

［本书语言平实，循序渐进，层次清晰，环环相扣，例证丰富，论证有力。］

5. 肖云龙等. 点击灵感：大学生发明创造指南 ［M］. 长沙：中南大学出版社，2001.

［本书语言浅显易懂，实例分析透彻，案例丰富，层次清晰，内容周全。］

6. 《激发灵感的发明故事》编写组. 激发灵感的发明故事 ［M］. 广州：广东世界图书出版公司，2010.

［本书针对少年儿童编写，通俗易懂，以实例说话，充满启示和诱惑。］

7. 姜汇川. 智慧的对撞：科学灵感思维 69 型 ［M］. 沈阳：辽宁民族出版社，2002.

［本书叙述富于条理，系统性很突出，归纳概括的灵感思维类型也很客观，都用具体实例加以说明，很有说服力，给人以启示和激励，值得一读。］

温馨提示

灵感和机遇往往可遇不可求，切不可守株待兔，更不能朝三暮四，但长期的艰苦工作或思考无疑会大大增加碰撞的机会。因此，辛勤工作与思考，再加上灵活深邃的头脑，是获得灵感和机遇的先决条件。

第七章

如何培养自信心和耐心

　　在我们成长的过程中，总会遇到这样那样的困难和挫折；在我们奔向目标的过程中，总会有疑惑和迷茫的时候。那么，在我们创新训练的过程中面临困境，陷入僵局，或者遇到巨大挑战，止步不前的时候，我们将如何面对？

　　但凡渴望成功的人，都会坚定自己的自信心，迎难而上，同时充满耐心，百折不挠，最终达到成功的彼岸。水有舟可渡，山有路可行，此志翻山水，山水终可平。

　　记得世界名著《基度山伯爵》的最后一句话是："人类的一切智慧都是包含在'等待'和'希望'这四个字里面！"只要有一颗在沉沦中依然充满希望的自信心，有一颗愿意在黑暗中等待曙光的耐心，在困境和绝望面前，我们依然可以破茧而出，迎来辉煌。

　　所以，如果我们想要摘取胜利的果实，获得成功的高峰体验，自信心和耐心是我们必须具备的心理素质。而事实上，锻炼和培养自己的自信心和耐心，不仅对我们创新训练的成功有帮助，而且对我们为人立身也是具有重大意义的。

第一节 ｜ 自信心的培养与运用

一、什么是自信心

自信心（self-confidence），是一种反映个体对自己是否有能力成功地完成某项活动的信任程度的心理特性，是一种积极、有效地表达自我价值、自我尊重、自我理解的意识特征和心理状态，也称为信心。自信心的个体差异不同程度地影响着学习、竞赛、就业、成就等多方面的个体心理和行为。

培养自信心，是指不断地超越自己，产生一种来源于内心深处的最强大力量的过程。这种强大的力量一旦产生，你就会产生一种很明显的毫无畏惧的感觉、一种"战无不胜"的感觉。而自信心的形成，离不开对成功的渴望，对自己意志品质的锤炼，需要我们不断励志，时刻保持旺盛的斗志。

当你拥有自信心之后，原本不能轻易解决的问题也能在不经意间迎刃而解，使你得到成功的滋味与快乐。

二、形成自信心的因素

自信心与效能期望密切相关，而后者是指人对自己能否进行某种行为的实施能力的推测、判断，即人对自己行为能力的推测。而自我效能感是个人对自己完成某方面工作能力的主观评估。评估的结果如何，将直接影响到一个人的行为动机与信心。

美国当代著名心理学家班杜拉（Albert Bandura，1925—）等人的研究指出，影响自信心形成的因素主要有以下五个：

1. 个人自身行为的成败经验（direct experience）

这个效能信息源对自信心的影响最大。一般来说，成功经验会提高效能期望，反复的失败会降低效能期望。但事情并不这么简单，成功经验对效能期望的影响还要受个体归因方式的左右，如果归因于外部机遇等不可控的因素就不会增强效能感，把失败归因于自我能力等内部的可控的因素就不一定会降低效能感。因此，归因方式直接影响自信心的形成。

2. 替代经验（vicarious experience）或模仿

人的许多效能期望是来源于观察他人的替代经验。这里的一个关键是观察者与榜样的一致性，即榜样的情况与观察者非常相似。

3. 言语劝说（verbal persuasion）

因其简便、有效而得到广泛应用。言语劝说的价值取决于它是否切合实际，缺乏事实基础的言语劝说对自信心的影响不大，在直接经验或替代性经验基础上进行劝说的效果会更好。其中父辈的鞭策与督促也非常关键。

4. 情绪唤醒（emotion arising）

班杜拉在"去敏感性"的研究中发现，高水平的唤醒使成效降低而影响自我效能。当人们不为厌恶刺激所困扰时更能期望成功，但个体在面临某项活动任务时的身心反应、强烈的激动情绪通常会妨碍行为的表现而降低自信心。

5. 情境条件（situational conditions）

不同的环境提供给人们的信息是大不一样的。某些情境比其他情境更难以适应和控制。当一个人进入陌生而又易引起焦虑的情境中时，其自信心水平与强度就会降低。

上述因素对效能期望的作用依赖于对其是如何认知和评价的。人们必须对与能力有关的因素和非能力因素对成败的作用加以权衡，人们觉察到效能的程度取决于任务的难度、付出努力的程度、接受外界援助的多少、取得成绩的情境条件以及成败的暂时模式，班杜拉的社会学习理论认为，这些因素作为效能信息的载体影响成绩，主要是通过自信心的中介影响发生的。

三、自信心的建立和培育方法

（一）自信心的建立

1. 概述

人的行为过程是受人的心理支配的。我们每个人都会有这样的感受：当你处于良好的精神状态时，你就会对做某事有兴趣，有热情；当你的心情不好时，你可能产生厌烦情绪，注意力难以集中，即使强迫自己去做事，其效率也难以提高。可见，行为时的心理状态至关重要的。人的心理状态包括自信心、情绪、动机、注意、精力等许多方面的内容，如何增强信心，调节情绪、预防浮躁、提高注意力，使行为时的心理状态处于最佳水平，是每个人都应掌握的一项重要的技能。

其实自信心就是充分相信自己，相信自己的能力和智慧，相信一般人能做到的事，自己也一定能做到。在做事过程中，自信所迸发出来的勇气和毅力，可以帮助我们克服种种困难和障碍，可以最大限度地帮助我们挖掘自身的潜力，去完成任务。

在现实生活中，并不是每个人都能够充满自信地投入到活动之中，也有一些遭遇，一些挫折和失利，从而缺乏自信心。一旦有这样的想法出现，就会感到自己不行，学不好、学不会，对做事产生畏惧心理而丧失信心，由此导致失败。而新的失败又证明了开始时"我不行"的判断，从而造成了一种恶性循环状态，久而久之也就产生了自卑心理。

2. 方法

那么，怎样才能树立起自信心？实际上方法很多，需要根据自身的具体情况予以选择和实施。常用的方法有：

（1）正确看待失利

做事没有成功，并不能完全客观地反映出一个人的知识、能力、智力等的实际水平，它还受到许多外界因素的影响，比如运气和机会。因此，单凭成败来评价自己，认定自己比别人差，不是做事的材料，是不公正和不客观的。做事没成或结果不理想是常有的事，关键在于能否迎接这一挑战，保持一种必胜的信念，发奋努力去改变现状，这种情况使我们看到了信心在行为中的重要作用。

（2）善于发掘自己的长处

每个人都有自己的长处和短处，做事上也同样如此。如果一事做得很好的话，自然对自己就有了信心，其他事也会受其影响而有显著的进步。比如有的人数理基础不好，但乐感强，对声音很敏感，听到一首歌之后，很快就能把音调记下来，起初可能是喜欢这首曲子，又因记忆好，同时对音乐的节奏和音调也有极灵敏的感受力，因此不费力就能背下来。若能意识到自己这一优点，那么就能恢复他曾经失去的自信心，不止在唱歌方面，对其他方面也会产生兴趣。由此可见，当对自己的某个方面失去信心的时候，更应该去发掘自己的其他特长，以找到恢复自信的机会。

（3）给自己以积极的暗示

一个人如果总想着自己不行，总是给自己这种消极的暗示，就会陷入到恶性循环的怪圈中，这时如果用"我能行"代替"我不行"来规劝、激励自己，就会打破恶性循环中的一环，并注入了积极的内容，就能重新建立起学习的自信心。此时如果结合榜样的鞭策与引导作用，结果会很明显。

（二）自信心培育的方法

那么，我们在日常生活中怎样培养自己的自信心呢？

自信，就是对自己能够达到某种目标的乐观、充分估计。美国著名作家爱默生（Ralph Waldo Emerson，1803—1882）说：“自信是成功的第一秘诀。”可以说，拥有自信就拥有无限机会。那么如何增强自信呢？

1. 关注自己的优点

在纸上列下十个优点，不论是哪方面（细心、眼睛好看等，多多益善），在从事各种活动时，想想这些优点，并告诉自己有什么优点。这样有助你提升从事这些活动的自信，这叫做“自信的蔓延效应”。这一效应对提升自信心效果很好。

2. 与自信的人多接触，与自信的人合作共事

“近朱者赤，近墨者黑”这一点对增强自信同样有效。

3. 自我心理暗示

不断对自己进行正面心理强化，避免对自己进行负面强化。一旦自己有所进步（不论多小）就对自己说：“我能行！我很棒！我能做得更好！”等，这将不断提升自己的信心。

4. 树立自信的外部形象

首先，保持整洁、得体的仪表，有利于增强一个人的自信；其次，举止自信，如行路目视前方等，刚开始可能不习惯，但过一段时间后就会有发自内心的自信。另外，注意锻炼身体、保持健美的体形对增强自信也很有帮助。

5. 不可谦虚过度

谦虚是必要的，但不可过度，过分贬低自己对自信心的培养是极为不利的。

6. 学会微笑

微笑会增加幸福感与成就感，进而增强自信心。

7. 扬长避短

在学习、生活、工作中，抓住机会展现自己的优势、特长，同时注意弥补自己的不足，不断进步，肯定能增强自信。

8. 阅读名人传记

因为很多知名人士成名前的自身资质、外部环境并不好，如果多看一些这方面的材料有助于提升自信心。

9. 做好充分准备

从事某项活动前如果能做好充分准备，那么，在从事这项活动时，必然较为自信，而且这利于顺利完成活动并增强整体自信心。

10. 持续给自己确定恰当的目标

起初先定一个适中简单的目标，在目标达成后，定更高的目标，循序渐进。目标不能太高，否则不易达到，而达不到目标，对自信心会有很大破坏。

11. 冒一次险

当你做了以前不敢做的事以后，你会发现：原来做这事并没有什么了不起！这对提升自信心很有帮助。

12. 排除压力

过重的压力会使自己意志消沉，对自身产生怀疑，从而破坏自信心，学会排除压力对保持原有自信帮助很大。

13. 做自己喜欢做的事

对自己喜欢做的事，因为比较投入，容易取得成功，继而产生成就感，这非常有利于自信心的提高。

14. 保持身体健康

注意全面的营养，保证身体锻炼，保持快乐的心境，良好的生理、心理状况会使自己产生幸福感，进而产生自信心。

15. 尽量依靠自己

有事尽量依靠自己解决，能不断激发自身的潜力，并且通过一次次的成功，不断提升自信水平。

16. 遇到烦恼和压抑，强制自己清心寡欲，静心修养身心

可以通过"深隐而待时"的方式对付，啥也不想，啥也不做，超然于世外，彻底放松，冷静休养一段时间，信心会再次被激发起来。俗话讲得好，"一鼓作气，再而衰，三而竭"，士气与斗志已经消磨殆尽，必须要果断休养生息了。

第二节 | 耐心的培养

一、什么是耐心

（一）概述

在生活中，经常有这样的场景：我们等红灯的时候还要打开微信刷一下朋友圈；我们用电脑在解压缩文件的时候，同时从 U 盘将下一个文件包拷贝

到硬盘；在上淘宝买东西的时候还不忘打开迅雷下载电影——并行计算的电脑，多线程的生活。结果是电脑卡顿了，网速变慢了，生活也感觉像绷紧的弦。

在互联网还没有普及的时代，我们围坐在电视机前，看一集电视剧要忍受电视台长达将近 10～15 分钟的广告时间并乐此不疲。而现在，我们发现视频网站上面一集电视剧前面的广告有 60 秒就无法忍受了。

互联网和高科技推动了现代信息文明，整个社会都在以一种高速前进的态势在发展，这几乎不是某一类群体的事情，而是所有人都感觉到时间都不够用了。大家都好像被无意识地带入到社会高速运转的协作体系上，而多元化的选择，更是将人们最后一点耐心都消磨殆尽。人们必须将时间的空隙填满，以便让自己在这个高速运转的时代过得充实。高科技和互联网在给我们的生活提供便利的同时，也让我们面临着一些问题：减肥不可能一蹴而就，我不管，我更加相信速效减肥药；学习要经过勤思考多练习才能知行合一，我不管，教师你要给我划重点，我考了高分就行；职场晋升和工作经验不可能是一朝一夕的事，我不管，看不到前景我就跳槽。

我们好像越来越没有耐心了。

（二）定义

耐心，这一概念一般被理解为"心里不急躁，不厌烦"。这是用耐心的对立面来界定耐心。其实，耐心的对立面不只是"急躁，厌烦"，同时还包括"疲沓，拖拉"的心态，耐心是介于"过"与"不及"之间的"适当"状态。

在心理学上，耐心属于意志品质的一个方面，即耐力。它与意志品质的其他方面，如主动性、自制力、心理承受力等有一定的关系。

（三）为什么要培养耐心

对学习和工作发自内心的热爱与好奇心，促使我们自动自发在本职领域深耕钻研，探索开拓，而耐心则保障了这种宝贵精神能量的始终聚焦、贯注如一。在如今移动互联网时代背景下，我们在学习、工作和生活中面临的诱惑与选择往往呈爆炸式增长态势。业余时间过度追求轻松娱乐往往导致学习精力不足，学习专注度和激情下降；对个人学习工作和专业领域发展缺乏系统规划与科学前瞻，往往导致工作无法聚焦于最重要和最有价值的事项，对各种干扰信息丧失甄别力。常常是学习工作一天却都是在做浮皮潦草的表面工作和琐碎事务，自身缺乏耐心、定力和长远规划以把主要精力聚焦、投注在专业深耕上。

从很大程度上来说，专业深耕和持续创新精进往往需要付出极大耐心和专注力，要忍受无比的艰难枯燥甚至是失败，而取得的工作成效可能不会那么立竿见影。这时就需要我们以自律自省精神督促自己沿着正确的学习发展的方向不断前进，而非屈服于外界各种诱惑和压力，沉迷于简单琐碎事务反倒以为自己整天忙忙碌碌很充实。其实这是一种自我逃避和自我催眠，你浪费了学校提供的宝贵平台和黄金学习时间，浪费了成长机会还不自知。

当然，当前学校教育片面追求升学率，重知识传输，轻技能培养，重智力提升，轻素养培育等客观因素导致在学校和社会之中普遍存在着一种急功近利的浮躁风气，往往过度强调"高收益，快回报"，使得个人在学习和工作中难以有耐心沉静下来专注地完成一些需要大量时间和反复实践积累的事业。而没有经过刻苦深耕的土壤，怎么会长出惊艳的创新之花呢。所以此时，我们不仅需要培养耐心，更需要培养一种精益求精、止于至善的"工匠精神"。

（四）耐心的内涵

1. 强大耐心的获取需要以了解任务的全貌为前提

有个马拉松运动员，叫山田本一（1984 年和 1986 年的世界冠军），似乎能够告诉我们答案。他在自传中如此说道："每次比赛之前，我都要乘车把比赛的线路仔细看一遍，并把沿途比较醒目的标志画下来，比如第一个标志是银行，第二个标志是一棵大树，第三个标志是一座红房子，这样一直画到赛程的终点。比赛开始后，我就以百米冲刺的速度奋力向第一个目标冲去，等到达第一个目标，我又以同样的速度向第二个目标冲去。四十几公里的赛程，就被我分解成这么几个小目标轻松地跑完了。起初，我并不懂这样的道理，我把我的目标定在四十几公里处的终点线上，结果我跑到十几公里时就疲惫不堪了，我被前面那段遥远的路程给吓倒了。"

2. 耐心的对象是那些需要机械性重复的工作

毕淑敏在她的小说《女心理师》里说："一杯咖啡最重要的是什么？是水。一杯咖啡里 98% 都是水。"而那些简单而又貌似枯燥的重复就好像咖啡里的水一样重要。我们变得不耐心的一个借口通常是，这个事情这样繁琐和无意义，为什么要做下去。其中，可能忽视了，繁琐重复事情的价值，同时也忽略了不论什么样的工作大部分都是由这样繁琐而重复的活动组成的。

3. 耐心的回报过程是相对缓慢的

人类做任何事情有一个反馈机制来带给他快感，告诉他这件事情是有回报的。比如打游戏。打游戏的反馈是极其迅速而且强烈的，短短几分钟你就可以杀怪无数。所以在类似的这种反馈特别迅速的事情上，人们很少会缺乏耐心。

但是世界上大部分事情反馈都是极其缓慢的。没有人能学一天外语而通过六级。也没人能写几篇作文而成大作家。没有及时的反馈，要保持耐心也自然极其艰难了。

由此可见，想解决耐心问题首先应该意识到，大部分事情能取得成功都需要一定的时间，做任何事都有个操作与完成的过程。所以做任何事情不要每天都去观察自己的进度。而真正坚持一段时间后会发现惊人的成绩。

4. 耐心的养成需要自我控制能力

在还没有享受过耐心带来的巨大的好处之前，需要强制性地监控自己将不耐心烦躁的想法放在一边，尽量去做。态度改变想法，最后，想法会影响态度。如果没有体验过耐心，那么不论其他人说耐心有多么好，也没有用。

二、耐心的培养

（一）概述

哈佛大学的学者曾经做过一个著名的关于耐心的实验，是发生在 40 个人和 19 只黑猩猩之间的比赛。

这 19 只黑猩猩，来自莱比锡沃尔夫冈·科勒灵长类动物研究中心，40个人则是来自哈佛大学和德国莱比锡马克思·普朗克研究院的学生。比赛中双方面临的挑战是，暂时忍住不吃零食，以此赢得更多的食物。所有参赛者都可以选择 2 份或 6 份自己最喜欢的食物作为奖励，但是选择 2 份食物可以立刻吃掉，而选择 6 份食物则必须等待 2 分钟。结果 72% 的黑猩猩选择了等待，同时，只有 19% 的学生愿意等待。

结果表明，人类对于耐心的控制能力还比不上黑猩猩。

其实，产生这样的结果，恰恰是因为人类的大脑更加复杂。尤其是大脑的前额皮质这个部分，它特别擅长为错误的决定寻找借口，向我们承诺明天会更好。

哈佛大学心理学家丹尼尔·吉尔伯特认为，人类是唯一会考虑未来各种可能性的物种。虽然在亿万年的进化中，这种能力帮助人类最终称霸地球，但是也为现在的我们带来了很多问题。

复杂的大脑为我们带来的问题，主要归结为 2 个方面：

1. 延迟折扣

我们把钱存在银行，一年后取出时，我们需要获得一定的利息，而且希望这个利率越高越好。对我们来说，当下获得 100 元与未来获得 100 元，未来的那 100 元给我们的满足感，是要打一个折扣的。同样的，一个减肥药品牌告诉你"1 个星期可以瘦 10 斤"，对比一个健身教练告诉你"坚持锻炼 3 个月你可以获得想要的身材"，我们更容易被减肥药所诱惑。更何况，吃减肥药比起去健身要容易得多，又快又好，何乐而不为！毕竟，一个奖励一旦需要等待，它的吸引力就会大大下降。

2. 未来的自己 = 陌生人

根据脑成像研究发现，当我们考虑未来的自己时，大脑的活动和我们考虑别人时几乎一样。也就是说，未来的自己对于我们来说，其实就是个陌生人。

我们总是倾向于把未来的自己想象成一个完全不同的人——他会早睡早起、饮食清淡，每周做 3 次锻炼，每周读一本书，每天都精神百倍……我们会把未来的自己理想化，希望未来的自己可以做到现在的自己做不了的事。既然未来的自己如此完美，那么现在何必为难自己呢？想吃就吃吧，想熬夜就熬夜吧！反正未来的自己肯定会是完美的。

（二）方法

那么，既然大脑给人类设置了两个障碍，那么我们如何培养自己的耐心，用耐心消除障碍，达到我们希望实现的长远目标呢？我们可以从以下几个方面进行思考：

1. 重新审视每一个成就背后的代价

斯蒂芬·茨威格（Stefan Zweig，1881—1942）在小说《断头王后》中写道："命运赠送的礼物，暗中都标着价格。"确实，我们生活中得到的种种，既有看得见的价格，也有看不见的代价。有时候我们会被可以迅速得到的奖励冲昏了头，忘记了去审视它背后的代价。

譬如说一些护肤品号称可以"迅速见效"，用了之后才发现其中添加了微量破坏人体皮肤酸碱平衡的果酸类物质，轻微地腐蚀原有皮肤，加速代谢，然后人体新生的皮肤自然"如婴儿般娇嫩"。具有这种原理的护肤品确实见效快，但是会加速皮肤的衰老，透支皮肤健康，给皮肤留下很大的后遗症。

同样，一些使用减肥药产品的消费者在购买减肥药的时候都满心憧憬，恨不得第二天就成为梦想中的魔鬼身材。可惜一旦停用减肥药，身体又像吹气球一般发胖，而且脾胃受到了伤害，需要花很长时间调养才能恢复。

和医生用药一样，很多事情，我们往往需要在效果和药的副作用之间做出一个平衡。那些见效快的药，藏着我们看不到的风险。可如果是脾性温和、日常调养的食品，却需要长时间才能看到效果。

要识别每个奖励背后的代价，需要智慧。智慧，一部分来源于持续学习，一部分来源于人生阅历，还有一部分得靠自己去在思考中领悟。

2. 让未来的奖励更加清晰

一项研究发现，把糖果罐放在桌子的抽屉里，而不是直接放在桌上，会让办公室职员少吃 1/3 的糖。

一个近在眼前、能闻到味道的糖果，能够刺激人类大脑更古老、更原始的奖励系统，刺激相应的多巴胺产生欲望。相反，一旦把糖果收起来，看不见也闻不到时，人们对耐心的掌控能力会显著上升。

同样的道理，如果我们把未来的奖励用一切手段做得更加清晰，让它看得见、摸得着、闻得到，我们对于未来的奖励就会更加渴望，我们就更能发挥耐心去完成一项长期工作，取得长期而远大目标的成功。

所以，我们在日常生活中，可以把理想中的未来写下来、画出来，或者找一个相似的照片打印出来；和你羡慕的那种人尽量多地待在一起，观察他们的生活，向他们讨教经验；每天花一些时间想象自己在未来、体验理想的生活。我们要尽可能地让未来的奖励无比清晰，触手可及。

3. 再等 10 分钟

网上购物现在已经成为了很多人的生活方式之一。面对各种网店中琳琅满目的商品和简单直接的支付方式，很多人都无奈心有余而余额不足。那么，很多人在网购时都形成了这样的习惯：先把自己喜欢的东西放进购物车，但不会立刻下单。过几天之后，再来翻一翻购物车，就会删除几样也许根本就用不上的。

这种方法，就是刻意延迟自己得到奖励的时间，从而让现在的奖励看起来没那么诱人，并且给自己一个缓冲期恢复理性。

当我们面对现在的奖励时，我们可以不必昧着良心对自己说："不行！"这样子太粗暴，根本压不住内心的渴望。我们可以对自己说："好，可以，但要等 10 分钟。"这样就减少了一部分的压力，却又让自己从巨大的诱惑中暂时脱身出来，让自己更加轻松地塑造一个有耐心的自我。

4. 建立反馈机制

平心而论，人如果没有一个非常坚定的信念，是很难有耐心长期坚持做一件事的，即便有了坚定的信念，也很难摆脱自制力不足，情绪不佳，状态不稳定，以及外来干扰等一系列不确定因素的影响。

但是，在当代中国的年轻人中有一群人，能够长期坚持做一件事，他们无须改变场景，也无须减少选择，同样没有必要去突出重点。这群人就是游戏玩家。从儿童到少年到青年到中年，如果不是生活压力所迫，他们可以一直玩游戏玩到老，从最早期的红白机游戏、到 PSP，然后是单机游戏，网络游戏，再到现在的手游。游戏更迭了不知道多少代，但是唯一不变的，这群人爱好始终不变，同时乐此不疲。

究竟是什么让游戏爱好者能够不需要坚定信念不需要各种外在环境的顺应，就能对玩游戏产生长期乃至一生的兴趣。

答案是，游戏能够给人一种立即反馈机制。不管是赢的反馈机制还是输的反馈机制，能够让他很快就能够看到成果。通关类游戏中，玩家输了就重来，赢了可以继续玩下一个任务。升级类游戏靠积分这个反馈机制来刺激人的大脑，促使玩家继续完成任务。正是这种即时反馈机制，让游戏玩家可以在电脑桌上一坐就是几十个小时，然而丝毫不觉得累，只是感觉生理上的饿和尿急。

而我们所要去完成的，不管是学习任务也好，项目运营也好，都是没办法立刻就看到反馈成果的。也许努力了很长时间，都还没能得出任何成果，而如果成果不如之前所预想的，则更加会打击人的信心。然而我们也看到，有不少人制订一个长期计划并将之完成了，也许他们天生毅力惊人，也许他们有更强的自制力。我们不能指望每个人每时每刻都有这种超凡的自制力，所以我们需要反馈机制，来检验我们所完成的任务。

首先，不要一直盯着一项长期任务，它会让你感觉到理想和现实的差距。

其次，将长期任务进行分割，从眼前最有可能完成的任务开始做起。

最重要的，建立起一个反馈机制，不管是物质上的还是精神上的，都需要给自己一个反馈机制。比如在完成任务后犒劳自己一顿（物质上），将自己的研究成果进行相应的实践，让更多的人参与到你的学习当中，跟他们分享你的学习成果，并让他们给予你反馈的信息。不管这些实践验证是否正确，也不管别人对你学习成果的评价是好与坏，都是对你努力的一种反馈，也能相应地调整你前进的步伐和方向。

人们总在批判应试教育的弊端，殊不知，应试教育的考试，正是这样一种反馈机制的极端体现。没有考试，你怎么知道你有没有牢固掌握知识；没有考试，你怎么知道和同学相比的优势和差距；没有考试，教师怎样把控你的学习进度；而当下的中国，在没有更加完善的教育设备和资源前提下，唯有考试，才能真正检验学生的学习成果。

5. 形成一些锻炼沉稳性格的习惯

性格沉稳的人往往具备过人的耐心。沉稳，不仅是一个人心理成熟的表现，更是为自己赢得成功的基础。沉稳的性格是需要在生活中磨炼出来的，而并非是每个人天生就能拥有的。我们可以通过一些生活习惯或者兴趣爱好在陶冶情操的同时磨砺自己的个性，培养自己的耐心。

看书。找一个安静的地方或者图书馆，翻开一本书细细品味。看书同样需要耐心，没有耐心就会走神或者打盹发困。只有当你全身心投入书的世界里，感受文字的魅力，才能体会到书中自有颜如玉，你的耐心也会因此提升。

练书法。现在进入了电子办公时代，我们不需要像前人一样，必须通过笔和纸来记录我们的经历和思想。敲打键盘，点击鼠标，很多事情都可以便捷快速地完成。动笔少了，自然练书法的少了，写得一手好字的人更能引起别人的注意。而练书法需要心静，一笔一画都要谨慎，这就需要我们的耐性来去坚持。而且练书法能够修身养性，我们在空余时间抽出一点时间来练习就可以了。

背单词。坚持每天背英语单词，并且给自己制定一定的量，比如每天背三十个单词或者五十个单词。不能太少也不能过多，少了没有效果，多了难以坚持下去，应该循序渐进，从而提高自己耐心。

跑步。我们在进行身体上的锻炼的时候，很大程度上也在进行心理上的锻炼。对于不经常跑步的人来说，可能刚开始跑十来分钟就累得不行了，但是不断暗示自己一定要坚持，还没有趴下，还可以跑一圈的，或者累到不行的时候就告诉自己听完这首歌就停。不积跬步，无以至千里，一小点进步，也可以积累成很大的成就，这也是我们锻炼自己耐心的过程。

刷牙。有时候，反而是日常的小事，最是能锻炼我们的耐心。因为是小事，所以，我们往往可能会习惯性的忽视，习惯性的偷工减料。刷牙作为每天大家睡前和起床都要做的事情，这里提起来，并不是说大家不刷牙，而是说正确的刷牙要刷够 3 分钟，并且每天早晚饭后坚持如此。正是每天重复的小事才构成我们的生活的基础，而坚持做好每一件小事，我们也可以磨炼自己的耐心。

我们还可以去试试以下这些事，锻炼一下自己的耐心：将一团纠缠不清的棉线，不能用剪刀剪断而梳理整齐有序；在全国地图上找出一个陌生的村子名称；在词典中找出一个词的同义词或近义词；等等。

时代在高速发展，人们也变得越来越功利，我们似乎在无形中总是被牵着走。耐心、专注，这些词好像我们很熟悉，但是离我们又那么远，我们难以改变大环境，但是我们能从自身做起。在我们培养自己耐心的过程中，其实也未必要苦大仇深的去对抗人性的本能，让自己充满负能量，通过以上方法，我们也可以做到减少人性自我斗争、因势利导、趋利避害，顺应天性以求达到培养耐心这个目标。

三、意志力

（一）定义

意志力是心理学中的一个概念。是指一个人自觉地确定目的，并根据目的来支配、调节自己的行动，克服各种困难，从而实现目的的品质。

意志力也可以理解为坚强的意志品质，是人们为达到既定目的而自觉努力的程度。意志力表现在人们行动的过程当中。意志力强的人，往往能够自觉地确定目标，有原则地执行决定、果断地做出判断。人的意志力并非与生俱来，而与个体所经历的社会生活经历密不可分。

意志力主要具有以下几个特征：首先，意志力是基于一定目标或目的的，没有明确的目标或目的，也就没有意志力可言；再者，意志力体现在一定的过程当中，是一个长期的概念；次之，意志力的内涵是个体为实现其设定好的目标或目的所付出的努力，有主动性和自主性的成分存在。

（二）如何锻炼意志力

意志力强弱究竟如何区别，尚无定论。意志力强的人并没把意志力主要用于救急，而是主要用在学习和工作中培养有效的日常习惯。运用意志力来达成某件事（或抵御诱惑）都是为了把这个行为形成习惯，一旦习惯养成，花在抵制欲望上的时间自然比较少了。

1. 了解自己的极限，调节自身身体状态

意志力的供给是有限的，而且你要从同一意志力账户提取意志力来用于各种不同任务。而且一般来说意志力无法超越肉体的极限。

印度有一位名叫阿马尔·可杰的苦行僧，为了修行，举起右手，以这种姿势与"没落"做个了断，用对身体的折磨来追求心灵的解脱。自 1973 年开始，他把自己的右臂举在空中没有放下。现在，他的这只手臂已经定型在右肩上，萎缩，动弹不得，他也因此成为印度人心中湿婆（印度教三大神之一，毁灭神）的象征。

这位苦行僧能坚持举起右臂数十年，意志力非常强大，毋庸置疑，可是仅凭意志力，他却已无法让自己举起的右臂放下来。

所以，意志力不仅和心理有关，更和生理有关。只有心理和生理同时作用，才有力量克服冲动和诱惑，放松心态，坚持锻炼，保证睡眠，合理饮食，将自己的生理和心理机能调整到良好状态，可以有效提高意志力。

2. 留意意志力损耗症状

当你做一件事需要运用意志力时，要提醒自己这时候做判断很难公正无偏，你倾向于选择更安全，更容易的但并非正确的选项。因为你的意志力已经消耗了，你不愿再强迫自己冒风险。

3. 设定意志力培养目标

如开始健身或学习新技能，但是你在追逐目标时最好在其他事情对意志力的要求相对较低的时候做，这样可以留出更多的意志力给你的目标。永远不要试图一下子培养出新技能或戒掉香烟，要循序渐进。

4. 列个任务清单

蔡格尼克记忆效应（Zeigarnik effect），又称为蔡加尼克效应，是指人们天生有一种办事有始有终的驱动力，人们之所以会忘记已完成的工作，是因为欲完成的动机已经得到满足。如果工作尚未完成，这同一动机便使他对此留下深刻印象。

你想忽视未完成的任务时，这个任务就会像讨厌的苍蝇一样不停地在你脑中打转。但是一旦你有了具体计划，苍蝇就飞走了，所以只要你决定做某事，把它列在清单上，你就能无意识地放松。

5. 当心计划谬误

不管我们是否拖拉，我们都倾向于乐观地看待我们自己的工作，高估自己达成目标的能力。列计划前，可以想想你过去完成同类计划所耗时间，也可以请求别人审查下我们的计划。

6. 小事情推动大意志

良好的睡眠、干净整齐以及秩序感，这些都可以无形中提升意志力。

7. 积极拖延的力量

延迟享乐策略，如果电动游戏吸引了你，把这个电动记下，告诉自己做完运动再看。将坏事往后拖，也许最后就不做了。

8. "别无选择"策略

这个策略简单，粗暴，极为有效。专门留出时间只做一件事情。如，把清晨90分钟投入到你最重要的目标，不允许自己做其他任何事。如和自己说"要么背单词，要么什么也不做"。你多遵守一次，它就变得常规一些，最终获得了保存意志力的长效方法——习惯。

9. 追踪了解

不管你做何计划，监控都十分关键。每天称体重，写饮食日记可以帮助你减肥，记账可以帮你少花钱。

10. 经常奖励

定目标的同时，也要定下实现目标后的奖励。如果你只用意志力拒绝诱惑，那么它就成了残忍讨厌的防守工具，但是，当你用意志力获得东西，你就能把意志力当成获得奖励的绝妙武器。比如一年不抽烟，可以把省下来的钱买一部新手机，如此主动训练自己的意志力。

（三）锻炼意志力的步骤

1. 设定目标

最好是分出总目标和阶段性目标。

2. 列清单

列出基本步骤、阶段目标和强化性环节。

3. 审视清单计划是否切合实际

根据自己的现状、环境状况、目标的性质、可能的外界影响来审视与评估。

4. 配合辅助手段

（1）葡萄糖、维生素等必要的营养物的补充；

（2）充足高效的睡眠；

（3）办事的条理和次序；

（4）延迟享乐策略；

（5）别无选择策略。

5. 追踪监控

根据清单和阶段目标，评估自己的状态与优劣势。

6. 自我奖励

有了阶段性成就后，可以给自己放个小假，去娱乐一下，比如读一部轻小说、听听音乐、打会电游等，放松一下自己，恢复一下精力。

7. 习惯养成

按照实用的计划，反复强化三到四次，意志力会有明显增强与改善。

第三节 │ 工匠精神

一、工匠精神的内涵

（一）定义

在 2016 年 3 月 5 日的政府工作报告中，李克强总理说"要鼓励企业开展个性化定制、柔性化生产，培育精益求精的工匠精神"。

所谓工匠精神，简言之即工匠们对设计独具匠心、对质量精益求精、对技艺不断改进、为制作精品而不竭余力的精神追求。现代科技时代，"工匠"似乎远离我们而去，"工匠精神"更是淡出哲学思想视野。然而，中华民族的伟大复兴、强国梦的理想实现，不仅需要大批科学技术专家，也需要千千万万能工巧匠。

科学技术只有与工匠精神相结合，才能创造人间奇迹，才能最大限度地为社会、为人类谋福利，促进社会进步和文明发展。

（二）工匠精神的内涵

1. 精益求精

对精品的执着、坚持和追求，孜孜不倦，反复改进，不断完善，将品质从 99% 提高到 99.99%。

2. 注重细节

在对细节的处理上不惜花费时间和精力，把每个产品都做到极致，追求完美，注重品质。

3. 严谨、一丝不苟

态度严肃、谨慎、细致、周全，追求完美，在最细微处下工夫，确保每个部件的质量并采取严格的检测标准。

4. 耐心、专注、坚持

不急不躁，持之以恒，专心注意产品和服务的质量，坚决保持对品质的高标准、严要求。

5. 专业、敬业

为打造最优质产品，从业人员在专业领域里不懈努力，不断进步，对工作始终持认真、负责的态度。

作为一种职业精神，工匠精神对从业者的职业生涯至关重要。一个具备良好职业精神的人能增强自身的就业竞争力，能在未来的职业生涯中脱颖而出，取得成功。企业在人才招聘时往往强调"工作严谨负责、能吃苦，具有某项或多项特殊技能"。可见，严谨、负责的职业态度或职业精神对企业而言是至关重要的。

创新实验训练，是培养社会所需要的创新型人才的必要环节。在塑造自己职业精神时，若能强化自己在工匠精神方面的训练，将极大地提高自己的人力资本的附加值，对自己的就业和未来职业的发展有促进作用。在日益激烈的人才市场竞争中，从业人员的职业精神显得越来越重要。作为准职业人的大学生应该意识到，具有较强职业精神，具有良好工匠精神，和拥有较高专业知识技能一样，是走向社会、立足社会的重要条件。

工匠精神，并不仅仅局限于工厂企业，在社会其他行业和领域，都需要这种踏实、敬业、精益求精的工作作风和习惯。

二、工匠精神与工作乐趣

有时候，我们在和朋友聚会聊天的时候，只要涉及学习和工作的内容，原本兴高采烈的我们就会略显沮丧，我们会想到："平时学习和工作就已经很枯燥了，出来玩，就别聊跟这些相关的了，很扫兴的。"

不少人都有这种对工作和学习的厌烦感，下班下课之后就想与工作和学习的事情完全划清界限，仿佛我们的事业已经干扰了我们放飞自我、享受人生。究其根本，我们对工作和学习的内容、涉及的人和事物感到厌倦是很重要的原因。可是，一个人对工作和学习厌烦，从力的反作用来讲，工作和学习也会"厌烦"他，不会带给他乐趣。

其实，对我们来说，工作和学习中90%的部分都可能是枯燥的，但是为什么我们总能看到远到宣传中的人物，近到我们身边的同学、教师，仍然能从自己的工作中找到乐趣？其实，就是因为他们具有工匠精神。

1. 寻找最让自己心动的东西，这个过程很忘我

工匠精神就是专注于自己做的事，精益求精，把99%提高到99.99%；严谨敬业，欣赏自己的工作，在每一个细节中，体会做事的乐趣。寻找让你心动的东西，在忘我中绽放。

笔者对工匠精神体会最深刻的时候，是我在进行备课设计的过程中：人虽然坐着，但是脑子里活动内容很丰富，即感受自己的工作，确定自己的教学目标，结合知识点和教学对象的知识储备，然后不断调整，直到找到自己心目中的最佳搭配、最合适的辞令、最恰当的知识拓展、课件上的字体搭配和行距，努力去体会别人听这堂课时的感受，努力寻找能打动对方的课堂设计。就像很多女孩子挑衣服、逛街，她们都是在寻找最让自己心动的东西。一旦找到，乐趣无穷，所以寻找的过程也就很忘我了。如果觉得枯燥，那就应该是总是找不到让自己心动的东西。

2. 对工作注入情感，你和工作都会因此动人

提到工匠精神，日本和德国是绕不开的两个典型国家。

在日本有很多手艺人哪怕做最简单的工作，也恪守着工匠精神。86岁的村嶋孟在大阪开店卖了50多年的米饭，被人们誉为"煮饭仙人"。他一直坚持用大锅加柴火煮饭，每到饭点，门庭若市。他说自己蒸饭的秘诀在于用水，每次煮饭前，他都会将自来水放入装有优质白炭的大瓦罐中静置一晚上，去掉漂白粉和其他杂味。村嶋孟说："集中精神才是做好米饭的前提。"他煮的米饭被中国媒体称为"有灵魂的米饭"。

在与逝者相关、看似"晦气"的殡葬业，日本人同样投入敬畏和热情。在日本奥斯卡获奖影片《入殓师》里，有一句经典台词道出了入殓师的工匠精神："让已经冰冷的人重新焕发生机，给他永恒的美丽。这要有冷静，准确，而且要怀着温柔的情感，在分别的时刻，送别故人。静谧，所有的举动都如此美丽。"

相比日本人，德国人做事对于细节和严谨的追求毫不逊色。德国人从生活起居到工业制造，事事一丝不苟。

德国哲学家费希特（1762—1814）曾在一篇演讲中这样描述德意志人民的性格："我们必须严肃认真地对待一切事物，切切不可容忍半点轻率和漫不经心的态度。"

据《中国经营报》2014年的一篇报道，1984年，海尔总裁杨绵绵去德国引进冰箱生产线，曾在利勃海尔看到德国一个普通的做果菜盒的操作工人，

注塑出来一个果菜盒，他就欣赏一下。这个细节给杨绵绵留下了深刻印象。"他的动作应该称为检查，但我从他的眼光里看到的是一种欣赏，对自己劳动成果的欣赏。欣赏之后，他就在这个机器周围一通忙活，让下一个干得更好。这种精神感动了我。我一下子看到，原来世界上还有这么认真负责的人。这个工人让我感动了很久，给了我灵魂上的震撼。我想我们也应该这么做，要想改善自己，先从认真做事开始。"

3. 国民的弱点，需要"认真"来改造

日本和德国人的工匠精神，直接缔造了这两个国家在世界工业领域中受人尊敬的地位。

据统计，在全球创办时间超过200年的企业中，日本有3146家，为全球之首，德国有837家，远远高于其他国家。这些公司基业长青的奥秘就在于保持工匠精神。

中国历来不缺技艺高超的工匠，但是工匠精神并没有得到很好的继承。不少国人做事只求"短、平、快"，一味追求效率、表面的业绩而牺牲质量；一些人是"差不多先生"，工作中抱着得过且过的态度；还有些人空谈情怀，却不出好活儿。我们身边时常充斥着假冒伪劣商品，"中国制造"在国际上甚至国人心里还没有得到充分的认可。

这其实跟我们的国民性不无关系。在中国居住过22年的美国作家亚瑟·史密斯（Arthur Henderson Smith，1845—1932）曾在其著作《中国人德行》一书中写道："中国人不守时、不精确、不认真，是对待事物特有的幽默。"鲁迅特意为这本书"立此存照"，他建议国人，"看了这些，而自省，分析，明白哪几点说的对，变革，挣扎，自做工夫，却不求别人的原谅和称赞，来证明究竟怎样的是中国人"。

鲁迅的挚友内山完造回忆，鲁迅在卧病期间对他说："我卧病在床时有一个发现，那就是中国四亿人民得了'马马虎虎'的病。不治好这病就不能救中国。可是，日本却有治这种病的灵药，那就是日本人的认真态度。"

虽然亚瑟·史密斯和鲁迅说的都是上个世纪的情形，但是国民性的进化速度往往是缓慢的，这些国民性是做事态度的根源，在21世纪的今天仍然值得我们反思。

4. 静能生慧，让劳动果实拥有灵魂

虽然并不是人人都要做工匠，但工匠精神却是每一个人对待本职工作必不可少的。我们需要工匠精神，不仅是为了把工作做好，还要在做好的过程中体会乐趣，树立工作的尊严。

如果你觉得自己对工作少了一分这样的精神，可以通过训练和暗示帮自己培养工匠精神：

（1）上网看看那些有关老手艺人的纪录片，观察他们如何对待自己的工作，如何在功成名就之后仍然对自己的工作心怀敬畏、一丝不苟；

（2）重新认识自己的工作，寻找对工作的认同感；把工作看作一个有生命的对象，对他负责；

（3）把工作细分成一个个小块，做好相应的时间管理，从解决一个个的小问题中积累成就感和幸福感；

（4）工作的时候集中精力，排除杂念，全神贯注，所谓"静能生慧"；

（5）注重整体和细节，把自己的劳动当成艺术品，学会欣赏它，欣赏自己。

当你真正拥有了工匠精神，你会很容易感知工作的乐趣，产生有诚意的劳动成果，人们也会从你的"作品"中，体会你的良苦用心，感受到每一个细节的美感或专业。无论这样的成果是什么，它已经被你的全心投入赋予了灵魂。

当然，我们在宣传工匠精神的时候也出现了一些偏差。工匠精神这个词常常被过度解读。在一些情况下，工匠精神的语言把本该理解为负面的事给解释成了正面。

CCTV 有部纪录片叫《大国工匠》，宣传为国家做出卓越贡献的几位高级技师。可是我们在纪录片中所看到的，到底宣传了他们什么呢？首先，他们很穷。为国贡献几十年，全家住 30 平方米的房子，好不容易搬了个 70 平方米的，还得上镜感谢政府。其次，他们很累。加班加点赶进度，个把月才能回次家，累出病不看，累死光荣。第三，他们无权无名。这些大国工匠的技术在整个单位无人出其右，但人家不追求虚名，把能拿钱、有权力的领导岗位都让给了不懂技术的人。

全国总工会宣教部部长王晓峰在 2016 年 6 月 21 日《人民日报》第 20 版刊登的文章《让工匠精神涵养时代气质：弘扬工匠精神大家谈》中提到，"耐得住寂寞，守得住清贫，不急功近利、不贪图名利"。

就其本意而论，工匠精神显然是好的，但是这个词在舆论场中似乎常常被曲解，把一些本不属于它的意蕴插了进去。在一些情况下，工匠精神的语言产生了一种"现实扭曲力场"，把本该理解为负面的事给解释成了正面。

又在一些情况下，工匠精神掩盖不了大方向的失败，甚至还加重了失败。由于这些原因，在知识界人士中出现了对工匠精神的嘲讽。其实用不着嘲讽，工匠精神本来就是很简单的。只要抛掉过度解读，回归原意，就能理解我们为什么需要工匠精神，如何去培养工匠精神。

正如古人所说的那样，做事要"干一行爱一行，而不能爱一行干一行"，后者往往都会陷入浅尝辄止、浮躁求快的恶性循环中。

三、工匠精神与进取精神

伟大的技艺，需要的并不仅仅是熬年头，更重要的是才华、正确的方法和勤奋。对年轻人来说，就是找到正确的学习方法、努力学习并尝试创新。世界上有无数没有活到九十岁的年轻人也成为大师。比如莫扎特、拉斐尔、梵高、约翰列侬等。

很多人在宣传工匠精神的时候，都会把工匠精神与默默无闻挂钩。高晓松（1969 年 11 月 14 日生于北京，音乐人、导演、制作人、词曲创作者）可以叹息说自己内心浮躁，不能沉下心来在音乐上做一些默默无闻的工作，然而一辈子默默无闻的人还少吗？或者莫非 20 年前的高晓松就比现在更不浮躁？不，正是张扬的青春才让一个人写下《上铺的兄弟》《同桌的你》这样的歌曲，而不是一个沉默在录音棚里，熟练了所有工具拥有无数经验的老音乐制作人。

好莱坞巨星娜塔莉·波特曼和丈夫去东京一家著名寿司店吃寿司，发现寿司好吃到让她这个素食主义者都欲罢不能，但发现店里只有 6 个座位。她一开始很好奇为什么不扩张，后来朋友向她解释：东京所有最棒的饭店都这么小，而且只做一样料理，因为他们要把事情做好做漂亮，关键不在于数量，而在于对事物追求至善至美过程中的愉悦。

这个艺术境界，确实很高。不过，如果你学过微观经济学，你就会忍不住问一句：为什么不扩张呢？扩张不是会赚到更高的利润吗？

如果这家寿司店的回答是，一天只能做这么多寿司，扩张了管理不过来，那么我们不能不质疑店主的管理能力。如果回答是，本店的目标就是把寿司做得尽善尽美，不追求更高的利润，那么我们在敬佩之余，还是会嘀咕一声：这样不是安于现状、小富即安吗？

福特淘汰了马车夫，乔布斯淘汰了算盘高手。赶马车、打算盘的技术你学得再好，并不会有更大的用途，甚至都会衣食无着。相反，随着时代的发展，去学习掌握更新的技术，面对更新的领域，面对这个世界的挑战，也许生活会更丰富精彩和成功。

的确，与时俱进会使一些传统行业或领域走向衰亡，比如民间的磨剪刀、补锅镉碗等行业，已经趋于消失，但它的发展过程缺少不了执著、敬业、一丝不苟和精益求精。但有一句俗语可能永远都不会过时，"干一行爱一行，不要爱一行干一行"，后者往往难以持久。

即使技艺过时了，无人问津了，但其中所积累、内化的动手动脑能力与习惯，是可以顺利移植到新的行业或领域的，同样经过不长的时间能够适应新的环境和任务要求，继续发挥不可或缺的作用。

第四节 ｜ 自信心和耐心培养中应注意的几个问题

一、心理素质的整体性问题

（一）含义

对于心理素质，几乎每个大学生都很清楚，都有切身的感受与体验，许多方面已经基本成型，有些还在进一步巩固。心理素质对于大学生成才、为社会奉献力量至关重要。

一般而论，心理素质是人的整体素质的组成部分，是以自然素质为基础，在后天环境、教育、实践活动等因素的影响下逐步发生、发展起来的。从心理学角度讲，心理素质包括情绪和情感、认识与思维能力、意志力和韧性、气质和性格等方面。

至于心理素质整体性，可以理解为不同心理素质间的互补性与协同性。就做事来说，成功的要素在于热情、智慧、耐性和精力，其中任何一个方面不足或缺失，都要由其他要素来加倍弥补。比如做事没有热情，那就需要超常的智慧、极强的耐性和更多的精力，而缺乏精力和耐心时，那就需要更高超的智慧和工作热情。总起来说，成功的代价是基本不变的。

实际上人的任何行为或活动，都是诸多心理要素综合、相互作用的结果。所以说，在创新训练方面需要的是综合素质，在具体操作时要注意自身的综合素质培养和强化，为未来创新性研究或工作奠定雄厚的基础。

（二）心理素质综合培养

既然人的各个心理素质是相互影响、相互制约和相互促进的，那么任何一个方面都会牵扯到其他方面，培养和强化的过程中就不能一蹴而就，毕其功于一役，而要稳扎稳打，逐步推进。

首先，人的精力是有限的，一个阶段最好主攻一个方面的心理素质培养与强化，然后根据相关性大小，确立下一阶段的目标。

其次，当训练水平达到特定阶段，具备一定基础后，可以展开多要素的综合训练与强化，检验已有的训练水平和技能。

第三，确定一个具体事项来操作，综合检验心理素质的整体性，查漏补缺。

当然，每个人的生理素质、天分、后天学习情况各异，综合心理素质是各具特色的，在不同场合和情景中，各有利弊，这就要求具体做事时要因地制宜，因人而异，切不可一刀切。

二、矢志不渝

（一）坚定信心

俗话说，没有高远的目标，就不可能看得更高，走得更远。正像凤凰卫视的节目"凤凰大视野"的引导语那样，"思想有多远，我们就能走多远"，事实的确如此。

坚定信心要有远大目标，要有旺盛的斗志，要有火一样的热情，要有钢铁般的意志。要坚信我们的目的一定会达到，我们的目标也一定能达到。

在人的成长过程中，肯定会有这样那样的挫折和沮丧，会有暂时丧失动力和目标的时候，但经过一定时间的反思与磨炼，基本上都可以再次鼓起勇气，摆正目标，努力向前。

正如前文曾经提到的那样，矢志不渝要经历诸多的考验和挑战，但在艰难困苦面前如果有个志同道合者的帮助与鼓励，这一点就容易实现。

（二）目标专一

目标专一，讲的是不能"三天打鱼两天晒网"，而要像毛泽东主席在《愚公移山》一文中讲的那样，坚定不移，义无反顾地挖山不止，而没有因为困难和漫长的过程而后退。

人的一生本来很短，精力有限，能做成的事很有限，目标多的话，很难保证全身心投入，而创新性智力活动恰恰需要高度集中精力，心不可旁骛。

从严格意义上讲，目标有大有小，大目标是由小目标组合起来的，恰如登山那样，要一座山包一座山包地征服与超越。如此一来就又回到前面的问题上来，凡事要脚踏实地，循序渐进，一个阶段一个阶段地去争取，去实现，切不可偏离主方向太多，更不能哗众取宠，投机取巧，那样的话最终将一事无成。

从一定意义上讲，目标专一，志向远大，仿佛就是一个美好的梦想，梦境非常令人惬意，但要使其变成现实，那还要付出艰辛的努力。梦，需要我们经常重温，以保持旺盛的斗志与热情，现实给我们提供机会，提供反作用力，提供勇于面对困境的勇气，锤炼我们的意志和能力，激发我们的巨大潜能。

三、坚韧不拔

（一）百折不挠

"前途是光明的，道路是曲折的"。做任何事，如果不是千锤百炼形成技巧，遭遇挫折是非常正常的，这也是成功的必然代价。

实际上挫折并不可怕，怕的是丧失信心，沮丧颓废，一蹶不振。相反，遇到挫折要有越战越勇的大无畏气势与精神，百折不挠。战国时期的苏秦，青年时期非常自负，但却屡遭挫折，痛定思痛之后，发奋学习，反省修正自身，最终成为统领六国军队对抗秦国的总指挥。这种不服气的劲头往往会造就一个人的百折不挠的品格。

话又说回来，百折不挠说起来容易，实则做起来很难，除了要有先天性的良好秉性和气质，还要有一定的经验和必要的训练，要有在特定环境中的稳定熏陶。一个人做事，非常像《曹刿论战》中说的士气，"一鼓作气，再而衰，三而竭"，一次失利会使人产生负面情绪，再次失利则会动摇人的信心，三次失利一般人都会选择退却了。

所以说，百折不挠需要前期的训练、磨炼和强化，使得这种珍贵的品格能够长期稳定下来，保证人们做事最终成功。

（二）静心致远

前面提到过，当我们一筹莫展、沮丧颓废之际，可以彻底摆脱这种不良境况和情绪，暂时放弃，精心修养，养精蓄锐，以利再战。切不可盲目固执，空耗精力和锐气。

"静则水清"，视野也会随之清晰敏锐，感官与思维恢复活力，精力也由此得以恢复。同时人们也常说，"静以致远"是非常有道理的，一味搜肠刮肚付出努力，结果不一定是积极的，反而暂时放弃可能是很好的抉择了。

试想当年隐居南阳的诸葛亮，亲耕垄亩，静观世界，胸怀天下，就充分体现了静的妙处，既在继续积累智慧与洞察力，同时也在等待时机，而刘备三顾茅庐则给了诸葛亮难得的机遇。

正如人们常说的那样，好事永远都不嫌晚。瓜熟蒂落，水到渠成，都必须要有一个积累和完善的过程，这时一定要静得下心来，脚踏实地，循序渐进。

（三）发扬宝贵的愚公移山精神

毛泽东主席当年推崇的愚公精神，从长远来看，其实质在于愚公把代代相继的想法充分考虑进来，把长远目标与每一代人的阶段性成果联系起来，对人生的短暂没有烦躁与恐惧，这种层次的坚韧不拔是一种非常高远的坚韧不拔，是突破了个体生命局限的那种坚韧不拔，是我们这个时代非常欠缺的一种可贵视野和境界。

愚公及其后代们的挫折，无非就是一代人没能把山挖掉，而且好多代人都没有完成这个目标，但谁能说他们最终不能把山挖低搬走。

急功近利，投机取巧，往往与愚公精神背道而驰，反映出对人生短暂的恐惧和烦躁，这对普通人来说非常正常，但对那些志向高远的伟大人物而言，却是不可容忍的挑战，必须想方设法加以克服或征服。

当年毛泽东主席写这篇文章时，正值抗日战争最为艰苦的时期，很多人对前途丧失信心，打败穷凶极恶的日本帝国主义被视为很难实现的目标，因此毛泽东主席以高瞻远瞩的胸怀和大无畏的精神，写下了这篇著名的时代檄文，指导了中国革命的前进方向，非常了不起。

四、力戒攀比，脚踏实地做事

（一）力戒攀比

人的生理素质、智力发育水平与程度、对社会的理解和融入程度各不相同，这也就决定了我们每个人要从实际出发，不要相互攀比，专心做自己的事就足矣。

俗话讲的好，"货比货丢，人比人死"，尽管这话不好听，但却是不争的事实。我们常听到人们劝诫安分守己，安贫乐道，但真正能达到这个境界的人寥寥无几，达到的人就成为了圣人与伟人。

在物欲横流的资本主义社会里，僭越与弄虚作假比比皆是，为的是获得更多的非分的利益，甚至非法的利益。这其中充斥了太多的庸俗物质欲望。

实际上，人的智商和情商各不相同，所面临的机遇更是差异巨大，一味地比较且放大自己的能力，往往会遭遇重大挫折。而且这种低俗的攀比，往往又与庸俗的物质利益追求紧密相关，与高尚的事业追求背道而驰。

从根本上讲，攀比与励志和追求楷模有着天壤之别。后者往往与远大理想相关联，与高尚的品格密切相关。一个向下堕落，一个向上升华，一个注重物质利益，一个钟情于精神世界的充实与完善。

应当说，攀比是一种极为低俗的个性品格。

（二）脚踏实地做事

其实人一辈子能做成一件有意义的事就应当满足了，而不必纠结于多项高远的目标。从小事做起，从现在做起，从自己做起，一辈子下来肯定可以做成一件令人钦佩的事业。姜子牙一辈子最大的成就，就是在晚年帮着周文王灭了商，之前的大半辈子都在等待机会，不断地在积累和完善自身。

好高骛远往往与脚踏实地背道而驰。平常人常犯的毛病是，小事做不好或根本做不了，而大事更是无从下手，即所谓眼高手低。我们不反对，而且我们还极力鼓励大家树立远大理想，但"千里之行始于足下"，凡事总要从零开始不断积累。

因此，我们更愿意用《鬼谷子》书中的一句话来励志和自勉："事无可牴，则深隐而待时"，一方面通过做事来不断充实和完善自己，另一方面要精心等待时机，以便一展身手。

本章概要

自信心和耐心犹如成功的一对翅膀，可以帮助我们跨越高山和海洋，抵达成功的彼岸。而信心和耐心从来不是与生俱来的，它们都是在我们成长的过程中逐步形成的，一步一步自我培养出来的。

从出生开始，我们就遵循着一种轨迹，按照父母的要求，教师的要求，领导的要求，社会的要求去完成着一件一件的事情，大部分人的自信心和耐心也是在这个过程中获得或者丧失。成功了，自然皆大欢喜，但如果我们失败了，未达到他人寄予我们的希望，那么，在不成功或者失败中，我们得不到他人的认同，更没有一个自信心的心理重建环境。在当今浮躁的社会，快节奏的生活条件下，也容不得我们专注而有耐心地沉默下去。

可是，作为一个具有独立人格的个体，我们不应该在他人的评价中迷失自我，不应该在他人的评价标准中崩塌掉自己的自信，不应该被他人的生活节奏裹挟而丢失掉追求真我的耐心。大学生创新训练项目的实施，就是这样一个必须珍惜的机会，一个平台。

为了培养和强化自己的自信心和耐心，我们可以做到以下三点：第一，加深对世界的认识和对自己的了解，坚持自我，用心地生活，用自己的实践来丈量生活。第二，注重积累和提升，但绝不以不切实际的标准来要求自己。第三，培养坦然面对失败的心态，让自己有应对最坏结果的信心和能力。

建立起自己的创新经验体系，赋予自己对自身成功的评价权，用积极的心态肯定自己的努力，用对自身成功的肯定来堆砌自信心，给予自己发挥耐心去达到目标的空间，厚积薄发，争取远大目标的成功。

推荐阅读

1. 瑞安 M J. 耐心的能量：慢生活的智慧 ［M］. 李靓，译. 北京：科学出版社，2011.

［本书介绍了我们如何在快节奏的生活保持耐心的方法，并且向我们展示，在日常生活中保持耐心可以帮助我们做更明智的决定，拥有更好的自我感觉，以及如何在切实认识自我的基础上，重新衡量我们的时间安排、事务优先顺序，以及我们应对生活的能力。］

2. 罗伊·鲍迈斯特，约翰·蒂尔尼. 意志力 ［M］. 丁丹，译. 北京：中信出版社，2012.

［本书介绍了人们为何难以抵挡诱惑的原因，以及一系列增强意志力的办法，解释了如何设置切合实际的目标，如何监控进展，如何在动摇之际坚定信念。］

3. 根岸康雄. 精益制造028：工匠精神 ［M］. 李斌瑛，译. 北京：东方出版社，2015.

［本书作者是一名记者，他深入采访了日本的 12 家小工厂。规模虽小，但是技术却是世界顶级的。此书中我们可以了解到，正是因为日本企业对工匠精神的执着，日本的制造业才可以长盛不衰。］

4. 秋山利辉. 匠人精神 ［M］. 陈晓丽，译. 北京：中信出版社，2015.

［《匠人精神》为"秋山木工"代表秋山利辉关于如何培养具有日本特色的合格"匠人"的著作。书中秋山利辉通过列举"秋山木工"的"匠人须知

三十条",阐释了其心目中一流人才培养的核心,即对一个人品格的重视远高于对其技术的要求。同时,通过讲述自己从进入木工行业,努力自我培养,直到成长为一名行业领袖的人生历程。秋山利辉现身说法:在现代社会中,一个人若想实现真正的自我,社会若想恢复凝聚力,重拾失落的"匠人精神"势在必行。]

5. 凯利·麦格尼格尔. 自控力 [M]. 王岑卉,译. 北京:印刷工业出版社,2012.

[本书为读者提供了清晰的框架,讲述了什么是自控力,自控力如何发生作用,以及为何自控力如此重要。]

温馨提示

创新训练或研究,是一项全身心投入的高级智力活动,需要调动自己方方面面的能力和技巧,需要高超的心理素质。趁创新训练项目实施之机,全面锤炼、完善自己,使自己在进入更高一个层次的学习和工作之前,以满满的自信心和扎实的耐心迎接新的挑战,不断走向自己的人生巅峰。

附录1　项目申报书模板

大学生创新性实验项目申报书

项目名称_____

起止时间_____

申请经费_____

负责人姓名_____

所在学院_____

年级专业_____

指导教师_____

项目名称		项目所属一级学科	
申请经费		起止时间	

项目负责人基本信息			
姓名	学号	专业	年级
性别	所在学院	联系方式	E-mail

项目组成员基本信息			
序号			
姓名/性别			
学号			
专业年级			
所在学院			
联系方式			
E-mail			
签名			

指导教师基本信息			
姓名	所在学院	研究方向	职称/职务
性别/年龄	联系方式	E-mail	签名

一、申请理由（项目研究背景，自身的知识条件、特长、兴趣及相关经历）

二、立项背景（研究现状、研究意义、参考文献）

三、项目研究内容及关键问题

四、项目的研究方案（技术路线、研究方法和实验方案）

五、创新点

六、已有工作基础和条件（准备工作，团队基础和可利用的实验室、图书等资源）

七、进度安排

八、预期成果

九、经费预算

经费使用计划			
序号	支出项目	金额	依据或理由
合计			

指导教师意见	实验室意见
签名 　　　　　年　月　日	主任签名 　　　　　年　月　日
学院意见	学校意见
签名盖章 　　　　　年　月　日	签名盖章 　　　　　年　月　日

附录2　项目预算模板

国家自然科学基金项目预算表编制说明

一、编制总体要求

《国家自然科学基金项目预算表》（以下简称项目预算表）是预算核定、执行、监督检查和财务验收的重要依据。项目申请人（或负责人）应按照《国家自然科学基金资助项目资金管理办法》（财教〔2015〕15号）的有关规定，根据"目标相关性、政策相符性、经济合理性"的基本原则，结合项目研究实际需要，认真据实编制。

由多个单位共同承担一个项目的，依托单位的项目申请人（或负责人）和合作研究单位参与者应当根据各自承担的研究任务分别编制预算，经所在单位科研、财务部门审核并签署意见后，由项目申请人（或负责人）汇总编报。

二、编制内容

根据科学基金项目资助方式的不同，项目预算表分为定额补助式预算表和成本补偿式预算表。重大项目和国家重大科研仪器研制项目填报成本补偿式预算表，其他各类科学基金项目填报定额补助式预算表。

定额补助式预算表包括《国家自然科学基金项目直接费用预算表》和《预算说明书》。

成本补偿式预算表包括《国家自然科学基金项目直接费用预算表》《预算说明书》《合作研究资金预算明细表》《设备费预算明细表》《测试化验加工费预算明细表》和《劳务费预算明细表》。

直接费用各科目如下：

（1）设备费，是指在项目研究过程中购置或试制专用仪器设备，对现有仪器设备进行升级改造，以及租赁外单位仪器设备而发生的费用。

对仪器设备鼓励共享、试制、租赁以及对现有仪器设备进行升级改造，原则上不得购置，确有必要购置的，应当对拟购置设备的必要性、现有同样设备的利用情况以及购置设备的开放共享方案等进行单独说明。

定额补助式项目要对单笔总额 10 万元（含）以上的设备费进行单独说明；成本补偿式项目要填报《设备费预算明细表》，对单笔总额 10 万元（含）以上的设备费进行单独说明。

设备费预算一般不予调增。

（2）材料费，是指在项目研究过程中消耗的各种原材料、辅助材料、低值易耗品等的采购及运输、装卸、整理等费用。

（3）测试化验加工费，是指在项目研究过程中支付给外单位（包括依托单位内部独立经济核算单位）的检验、测试、化验及加工等费用。

成本补偿式项目要填报《测试化验加工费预算明细表》，并对单笔总额 10 万元（含）以上的测试化验加工费进行单独说明。

（4）燃料动力费，是指在项目研究过程中相关大型仪器设备、专用科学装置等运行发生的可以单独计量的水、电、气、燃料消耗费用等。

单独计量可以是单独装表计量，也可以根据仪器设备、科学装置等的能耗工时进行计算确定。要注意与间接费用中水、电、气、暖消耗的区别。

（5）差旅/会议/国际合作与交流费，是指在项目研究过程中开展科学实验（试验）、科学考察、业务调研、学术交流等所发生的外埠差旅费、市内交通费用；为了组织开展学术研讨、咨询以及协调项目研究工作等活动而发生的会议费用；以及项目研究人员出国及赴港澳台、外国专家来华及港澳台专家来内地工作的费用。本科目不超过直接费用 10% 的，不需要提供预算测算依据。

（6）出版/文献/信息传播/知识产权事务费，是指在项目研究过程中，需要支付的出版费、资料费、专用软件购买费、文献检索费、专业通信费、专利申请及其他知识产权事务等费用。

（7）劳务费，是指在项目研究过程中支付给参与项目研究的研究生、博士后、访问学者以及项目聘用的研究人员、科研辅助人员等的劳务费，以及项目聘用人员的社会保险补助费用。

项目聘用人员的劳务费开支标准，参照当地科学研究和技术服务业从业人员平均工资水平，根据其在项目研究中承担的工作任务确定。

成本补偿式项目要填报《劳务费预算明细表》。

劳务费预算一般不予调增。

（8）专家咨询费，是指在项目研究过程中支付给临时聘请的咨询专家的费用。

专家咨询费标准按国家有关规定执行。

专家咨询费预算一般不予调增。

（9）其他支出，是指在项目研究过程中发生的除上述费用之外的其他支出。其他支出应当在申请预算时单独列示，单独核定。

三、编制的规范性要求

（1）合作研究应当签订合作研究协议（或合同），并在预算说明书中对合作研究单位资质及拟外拨资金进行重点说明。项目实施过程中，依托单位应当按照预算和协议（或合同）转拨合作研究单位资金。

成本补偿式项目要填报《合作研究资金预算明细表》。

（2）预算数据以"万元"为单位，精确到小数点后面两位。各类标准或单价以"元"为单位，精确到个位。外币需按人民银行公布的即期汇率折合成人民币。

咨询电话：国家自然科学基金委员会财务局 010 – 62326760/9112。

附件：1. 国家自然科学基金项目直接费用预算表（定额补助）。

附件1

国家自然科学基金项目直接费用预算表（定额补助）

项目申请号/项目批准号：　　　　　　项目负责人：　　　　　金额单位：万元

序号	科目名称	金额
1	一、项目直接费用	
2	1. 设备费	
3	（1）设备购置费	
4	（2）设备试制费	
5	（3）设备改造与租赁费	
6	2. 材料费	
7	3. 测试化验加工费	
8	4. 燃料动力费	
9	5. 差旅/会议/国际合作与交流费	
10	6. 出版/文献/信息传播/知识产权事务费	
11	7. 劳务费	
12	8. 专家咨询费	
13	9. 其他支出	
14	二、自筹资金	

参考文献

（一）著作类

[1] ［澳］贝弗里奇.科学研究的艺术［M］.陈捷,译.北京:科学出版社,1979.

[2] ［澳］贝弗里奇.发现的种子［M］.金吾伦,李亚东,译.北京:科学出版社,1987.

[3] 陈中文,袁小鹏.大学生科研导论［M］.北京:科学出版社,2008.

[4] 韩健.机遇在于把握［M］.天津:天津科学技术出版社,2010.

[4] 《激发灵感的发明故事》编写组.激发灵感的发明故事［M］.广州:广东世界图书出版公司,2010.

[5] 姜汇川.智慧的对撞:科学灵感思维69型［M］.沈阳:辽宁民族出版社,2002.

[6] 教育部高等教育司.第二届全国大学生创新论坛文集（上下册）［C］.南京:东南大学出版社,2009年.

[7] 刘昌明,赵传栋.创新学教材［M］.上海:复旦大学出版社,2012年.

[8] 刘振中.直觉的魔力:80个开启直觉潜能的秘诀［M］.北京:中国言实出版社,2011.

[9] 罗庆生,韩宝玲等,大学生课外科技创新竞赛获奖作品精析（机械机电控制类）［M］.北京:机械工业出版社,2013.

[9] 南京航空航天大学教务处、创新基金管理办公室.大学生创新基金优秀成果汇编2006—2009［C］.南京:南京航空航天大学出版社,2010.

[10] 武汉大学.分析化学（上册）（第六版）［M］.北京:高等教育出版社,2016.

[10] 吴维亚,吴海云.创新学［M］.南京:东南大学出版社,2008年.

[11] 夏玉宇.化学实验室手册（第三版）［M］.北京:化学工业出版社,2015.

［12］肖云龙等．点击灵感：大学生发明创造指南［M］．长沙：中南大学出版社，2001.

［13］熊宏齐，单晓峰，曹玢等．东南大学大学生科研训练计划（SRTP）活动概览［M］．南京：东南大学出版社，2008.

［14］许春燕、白雪波．大学生综合创新训练：探索与实践［M］．北京：中国财富出版社，2013.

［15］徐琼．化学原理实验［M］．长沙：湖南师范大学出版社，2016.

（二）论文类

［1］车成卫．国家自然科学基金申请书撰写：研究方案［J］．科技导报，2009（4）.

［2］方玉东，陈越，常宏建，陈克勋．科学研究中原始数据的记录与保存［J］．中国科学基金，2014，28（4）.

［3］龚子东，李晓燕．论预实验在实验教学中的作用［J］．实验教学与仪器，2006（6）：14.

［4］李丹．项目申报书撰写的研究［J］．科技视界，2014（11）.

［5］王冰，李春梅，马晓凯，赵薇．预实验在实验准备中的作用［J］．卫生职业教育，2008（18）.

［6］王琪．撰写文献综述的意义、步骤与常见问题［J］．学位与研究生教育，2010（11）.

［7］郑桂银．预实验在提高《诊断学》实验教学质量中的应用［J］．中国实验诊断学，2010，14（5）.

（三）外文类

［1］Bynum W. What makes a great lab?［J］. Natue, 2012, 490（4）.

［2］Foster J. Creativity［J］. Educational Research, 1973, 15（3）.

［3］Duckworth V. How to be a Brilliant FE Teacher：A practical guide to being effective and innovative［M］. London：Routledge, 2013.

［4］Edwards D. The lab：creativity and culture［M］. Boston：Harvard University Press, 2010.

［5］Pope R. Creativity：theory, history, practice［M］. London：Routledge, 2005.

后 记

　　创新，需要前期刻苦、科学的训练与熏陶，同时也需要符合社会实践的要求去尝试与操作，更需要不懈的追求，百折不挠，不能有丝毫动摇，更不能轻易放弃。

　　远大的抱负，坚韧不拔的意志，训练有素的技能，是创新创业所必需的。

　　湖南，是一个人文荟萃之地，是一个充溢着人文精神的沃土，在科技如此昌明、社会经济高速发展的今天，湖南应当成为科学精神和企业家精神高度弘扬与升华的一方圣地，而她令人称道的物华天宝、雄厚的文化积淀足以支撑这一宏伟目标的实现！

　　本教程是湖南师范大学"资源综合利用大学生创新创业教育中心"相关教师辛勤劳动的成果，是诸多热心人士积极鼓励与支持的结果。本书本着集体研讨、分工协作的原则撰写，具体分工如下：前言，韩广；第一章，杨文；第二章，周亮；第三章，吕殿青；第四章，杨文；第五章，李承志；第六章，韩广；第七章，裴禾；后记，韩广。最后由韩广统稿。

　　尽管各位编者进行了深入细致的内容、文字、篇章结构的推敲与审校，但仍不免存在多方面问题，希望各位读者不吝指正。

编 者